Inhalt

Zeitschrift »psychosozial« im Psychosozial-Verlag

Herausgeber: Hellmut Becker †, Dieter Beckmann †, Iring Fetscher, Hannes Friedrich, Albrecht Köhl, Annegret Overbeck, Horst-Eberhard Richter †, Hans Strotzka †, Ambros Uchtenhagen, Eberhard Ulich, Jürg Willi, Hans-Jürgen Wirth und Jürgen Zimmer

Redaktion: Prof. Dr. Hans-Jürgen Wirth, Katrin Frank, Walltorstraße 10, 35390 Gießen

Telefon: 06 41/7 78 19, Telefax 06 41/7 77 42

E-Mail: hjw@psychosozial-verlag.de, katrin.frank@psychosozial-verlag.de

Redaktion dieser Ausgabe: Regine Scholz mit Ulrike Kramer, Hildegard Schäfermeyer, Andrea Schunk-Rennspieß, Rita Tücking, Spiekerhof 5, 48143 Münster

Abo-Verwaltung: Telefon 06 41/96 99 78 18
E-Mail: bestellung@psychosozial-verlag.de

Verlag: Psychosozial-Verlag, Walltorstraße 10, 35390 Gießen
E-Mail: info@psychosozial-verlag.de, www.psychosozial-verlag.de

Umschlaggestaltung: nach Entwürfen des Ateliers Warminski, Büdingen

Umschlagabbildung: Odilon Redon: »Swamp Flower: A Sad and Human Face«, ca. 1881

Satz: Hanspeter Ludwig, Gießen

Bezugsgebühren: Für das Jahresabonnement EUR 49,90 (inkl. MwSt.) zuzüglich Versandkosten. Studentenabonnement 50% Rabatt (inkl. MwSt.) zuzüglich Versandkosten. Lieferungen ins Ausland zuzüglich Mehrporto. Das Abonnement verlängert sich jeweils um ein Jahr, sofern nicht eine Abbestellung bis zum 15. November erfolgt.

Preis des Einzelheftes: EUR 19,90.

Bestellungen richten Sie bitte direkt an den Psychosozial-Verlag oder wenden Sie sich an Ihre Buchhandlung.

Anzeigen: Anfragen bitte an: anzeigen@psychosozial-verlag.de

Erscheinungsweise: Viermal im Jahr.

Manuskripte: Die Redaktion lädt zur Einsendung von Manuskripten (in zweifacher Ausfertigung) ein. Mit der Annahme des Manuskriptes erwirbt der Verlag das ausschließliche Verlagsrecht auch für etwaige spätere Veröffentlichungen.

Datenbanken: Die Zeitschrift psychosozial wird regelmäßig im Sozialwissenschaftlichen Literaturinformationssystem SOLIS des Informationszentrums Sozialwissenschaften (Bonn) und in der Literaturdatenbank PSYNDEX der Zentralstelle für psychologische Information und Dokumentation (ZPID), Universität Trier, Postfach 3825, 54286 Trier erfasst.

CIP-Einheitsaufnahme der Deutschen Bibliothek: Psychosozial. – Gießen: Psychosozial-Verl. Erscheint jährlich viermal – Früher im Rowohlt-Taschenbuch Verl., Reinbek bei Hamburg, danach in der Psychologie Verl. Union, Beltz Weinheim. – Erhielt früher Einzelbd.-Aufnahme. – Aufnahme nach 53. Jg. 16, H. 1 (1993).

ISSN 0171-3434

Abonnement-Verwaltung: Bitte teilen Sie dem Verlag bei Adressänderungen unbedingt Ihre neue Anschrift mit.

Schwerpunktthema:

Die Vergangenheit in der Gegenwart. Gedächtnisforschung und Psychotherapeutische Praxis

Herausgeber: Arbeitshefte Gruppenanalyse

Editorial

Regine Scholz

Diese Ausgabe der Arbeitshefte Gruppenanalyse geht zurück auf das 13. Münsteraner Symposium: »Die Vergangenheit in der Gegenwart – Gedächtnisforschung und Psychotherapeutische Praxis« am 16.09.2006 in Münster.

Solche Veranstaltungen zu Fragen des Gedächtnisses haben zurzeit Konjunktur, zum Teil aufgrund des Wissenszuwachs, den die Neurowissenschaften in den letzten Jahrzehnten erfahren haben, deren Ergebnisse alle anderen Disziplinen, die sich mit Fragen des Geistes oder der Seele, des Bewusstseins und des Unbewussten, des Denkens und Fühlens, Erinnerns und Vergessens beschäftigen, herausfordern. Dabei ist nicht nur die Auffassung von der Linearität der Zeitenfolge in Bezug auf das Gedächtnis zu revidieren, sondern die neueren Forschungen lassen auch die Vorstellung von Gedächtnis als einheitlichem System als überholt erscheinen. Heute sprechen wir eher von unterschiedlichen Gedächtnissystemen. Mit dieser Differenzierung geht auch die Lösung der Bindung des Gedächtnisses an das Bewusstsein einher – Gedächtnissysteme mit bewusster Erinnerung werden als explizites bzw. deklaratives Gedächtnis zusammengefasst, Gedächtnissysteme ohne bewusste Erinnerung als implizites Gedächtnis. Letzteres enthält vor allem die frühen Beziehungserfahrungen, die als Gestaltungsmatrix für alle weiteren Beziehungen wirksam werden. Somit handelt es sich nicht um unbewusstes Material im Sinne von kognitiv prinzipiell bewusstem, aber wegen seiner affektiv unerträglichen Ladung verdrängtem Wissen, sondern um genuin kognitiv Unbewusstes.

Das sind weitreichende Veränderungen gegenüber der klassischen psychoanalytischen Auffassung von Gedächtnis und Unbewusstheit. Eine der profiliertesten Persönlichkeiten, die dafür steht, den neuen Herausforderungen an die Psychoanalyse mit theoretischen und empirischen Anstrengungen zu begegnen, ist Marianne Leuzinger-Bohleber, die in ihrem Artikel mit dem bezeichnenden Untertitel »Psychoanalyse und Embodied Cognitive Science« einführen wird in die Relevanz der Befunde der Gedächtnisforschung für psychoanalytisches Denken und erklärt, was der von Proust beschriebene Duft bzw. Geschmack einer in eine Tasse Tee getunkten Madeleine uns lehren kann.

Ein besonderes Gebiet, auf dem sich die Befunde der Gedächtnisforschung zu bewähren haben bzw. das diese weiter vorangetrieben hat und weiter treibt, ist die Traumaforschung. Die Beschäftigung mit Traumata ist u. a. deswegen von so großem auch theoretischem Nutzen, da ihr Verständnis sowohl biologisches und physiologisches Wissen über die Funktionsweise des Gehirns, Kenntnisse der menschlichen Affektausstattung und der Entwicklungspsychologie (wie denkt eine Fünfjährige, ein Zwölfjähriger?) sowie genereller menschlicher Reaktionsweisen erfordert als auch die informierte Einordnung in gesellschaftliche und historische Phänomene. Traumata verweisen – außer vielleicht bei Naturkatastrophen – auf gesellschaftliche Gewaltzusammenhänge. Am deutlichsten ist dies bei offensichtlich kollektiven Traumata wie Kriegen. Hier gilt, dass die Opfer in einem gemeinsamen Erfahrungsfeld verbunden sind, in das aber auch die Täter einbezogen sind. Im Trauma sind Täter und Opfer in einer Art perverser Schicksalsgemeinschaft verbunden. Solchen Zusammenhängen ist der Artikel von Gereon Heuft über Kindheiten im Zweiten Weltkrieg und die Behandlung von Traumareaktivierungen im Alter gewidmet. Die Verbreitung dieses Wissens ist von besonderer Relevanz für die Therapie von Menschen, deren TherapeutInnen meist jünger sind, als sie selbst und man daher davon ausgehen muss, dass den BehandlerInnen ein selbstverständlicher Zugang zu den mehr als 60 Jahre zurückliegenden Lebenswelten nicht mehr gegeben ist. Hier sind neben psychologischem Wissen historische, alltagskundliche und mentalitätsgeschichtliche Kenntnisse gefragt.

Um die Erforschung solcher Mentalitäten in Bezug auf Nationalsozialismus und Krieg sowie deren Weiterverarbeitung in den Familienerzählungen hat sich besonders Harald Welzer bemüht. Man könnte sagen, dass er eine empirische Ausarbeitung der theoretischen Überlegungen von Maurice Halbwachs zum kollektiven Gedächtnis vorgenommen hat. Bei dem Symposium war Herr Welzer eingeladen, aber leider verhindert. Umso mehr freuen wir uns, dass er seinen geplanten Vortrag als Artikel für den Tagungsband zur Verfügung gestellt hat und uns über die Konstruktion des Gedächtnisses im kommunikativen Prozess von Familien und ganzen Gemeinschaften informiert.

Die beiden Forumsbeiträge von Birgit Behrensen und von Teresa von Sommaruga Howard beziehen sich ebenfalls auf den besonders schwer zu erinnernden Teil der Geschichte, auf den auch Herr Heuft und Herr Welzer rekurrieren: Nationalsozialismus, Judenvernichtung und Krieg. Frau Behrensen hat Gruppendiskussionen nichtjüdischer deutscher Frauen zum Thema Nation und Nationalsozialismus tiefenhermeneutisch ausgewertet, Frau von Sommaruga Howard hat während der Tagung eine Selbsterfahrungsgruppe geleitet und schildert, wie sie als Tochter eines jüdischen Flüchtlings diese Arbeit erlebt hat. Bei beiden geht es somit um die transgenerationale Weitergabe von Erinnerung und Trauma.

Der ebenfalls im Forum mit freundlicher Genehmigung von Sage Publications abgedruckte Artikel von Pat MacDonald bezieht sich dagegen auf den psychischen Niederschlag eines anderen schmerzlichen kollektiven Prozesses, auf den der Kolonialisierung und dessen Folgen.

Alle Beiträge dieses Bandes einschließlich der zugehörigen Buchrezensionen verweisen in je ihrer eigenen Art darauf, dass individuelles Gedächtnis ohne kollektives Gedächtnis nicht möglich ist, dass es eine Selbstentwicklung ohne vorgängiges Wir nicht gibt. Diese Feststellung steht nicht in Widerspruch zu den Ergebnissen der Hirnforschung, sondern wirft die Frage auf nach den Bewertungsmaßstäben und Konstruktionsprinzipen, nach denen dieser Gedächtnisaufbau sich vollzieht. Damit in einem bestimmten Gehirn für ein bestimmtes Individuum so etwas wie ein autobiografisches Gedächtnis ermöglicht wird, bedarf es einer Gemeinschaft, die über einen gemeinsamen Fundus von Zeichen, Symbolen und Erlebnissen verfügt, in dem das Erlebte mitgeteilt und die Affekte gespiegelt werden können.

Nimmt man diese Erinnerungsgemeinschaft von der kollektiven Seite her in den Blick, stellt sich die Frage, wie eine adäquate Gedächtnistheorie aussehen könnte, die einem kollektiven Bewusstsein nicht nach dem Vorbild des individuellen Bewusstseins eine fiktive Einheit zuschreibt, sondern die Pluralität der das Kollektiv bildenden Individuen ausdrücklich anerkennt und konzeptionell einbezieht.

Von einer solchen Theorie sind inzwischen erste Umrisse erkennbar. Diese Ausgabe der Arbeitshefte Gruppenanalyse ist ein Teil davon – und damit der Zukunft und nicht nur der Vergangenheit gewidmet.

Eine anregende Lektüre wünscht

Regine Scholz

Die nationalsozialistische Vergangenheit im Gepäck

Birgit Behrensen

Vorbemerkung

Dieser Artikel basiert auf meiner Dissertation (Behrensen 2006), für die ich Gruppendiskussionen politisch engagierter nichtjüdischer deutscher Frauen analysiert habe.

Entstanden war das Material im Rahmen eines von der VW-Stiftung finanzierten zweijährigen Friedensforschungsprojekts zur Frage der Bedeutung nationaler und nationalistischer Orientierungen. Im Zuge der Erhebung für dieses Projekt hatten wir unter anderem acht Gruppendiskussionen mit insgesamt sechzig Frauen durchgeführt, die sich frauenpolitisch und gesellschaftlich engagierten. Eingeleitet wurden die Diskussionen, die sich an den Erhebungstechniken von Pollock (1955), Mangold (1960) und Nießen (1977) orientierten, mit den Fragen: »Was bedeutet mir die Nation, zu der ich gehöre? Gehöre ich zu ihr?«

Nationalsozialistische Vergangenheit als Verflechtungszusammenhang

Auffallend und interessant für eine Sekundäranalyse war die Tatsache, dass Andeutungen und Thematisierungen der nationalsozialistischen Vergangenheit sich wie ein »roter Faden« durch den Verlauf aller acht Gruppendiskussionen zogen. Die nationalsozialistische Vergangenheit bildete somit einen bedeutenden Verflechtungszusammenhang.

Hervorzuheben ist, dass sich an den Aussagen der an den Diskussionen beteiligten Frauen erkennen ließ, dass diese sich selbst und ihre Mitdiskutantinnen als deutsch und nichtjüdisch verstanden. Außerdem handelte es sich bei diesen Frauen – bis auf zwei Ausnahmen – nicht um Zeitzeuginnen des Nationalsozialismus. Sie gehörten vielmehr der zweiten oder dritten Generation nichtverfolgter Deutscher an. Mit der nationalsozialistischen Vergangenheit waren sie aber alle konfrontiert – als Teil ihrer Familiengeschichte und als Teil der nationalen Geschichte.

Um die – zum Teil verdeckten – Verflechtungszusammenhänge der nationalsozialistischen Vergangenheit in den Diskussionen herauszuarbeiten, bot sich die Kombination zweier psychoanalytisch orientierter Methoden an: neben der Gruppenanalyse war dies die Tiefenhermeneutik nach Alfred Lorenzer, in der Weiterentwicklung von Birgit Volmerg und Thomas Leithäuser.

Herantasten an einen Thematisierungskonsens

Durchweg waren die Hinführungen zur Auseinandersetzung mit der nationalsozialistischen Vergangenheit in den Diskussionen sehr vorsichtig. Häufig blieben die Diskussionsteilnehmerinnen bei bloßen Andeutungen des Gemeinten. Sie sprachen oft nur von »der Vergangenheit« und nutzten damit ein allgemein verständliches Chiffre für die nationalsozialistische Vergangenheit und die Ermordung von Millionen von Menschen.

Über die darin erkennbare Sprachlosigkeit hinaus ließ sich beobachten, dass in den Diskussionen ein vorsichtiges Herantasten stattfand, wie weit in der jeweiligen Gruppe ein Konsens herzustellen möglich sein würde, die nationalsozialistische Vergangenheit – die nicht als Diskussionsthema vorgegeben war – zu thematisieren und politisch einzuordnen. So setzten sich in einigen Diskussionen allmählich deutlichere Formulierungen durch, mit denen auch politische Positionierungen vorgenommen wurden.

Unbehagen als zentrales Moment

Auffallend war weiterhin, dass in den Gruppendiskussionen das Thema der nationalsozialistischen Vergangenheit regelmäßig in Beziehung gesetzt wurde mit Gefühlen des Unbehagens. Schuld- und Schamgefühle wurden in allen Gruppendiskussionen benannt oder zumindest angedeutet. Häufig wurden sie von denjenigen, die sie in die Diskussion einbrachten, als irrational gewertet. Die Irrationalität wurde darin gesehen, Schuld- oder Schamgefühle aufgrund von Verbrechen einer Zeit zu haben, die nicht persönlich oder nur als kleines Kind erlebt wurde. Dabei wurden weniger die Verstrickungen eigener Familienangehöriger mit den Schuld- und Schamgefühlen verbunden, als vielmehr das Gefühl, einer Nation anzugehören, »die zu barbarischen Gewalttätigkeiten neigte« (Elias 1998, S. 301). Die transgenerationellen Wirkungen der Zugehörigkeit zur Kinder- oder Enkelgeneration, die in der Forschung vielfach belegt sind, lassen sich hier auch unabhängig von konkreten familialen Kontexten erkennen. Gleichzeitig war festzustellen, dass die in Untersuchungen vielfach belegte Entlastung eigener Familienangehöriger zumindest für diese Gruppe politisch engagierter Frauen nicht zu einer persönlichen Entlastung zu führen scheint.

Insbesondere Begegnungen im Ausland oder mit Migranten und Migrantinnen beschrieben die Diskussionsteilnehmerinnen als begleitet von diffusen Ängsten. Erwartungen, als Deutsche an der nationalsozialistischen Vergangenheit gemessen zu werden, ließen sich im Material der Gruppendiskussionen sowohl dort finden, wo Ängste oder Erfahrungen von Ressentiments gegen Deutsche geäußert wurden, als auch dort, wo die mittlerweile positivere Wahrnehmung durch Angehörige anderer Staaten als Belege für eine Überwindung von Ressentiments gegen Deutsche herangezogen wurden.

Insgesamt ging es bei diesen Ängsten und Erwartungen um das Wechselspiel von »Identität und Imago« (Abram 1995, S. 185), also dem »Bild, das eine Gruppe von sich selbst hat, und dem Bild, das andere sich von dieser Gruppe machen« (Abram 1995, S. 186). In Bezug auf die Auseinandersetzung mit den nationalsozialistischen Verbrechen, die in ihrer Gesamtheit ein schwer oder gar nicht zu fassendes Phänomen sind, bedeutet dieses Wechselspiel, dass allein die bloße Erinnerung an diesen Teil der deutschen Geschichte schmerzlich an die Zugehörigkeit zur Seite der Täter erinnerte.

Deutungen des Unbehagens

Ein Vergleich der sechs interpretierten Gruppendiskussionen wies auf Unterschiede in der Äußerung und Bearbeitung dieses Unbehagens hin:

In zwei Gruppendiskussionen bestimmten Auseinandersetzungen mit Fragen von Schuld und Verantwortung das Gespräch. Während in einer dieser beiden Diskussionen die Erinnerung an die nationalsozialistische Vergangenheit von den die Diskussion dominierenden Teilnehmerinnen als unangemessen für die gegenwärtige Bundesrepublik zurückgewiesen wurde, suchten die Teilnehmerinnen der zweiten Diskussion nach Wegen, Verantwortung für die Schuld der nationalsozialistischen Vergangenheit in der Gegenwart auch als Angehörige der Kinder- oder Enkelgeneration zu übernehmen.

➢ In zwei weiteren Diskussionen machte die Auseinandersetzung mit der nationalsozialistischen Vergangenheit nur einen geringen Teil der gesamten Diskussion aus. Wo sie doch thematisiert wurde, ging es stark um das Unbehagen selbst. Während in einer dieser Diskussionen die Überwindung des Unbehagens darin gesucht wurde, sich individuell besser als das »Imago der Nation« (Abram 1995, S. 186) zu verhalten, war sich die andere Diskussionsgruppe einig, dass eine Annahme der nationalen Zugehörigkeit zu den Deutschen zugleich eine Form der Annahme des Nationalsozialismus als »negatives Eigentum« (Améry 1966, S. 124) bedeutete.

- Der Einfluss des Unbehagens auf die politische Gegenwart wurde in weiteren zwei Gruppendiskussionen herausgestellt. Während in der einen Gruppe die die Diskussion dominierenden Teilnehmerinnen ihre Sicht im Diskussionsverlauf so zuspitzten, dass die nationalsozialistische Vergangenheit zu einer Begründung für die außenpolitische Positionierung Deutschlands wurde, erhielt die Erinnerung an die nationalsozialistische Vergangenheit im Diskussionsverlauf der anderen Gruppe den Stellenwert eines Maßstabs für das eigene politische Handeln, durch das es ähnliche Entwicklungen zu verhindern galt.

Umdeutungsprozesse – Die Deutschen als Opfer

Ein weiteres interessantes Phänomen, das im Material mehrerer Gruppendiskussionen sichtbar wurde, war das der Umdeutung der Deutschen zu den eigentlichen gegenwärtigen Opfern der Erinnerung an die nationalsozialistische Vergangenheit. Weite Teile der Diskussionsverläufe zweier Gruppendiskussionen waren geprägt von diesem Umdeutungsprozess. Darüber hinaus fanden sich in zwei weiteren Diskussionen ausgeprägte Ansätze, die sich dort im Gruppendiskussionsprozess jedoch nicht durchsetzten.

Ausgangspunkt der Umdeutung bildete die Sichtweise, dass in der bundesrepublikanischen Gegenwart zu Unrecht an die nationalsozialistische Vergangenheit erinnert würde. Häufig stellten Interpretationen missliebiger politischer Entscheidungen als Ergebnis einer Reduzierung deutscher Gegenwart auf die nationalsozialistische Vergangenheit den Kern dieser Umdeutungsprozesse dar. Diese Interpretationen ließen sich in einigen Fällen in der Wertung außenpolitischer Entscheidungen erkennen, etwa wenn unterstellt wurde, die Bundesrepublik würde in der europäischen Politik aufgrund der Erinnerung an die nationalsozialistische Vergangenheit häufig handlungsunfähig gemacht. In anderen Fällen standen auch Wertungen innenpolitischer Problemlagen mit diesen Umdeutungsprozessen in Zusammenhang, etwa wenn von zu viel Rücksichtnahme gegenüber Migranten und Migrantinnen gesprochen wurde, deren Ursache im schlechten Gewissen der Deutschen gesehen wurde.

Die Wahrnehmung einer ungerechtfertigten Erinnerung konnte sich in einer Kritik individuell wahrgenommener unangemessener Minderwertigkeitsgefühle der Deutschen äußern. Dabei befanden sich äußere und innere Abwertungen in einem Wechselspiel. Das heißt, auf der einen Seite wurden Deutschland und die Deutschen so wahrgenommen, dass sie vom Ausland ungerechtfertigt durch die nationalsozialistische Vergangenheit abgewertet würden. Auf der anderen Seite – so die Sicht im Umdeutungsprozess – ließen sich die Deutschen diese Abwertung unnötigerweise gefallen.

Als weiteres Kriterium für das Muster der Umdeutung kann eine starke Konzentration auf die Leiden der Deutschen gesehen werden. Die Leiden der nationalsozialistischen Opfer hatten bei diesen Umdeutungen nicht nur keinen Platz; die Opfer blieben in der Regel generell unsichtbar.

Als eine Erklärung der durch die Analyse der Diskussionsverläufe sichtbar werdenden Umdeutungsprozesse kann das von Elias und Scotson (1965/1993) entwickelte Etablierten-Außenseiter-Modell herangezogen werden, das für die hier vorliegenden Fälle erweitert werden musste. Elias und Scotson (1965/1993) haben das Etablierten-Außenseiter-Modell anhand der Fallstudie einer kleinen englischen Vorortgemeinde in Großbritannien entwickelt. Sie haben unter diesen überschaubaren Bedingungen herausgearbeitet, wie sich Machtdifferenzen verfestigen und mit entsprechenden Annahmen von Höher- und Minderwertigkeiten einhergehen. Sie sehen die in dieser Vorortgemeinde zutage getretenen Ungleichheiten als »Paradefall oder Modell« (Elias/Scotson 1965/1993, S. 293), dessen Überschaubarkeit es ermöglicht, »bestimmte Aspekte einer solchen Figuration im Detail zu verfolgen, die bei einer größeren Figuration gleichen Typs oft schwer fassbar und zu belegen sind« (Elias/Scotson 1965/1993, S. 293). Elias selbst deutet die Anwendung der Erkenntnisse des Grundmodells unter anderem auch auf das nationalsozialistische Deutschland (Elias/Scotson 1965/1993, S. 291f.) an.

Auch in ihrer Analyse der deutschen Gesellschaft der Gegenwart sieht Rommelspacher (1995) in Anlehnung an Elias und Scotson (1965/1993) eine »soziologische Vererbung« (Rommelspacher 1995, S. 192) darin, dass das Individuum sich mit bestimmten Menschen enger verbunden fühlt, durch die Familie vorgegebene Einstellungen, Werte und Interaktionsstrategien übernimmt und einen familiär tradierten Anspruch auf bestimmte materielle und soziale Ressourcen und Privilegien erhebt, die bestimmten anderen Gruppen nicht als selbstverständlich zugestanden werden (Rommelspacher 1995, S. 192). Mit den Macht- und ökonomischen Differenzen in Gesellschaften, die für sich einen Egalitätsanspruch behaupten, wird nach Rommelspacher (ebd., S. 35) ein moralisches Dilemma für die dominanten Gruppen durch den Widerspruch zwischen Macht- und ökonomischen Differenzen und dem Anspruch egalitärer Verteilung aufgeworfen. In der Folge entstehen Vermeidungsstrategien der dominanten Gruppen (ebd.).

Hier knüpfen die in der Untersuchung beobachteten Umdeutungsprozesse der Deutschen zu den eigentlichen gegenwärtigen Opfern der nationalsozialistischen Vergangenheit an. Dem positiven Bild der eigenen Nation als einer von Demokratie, Freiheit und sozialer Gerechtigkeit geprägten Gesellschaft steht die nationalsozialistische Vergangenheit als »Stigma« (Elias 1998, S. 300) entgegen. Selbstgerechtigkeit und die damit einhergehende Annahme moralischer Höherwertigkeit als Rechtfertigung für eine privilegierte Stellung in der Welt werden von dem »Stigma« (ebd.) der deutschen nationalsozialistischen Vergangenheit durchkreuzt. Was in den Prozessen der Umdeutung der Deutschen zu den eigentlichen gegenwärtigen Opfern der nationalsozialistischen Vergangenheit stattfindet, kann aus dieser Perspektive verstanden werden als ein Versuch moralischer Rehabilitation. In den Umdeutungsprozessen wird das Leiden zu einem einigenden Faktor über Machtdifferenzen zwischen den Geschlechtern hinweg. Mit anderen Worten, die Umdeutungsprozesse enthalten die Kraft, nichtjüdische Deutsche zu einen. Sie tragen maßgeblich bei zu einem »Hang zum Exklusiven« (Georgi 2000, S. 142), wenn es um das Selbstverständnis der Deutschen in der Welt geht.

Die Zugehörigkeit zur Kinder- oder Enkelgeneration nichtjüdischer Deutscher wirkt sich in den hier sichtbar werdenden Umdeutungsprozessen Leiden verstärkend aus. Wird die eigene Generationszugehörigkeit in die Umdeutungsprozesse eingebracht, dann regelmäßig in der Form, dass die von außen herangetragene Erinnerung an die nationalsozialistische Vergangenheit aufgrund dieser Zugehörigkeit als noch stärkere Belastung verstanden wird. Das Leiden der eigenen Eltern oder Großeltern am Zweiten Weltkrieg oder seinen Folgen wird an anderen Stellen der Diskussionen zwar mitunter erwähnt, im Zusammenhang mit der Umdeutung der Deutschen zu den eigentlichen gegenwärtigen Opfern spielt dieses Leiden aber keine maßgebliche Rolle. Dieser Befund lässt sich so deuten, dass die Wahrnehmung der Deutschen als die eigentlichen gegenwärtigen Opfer im Generationenverlauf eine Transformation erfahren hat. Waren es in der Nachkriegszeit vor allem die Leiden der Deutschen am Krieg, die von nichtjüdischen Deutschen in den Mittelpunkt ihrer Wahrnehmung gestellt wurden (Arendt 1960; Padover 1946/1999), so deuten die Befunde der Gruppendiskussionen auf ein Leiden an der nationalsozialistischen Geschichte hin, in dem die Geschichte selbst gar nicht mehr vorkommt.

Schlussfolgerungen

Aus diesen Befunden lassen sich drei zentrale Zusammenhänge ableiten, die sowohl die individuelle als auch die Auseinandersetzung von Gruppen mit der nationalsozialistischen Vergangenheit als Teil eines nationalen und familialen Erbes prägen.

1. Die Übernahme von Verantwortung für die nationalsozialistische Vergangenheit gestaltet sich für Angehörige der Kinder- oder Enkelgeneration erfolgreicher, wenn sie auf die Zukunft und eigene politische Aktivitäten gerichtet ist. Der Anspruch, Verantwortung zu übernehmen für eine Vergangenheit, die als »negatives Eigen-

tum« (Améry 1966, S. 124) angenommen wird, kann dabei selbst aktivierend wirken. Dagegen wird die Übernahme von Verantwortung blockiert, wenn sich der Fokus allein auf die – nicht selbst erlebte – Vergangenheit beschränkt. In Gruppen, in denen ein Teil der Anwesenden Verantwortung bezogen auf die Vergangenheit und ein anderer Teil Verantwortung als Aufgabe für die Gegenwart und Zukunft versteht, muss es zwangsläufig zu einem Konflikt kommen. Erschwerend kommt hinzu, dass die nationalsozialistische Vergangenheit regelmäßig über kurze Formulierungen abgehandelt wird, die scheinbar keiner ausführlicheren Erläuterung bedürfen. Eine Überwindung dieses Konfliktes könnte ein ausführliches Gespräch über das unterschiedliche Verständnis von Verantwortung liefern.

2. Eine deutliche Benennung von Tätern und Opfern im Nationalsozialismus sowie die Hervorhebung der unterschiedlichen Geschichtsmilieus ermöglicht eine bewusste Reflexion der eigenen Position für die Kinder- und Enkelgeneration – und auch der Urenkel. Durch eine solche Benennung werden Formen der Abwehr, wie sie in den Umdeutungsprozessen sichtbar werden, aufgedeckt. Gerade im Hinblick auf die Benennung von Tätern und Opfern ist sicheres und fundiertes historisches Wissen über die nationalsozialistischen Verbrechen hilfreich. Darüber hinaus bedarf es aber auch Formen der Auseinandersetzung mit eigenen Ängsten, Schuld- oder Schamgefühlen gerade dann, wenn sie aufgrund der Zugehörigkeit zu einer späteren Generation irrational erscheinen.

3. Eine Diskussion über die Annahme oder Ablehnung einer Verbindung bestimmter gegenwärtiger politischer Tendenzen und der nationalsozialistischen Vergangenheit kann helfen, politische Positionen bewusster zu reflektieren. Hat das Einbeziehen der nationalsozialistischen Vergangenheit exemplarischen Charakter, dann ist es hilfreich, die Wachsamkeit gegenüber gesellschaftlichen oder politischen Prozessen zu erhöhen. Gleichwohl ersetzt diese Einbeziehung nicht die Begründung für die Ablehnung oder Annahme bestimmter politischer Entscheidungen in der Gegenwart. Erst wenn diese aus sich heraus begründet werden, wird ein Beitrag geleistet, die nationalsozialistische Vergangenheit zu entmystifizieren und einer Instrumentalisierung für andere politische Zwecke entgegenzuwirken.

Literatur

Abram, Ido B.H. (1995): Identität und Imago zwischen Konflikt und Dialog – Über interkulturelle Erziehung in einer multikulturellen Demokratie. In: Schreier, Helmut; Heyl, Matthias: »Daß Auschwitz nicht noch einmal sei ...« Zur Erziehung nach Auschwitz. Hamburg (Krämer), S. 185–204.

Améry, Jean (1966): Jenseits von Schuld und Sühne: Bewältigungsversuche eines Überwältigten. München (Szczepesny).

Arendt, Hannah (1960): Menschen in finsteren Zeiten. München (Piper).

Behrensen, Birgit (2006): Die nationalsozialistische Vergangenheit im Gepäck: Die Präsenz der Herrschaft des Nationalsozialismus und seiner Verbrechen im heutigen Selbstverständnis von Frauen als politisch Handelnde und als Deutsche: Eine Analyse von Gruppendiskussionen. Osnabrück (Sozio-Publishing).

Elias, Norbert (1987) Die Gesellschaft der Individuen. Frankfurt/M. (Suhrkamp).

Elias, Norbert; Scotson, John L. (1993): Etablierte und Außenseiter. Frankfurt/M. (Suhrkamp). (Orig. (1965): The Established and the Outsiders. A sociological Enquiry into Community Problems. London (Sage).

Elias, Norbert (1998): Studien über die Deutschen: Machkämpfe und Habitusentwicklung im 19. und 20. Jahrhundert. Frankfurt/M. (Suhrkamp).

Foulkes, Siegmund H. (1974): Gruppenanalytische Psychotherapie. München (Kindler).

Foulkes, Siegmund H. (1978): Praxis der gruppenanalytischen Psychotherapie. München, Basel (Reinhardt).

Georgi, Viola B. (2000): Wem gehört deutsche Geschichte? Bikulturelle Jugendliche und die Geschichte des Nationalsozialismus. In: Fechler, Bernd; Kößler, Gottfried & Liebertz-Groß, Till (Hg.): Erziehung nach Auschwitz in der multikulturellen Gesellschaft: Pädagogische und soziologische Annäherungen. Weinheim und München (Juventa), S. 141–162.

Leithäuser, Thomas; Volmerg, Birgit (1979): Anleitung zur empirischen Hermeneutik. Psychoanalytische Textinterpretation als sozialwissenschaftliches Verfahren. Frankfurt/M. (Suhrkamp).

Leithäuser, Thomas; Volmerg, Birgit (1988): Psychoanalyse in der Sozialforschung: Eine Einführung am Beispiel einer Sozialpsychologie der Arbeit. Opladen (Westdeutscher Verlag).

Lorenzer, Alfred (1973): Sprachzerstörung und Rekonstruktion. Vorarbeiten zu einer Metatheorie der Psychoanalyse. Frankfurt/M. (Suhrkamp).

Lorenzer, Alfred (1986): Kulturanalysen: Psychoanalytische Studien zur Kultur. Frankfurt/M. (Suhrkamp).

Mangold, Werner (1960): Gegenstand und Methode des Gruppendiskussionsverfahrens: Aus der Arbeit des Instituts für Sozialforschung. Frankfurt/M. (Europäische Verlagsunion).

Nießen, Manfred (1977): Gruppendiskussion: Interpretative Methodologie, Methodenbegründung, Anwendung. München (Fink).

Padover, Saul K. (1946): Experiment in Germany. The Story of an American Intelligence Officer. New York (Duell, Sloan & Pearce).

Pollock, Friedrich (1955): Gruppenexperiment: Ein Studienbericht. Frankfurter Beiträge zur Soziologie. Band 2. Frankfurt/M. (Europäische Verlagsanstalt).

Rommelspacher, Birgit (1995): Dominanzkultur, Texte zu Fremdheit und Macht. Berlin (Orlanda).

Die Vergangenheit in der Gegenwart – Eine Einladung nach Münster

Teresa von Sommaruga Howard

Redaktionelle Vorbemerkung

Wir haben beschlossen die deutsche Übersetzung des Artikels von Teresa von Sommaruga Howard, die E-Mail-Korrespondenz zwischen Teresa und ihrem Vater und zwischen Teresa und Regine Scholz (als Organisatorin des Symposiums) zusammen zu veröffentlichen.

Um die Authentizität und die Direktheit des Austauschs sowie das gemeinsame Ringen um das Verstehen, Verarbeiten und In-Worte-Fassen des Erlebten zu transportieren, ist an der E-Mail-Korrespondenz redaktionell nicht mehr gearbeitet worden.

Aus dem gleichen Grund haben wir auch auf eine Übersetzung verzichtet. Wie auch Teresa in ihrem Artikel schreibt: »Nichtverständnis [aber auch Verständnis, die Redaktion] ist nicht nur eine Frage der Worte.«

Teresa von Sommaruga Howard hatte ihren Vater, der als 15-Jähriger aus Berlin fliehen musste, gebeten den Artikel für uns zu übersetzen. In den entsprechenden E-Mail-Passagen wird deutlich, mit welchem Engagement Teresas Vater sich dieser Aufgabe gewidmet hat.

Aus Hochachtung vor dieser Leistung, die weit mehr ist als eine reine Übersetzungsarbeit, und um etwas davon spürbar zu machen, was Muttersprache und deren Verlust bedeuten können, haben wir hier ebenfalls auf Korrekturen verzichtet.

Mit dieser Art der Darstellung möchten wir versuchen, den LeserInnen Gelegenheit geben, teilzuhaben an dem intensiven und fruchtbaren Prozess der Entstehung dieses Artikels und etwas von dessen Vielschichtigkeit zu spüren.

Artikel von Teresa von Sommaruga Howard

Übersetzung: Lorenz von Sommaruga

Seit Monaten hatte ich diesem Workshop freudig entgegen gesehen. Trotzdem ich nicht fließend Deutsch spreche, wurde erwartet, dass die Erfahrungsgruppe auf Deutsch geführt wurde, sodass gewisse Vorbereitung unbedingt notwendig war. Es war mir klar, dass ich in der Lage sein wollte, zu verstehen, was man mir sagte und auch auf Deutsch zu antworten. Darum hatte ich lange mit meiner Deutsch Lehrerin den zu erwartenden Wortschatz geübt. Weil ich in Neuseeland aufgewachsen bin, wäre es unmöglich gewesen, weiter von Deutschland entfernt zu sein, sodass ich die Sprache nicht als Kind gelernt hatte und, bis vor sehr kurzer Zeit war ich nie in Deutschland.

Trotz vieler Stunden konzentrierter Widmung war ich doch nicht wirklich vorbereitet; wie wäre das auch möglich gewesen? Meines Vaters Muttersprache zu sprechen, kam mir nicht leicht. Ebenso war ich nicht auf die emotionelle Wirkung vorbereitet, veranlasst durch die Einladung, da in seinem Geburtsland zu arbeiten. Wäre Hitler nie an die Macht gekommen und hätte ihn nicht gezwungen im Alter von 15 nach England zu fliehen, wäre es nie nötig gewesen, mich überhaupt einzuladen; aber natürlich wäre es dann eine andere Situation, weil ich dann niemals geboren wäre!

Am Anfang des Symposiums erklärte Regine die Arrangements und stellte jeden Referenten sowie die Workshopleiterinnen sorgfältig vor. Ich hörte zu und als mir klar wurde, dass sie mich vorstellte, fühlte ich die Tränen in meine Augen kommen. Dann geschah es, erst als ich in der ersten Reihe zuhörte, dass ich es kapierte: Ich war nicht nur da auf Besuch, sondern um mein Sachverständnis zu teilen, das ich mit Kollegen meiner Generation mit großer Mühe gelernt hatte. In diesem Moment wurde was geschah zu einem tief eindrucksvollen Erlebnis. Der Fortschritt meiner persönlichen Reise wurde im deutschen beruflichen Milieu anerkannt. Ich war wieder da.

Ich schreibe diesen Artikel in Neuseeland. Letztes Wochenende hatte ich die Gelegenheit, die Trauer einer Maori Dame anzuhören. Sie wurde mit Tränen überwältigt, als sie eine Freundin auf traditioneller Weise sich flüssig in ihrer Muttersprache und in Gesang vorstellen hörte. Sie erklärte später, wie schmerzhaft sie es empfunden hatte, niemals Maori »Kaupapa«[1] gelernt zu haben und sich darum sehr getrennt von ihren Wurzeln zu fühlen.

Ich kam zu Münster nicht nur mit meiner Lebenserfahrung als Kind eines deutsch jüdischen Flüchtlings. Ich hatte auch die Erfahrung, im Hunsrück Workshops organisiert zu haben für Menschen, die den Zweiten Weltkrieg und den Holocaust als einen Schatten über ihr Leben leiden mussten[2]. Die zu uns kamen zählten oft zu denen, die Großenkel von Soldaten, Überlebern, Flüchtlingen, Tätern, Mitmachern, Parteigängern, zufälligen Zeugen, Helfern und Anhängern waren. Was sie alles gemeinsam haben ist, dass sie keinen Sinn finden können in dem, was ihre Eltern und Großeltern ihnen über ihr Leben in diesen »heiklen« Zeiten zwischen 1930 und 1950 erzählt hatten. Meisterns sind sie verwirrt, können die Worte nicht finden und sind nicht in der Lage, auf die Erlebnisse der Erwachsenen auf eigene Weise zu reagieren.

Das war es also, was ich mitgebracht hatte. Als ich aber da saß und jeden Vortrag hörte immer mit dem Wörterbuch in der Hand und die Bedeutung neuer Worte entdeckte, genoss ich die akademische Denkweise, die meine eigenen Erfahrungen in dieser Branche als Praktiker unterstützte. Irgendwie geschah ein Wunder, sodass ich alle Redner im Wesentlichen verstehen konnte.

Von Marianne Leuzinger-Bohleber lernte ich, dass es nervliche Zusammenhänge mit Gemütszuständen gibt, die dann in den ganzen Organismus einverleibt werden und gegenseitig mit der Umwelt reagieren. Z.B. der Schmerz sozialer Ausscheidung kann in MRI Bildern des Gehirns gesehen werden.

Gereon Heuft berichtete seine Forschungen über die möglicherweise langlebigen Folgen, in Deutschland zwischen 1930 und 1945 aufgewachsen zu sein. Er fand, dass sowie individuelle als kollektive Erlebnisse aus der damaligen Kinderzeit lange Auswirkungen auf mindestens ein Drittel dieser Gruppe hatte, aber er erwähnte ein Ergebnis, das mir fragwürdig scheint. Seine Untersuchung zeigte, dass mindestens ein Drittel dieser Gruppe unbeeinflusst blieb, weil sie erlebten, was er neurotische Konflikte nannte, die aus dem Familienmilieu stammten. Ich frage mich, wie es möglich sein kann, in der Nazizeit aufzuwachsen, als alle sozial/kulturelle Begriffe vollkommen umgekehrt wurden, ohne davon betroffen zu werden? Sicherlich war doch Niemand immun?

Der letzte Vortrag von Thomas Mies könnte der interessanteste gewesen sein, weil er versuchte, diese Frage zu beantworten. Leider war er auch der Schwerste für mich zu folgen, weil ich keine *visuelle* Hilfe dazu hatte, ich hoffe aber, ihn später in schriftlicher Form langsam durchzulesen. Eine wichtige Idee bleibt mir: Die Gruppe als eine ›Gedächtnis-Gesellschaft‹, die dem autobiographischen individuellen Gedächtnis Sinn verleiht. Die Idee, dass jeder von Kräften aufgefangen wird, die viel stärker sind als Familie oder Selbst, von denen man nicht weg kommt, hat mich schon immer sehr beschäftigt, sodass ich seine Diskussion, über was er autobiographisches Gedächtnis und kollektives Gedächtnis nennt, hilfreich fand.

Meine Arbeitsgruppe verfolgte dieses Thema weiter. Ich fing an, indem ich Alle einlud, diesen Zeitraum zu benutzen, um über ihre eigene Vergangenheit in der Gegenwart nachzudenken. Ein Teilnehmer reagierte sofort mit Dankbarkeit – genau hier wäre es möglich, einfach mit sich selbst zu sein und Theorie zu vergessen. Es war also faszinierend zu beobachten, wie schwer es Einige finden, bei den eigenen Erfahrungen zu bleiben. Mit Anderen schien es, als ob es ein Zeitraum war, der nur darauf wartete aufgefressen zu werden. Erlebnisse wurden erzählt, die noch nie vorher berichtet wurden.

Ich war auf langes Schweigen vorbereitet, aber so kam es nicht. Die Zeit war kurz, weniger als anderthalb Stunden, wurde aber mit solcher Gier ausgenutzt, dass es mich wieder erinnerte, wie wichtig es ist, Gruppen zum Reden einfach Raum zu bieten.

Wir hörten von Eltern, die nahe dem Tod oder sehr gebrechlich geworden waren und endlich den Bedarf spürten, über ihre eigene Nazizeit zu sprechen. Viele in der Gruppe nahmen es ihren Eltern sehr übel, gewissermaßen in ihrer Jugend nicht da gewesen zu sein und jetzt gerade das von ihnen zu verlangen. Viele weinten während Andere um einen Sinn kämpften, für was in der Gruppe sowie in ihrem Leben geschah. Das Zimmer schien voll von Eltern und Großeltern; doch sonderbarerweise fehlten ihre eigenen Erlebnisse. Diese Situation war mir nicht neu. Ich hatte es in meiner Arbeit schon eher in Nachwirkungen von kindlichem Kriegstrauma gesehen, mit Evakuierten sowie Kindern und Enkelkindern von Flüchtlingen und Holocaust Überleber. Solche Erlebnisse liegen so tief in der Psyche von Geburt an, dass sie unsichtbar werden. Es war ein Risiko, es in einem so kurzen Treffen hervor zu bringen, aber ich entschied, es einzugehen. Ich schlug vor, dass vielleicht manche das Gefühl hatten, dass die Erlebnisse ihrer Eltern irgendwie ihre eigenen Träume für ihr eigenes Leben verdrängten. Diese Bemerkung auf Englisch wurde beinahe sofort mit langer Stille erwidert. Mir schien es, als ob mein Eingeständnis dieser langen Einschränkung ihres Lebens wieder als von einem der verschweigenden Eltern gehört wurde. Vielleicht hatte meine Bemerkung nicht in ihrer Muttersprache sondern auf Englisch sie tatsächlich beinahe in der Gruppe umgebracht; denn diese Sprache war die derer, die sie beinahe aus Existenz gebombt hatten. Natürlich aber musste dieses neue Wissen erst angenommen und etwas verdaut werden, ehe man etwas mehr darüber denken konnte.

Während ich in die Stille lauschte, erinnerte ich mich, dass mir von deutschen Teilnehmern des »breaking the silence-workshops« mitgeteilt worden war, dass deutsche Soldaten mit ihren Frauen, wenn sie die Familien verlassen mussten um in den Krieg zu ziehen, Selbstmordpakts geschlossen hatten, sich selbst und die Kinder umzubringen, falls sie nicht zurückkämen. Aus dem Eindruck heraus, die Gruppe könne nicht recht glauben, dass ihr Recht zu existieren von einer tödlichen Ideologie sehr früh in ihrem Leben bedroht gewesen war, erzählte ich eine kurze Zeit später diese Geschichte. Ich dachte, dass ich nicht die einzige bin, die glücklich darüber ist, geboren worden zu sein. Dies ist unser gemeinsames Erbe.

Dann war da noch mehr schockierte Stille.

Ich hatte diese Geschichte als Beleg dafür erzählt, dass sie laut einiger Ideen dieser Zeit nicht hätten hier sein dürfen um die Geschichte der deutschen Niederlage zu erzählen.

Dieselbe Situation stellte sich in der großen Plenum Gruppe heraus am Tagesende, als die kleineren Gruppen berichteten. Man nahm es zur Kenntnis als ob ein riesiger Stein in einen Teich geworfen wurde und die kleinen Wellen hin und her kräuselten.

Regine hat mich darauf hingewiesen, es könne meine aggressive Gegenübertragung gewesen sein, die mich eine solch furchtbare Geschichte hat erzählen lassen.

Möglicherweise – doch was auf meiner Reise als zunehmend entlastend empfunden habe, war die Entdeckung schmachvoller Geheimnisse, über die zu sprechen bis vor kurzem undenkbar gewesen wäre.

Obwohl ich gewöhnt bin, in Gruppen zu sitzen, wo in Sprachen gesprochen wird die ich kaum verstehe, fand ich dieses Erlebnis ungewöhnlich. Für lange Perioden verstand ich sowie wörtlich als wie emotional, dann aber gab es plötzlich Momente, in denen ich mich verloren fühlte in einer ganzen See von Worten, ohne überhaupt etwas zu verstehen. Ich fragte Regine um Hilfe und entdeckte, dass sie auch nicht verstanden hatte. Nichtverständnis ist nicht nur eine Frage der Worte. Die gesamte Holocausterfahrung war ebenso wie ihre Nachwirkungen unfassbar. Sie war in der Gesamtheit ihrer Einflüsse überwältigend und manchmal vergessen wir dies. Ich denke auch, dass, wie Sprache im Dritten Reich benutzt wurde, das Undenkbare und Unbeschreibliche zu sanieren, blockiert weiterhin unsere Fähigkeit einen Sinn nicht nur in den Erfahrungen unserer Eltern zu finden, sondern auch in denen unserer Generation.

Ein Wort ist da stecken geblieben. Im Laufe des Tages hörte ich wieder und wieder das Wort ›Emigration‹ für Flüchtlinge aus Deutschland. Im Englischen impliziert das Wort »zu emigrieren« die Freiheit der Wahl zu gehen oder zu bleiben. Ich weiß, dass es im Deutschen nicht genau dieselbe Bedeutung hat, aber ich frage mich was das deutsche Wort für »Fliehen« ist. Jedes Mal wenn ich Emigration höre, reagiere ich verärgert. Diejenigen, die Deutschland während der Nazizeit verließen, konnten nicht bleiben. Hätten sie das getan, dann würden sehr wenige von ihnen überlebt haben, um darüber zu berichten. Das waren Flüchtlinge gezwungen zu fliehen mit nur zehn Mark in der Tasche. Für Viele war das Überleben ein raffiniert ausgeklügeltes Wunder.

Vielleicht ist diese Schwierigkeit mein wunder Punkt. Es ist schmerzvoll über das nachzudenken das verloren ging und nie zurückerlangt werden kann. Vielleicht ist meine Schwierigkeit damit, den Schritt über das bloße Sprechen und Verstehen der deutschen Sprache hinaus zu machen, mit diesem Schmerz des unvorstellbaren Verlusts verbunden.

Die Nazizeit und was ihr folgte war ein Zeitabschnitt in unserer Gemeingeschichte von der wir alle die Narben tragen. Wie wir an diesem Tag herausgefunden haben, indem wir zusammen waren und miteinander redeten, können wir anfangen, Sinn in unserem kollektiven sowie in unserem autobiographischen Gedächtnis zu finden. Ich bin Ihnen dankbar für die Möglichkeit, dieses Erlebnis mit Ihnen zu teilen.

Auf deutschem Boden zu arbeiten hilft, diesen Schmerz ein wenig zu heilen.

Für die sorgfältig Übersetzung Deutsch, wollte ich meinem Vater danken.

E-Mail-Korrespondenz

20/10/06 Teresa's Father to Teresa:
I hope you had a relatively pleasant return trip and not too much hassle getting to Ireland. In the mean time I have busied myself with what two days ago I had been modestly proud of but which in rereading at leisure turned out to be gravely deficient.

Apart from miscellaneous improvements, which now appeared necessary, my worst offence as a translator was that I had often failed to render exactly what you meant to say. I got captured by my desire to write good and readable German while the exact meaning got swamped in stylistic endeavour. Surely, I had to say to myself, it was possible to preserve good style and still pay scrupulous attention to the exact meaning of the original writer. It dawned on me that you had been very careful in your choice of words in order to convey your state of mind very precisely. The least I could do was to make sure that the translated version does you justice. Without going into every detail, here is an outline of what I found and what you will read in the final version:

The first paragraph already had an outright mistake. You had written that you ›wanted‹ to be able to cope with German. I wrote ›musste‹ instead of ›wollte‹, thereby distorting your wish into compulsion.

In the second paragraph my sentence did not make it clear who was forced to flee. The way I wrote it, it could have been Hitler. Then I managed to distort the meaning in my rush to use what I thought was appropriate German idiom instead of simply following your perfectly clear text.

The bottom paragraph of the first page contained a grammatical error. You wrote correctly »in the Hunsrück« because this is in German a male noun, so I had to change my simple ›in‹ into the equivalent of ›in the‹ which would be fully written out ›in dem‹ or ›im‹ for short (note the dative tense!).

Further on I got the tense wrong (›hatten‹ instead of ›haben‹) and then once again allowed my vocabulary to overwhelm your meaning. Now your »that they have been unable to make sense« is rendered more accurately as »dass sie keinen Sinn finden können« which is entirely different from merely lacking understanding.

In the next paragraph I put ›lernte‹ for ›discovering‹, ›entdeckte‹ is at least accurate.

There are a few minor corrections further down until we come to a whole phrase »von denen man nicht wegkommt« left out.

Top of the next page I put ›als ob‹ instead of

simply ›die‹ thereby degrading the stories told to old tales oft repeated instead of spontaneous and new. A small error, but it completely changed the meaning. Then I changed the fact that you were *prepared* to encounter long silence to a mere expectation, so ›erwartet‹ had to be changed to ›vorbereitet‹.

Then came a number of really necessary minor amendments, in some cases to clarify the meaning; but then I had written ›elterliches Verschweigen‹ instead of ›von einem der verschweigenden Eltern‹ which completely missed your whole point, that it was you they might have seen as the ›silencing parent‹, not just as a silent parent. As you know, I had trouble with this translation because of the missing German word for a single parent. But, as I found out in due course it was possible to render it accurately after all.

For some reason I distorted your picture of the pond with ripples ›back and forth‹ into ›nach Außen‹ instead of the perfectly colloquiquial ›hin und her‹.

The rest were minor but necessary alterations. I hope that in this new »final« version I have been able to give you a truer reflection in German of what you really wanted to say. Reading the text through with more leisure I have been impressed with the profundity of your observations. I only hope that I have now done them justice.«

Then again on 24/10/06:
The correction of your proposed generous thanks for my translation is easy enough. You had it absolutely correct except for the redundant »zu« and the word for »careful« which is »sorgfältig« I question however if I can accept it with good conscience until I have seen the appraisal by the German recipients, presumably via Regine. I would prefer to have whatever criticism is merited without the pressure of your thanks prompted by feelings not to offend.

Don't you think a simple acknowledgement sufficient?

24/10/06 Teresa to Regine:
Attached is the English version and my father's translation. He is very keen to know whether what he has so lovingly done for me is in good enough up-to-date German so I have sent you my original version and what he has made of it. I wanted to add an acknowledgement at the end but he wanted to make sure it was good enough first! For me it is another example of the circle closing. I sat with him as he did the first and second draft and learnt a lot. Then after I had left NZ, he worked through it again and sent me a long email explaining what he had done. This is a part of it … [It is included above]

»Apart from miscellaneous improvements which now appeared necessary, my worst offence as a translator was that I had often failed to render exactly what you meant to say. I got captured by my desire to write good and readable German while the exact meaning got swamped in stylistic endeavour. Surely, I had to say to myself, it was possible to preserve good style and still pay scrupulous attention to the exact meaning of the original writer. It dawned on me that you had been very careful in your choice of words in order to convey your state of mind very precisely. The least I could do was to make sure that the translated version does you justice.«

What I wanted to add at the end was,

»Für die sorgfältig Übersetzung Deutsch, wollte ich meinem Vater danken«.

He hopes that you will not feel constrained to criticise it! But you might want to criticise what I had to say anyway!

07/11/06 Regine to Teresa:
Thank you for reminding me. The outside climate is rather mild (14 degree centigrade). The snow is the workload. But I'll try not to make it too complicated and to give you a short response. Some points came to my mind:

1. There is a slight difference in the use of the word ›emigration‹ in English and in German. What you are referring (the more or less voluntary leaving of a country) would be called »Auswanderung« in German, whereas the enforced (politics, economics) leaving of a country is called »Emigration«. But, your point is valid anyhow, maybe for different reasons. Referring to people, who had to flee from Germany always the term »Emigration« is used. That gives us a hint, that something has not to be spoken. »Emigration«

is a foreign word in German that makes things »clean«, »distant« as if you talk about sex using the words ›penis‹ and ›vagina‹, you avoid the emotional load. Second, the word »Emigration« does not imply as much as »flight« or »displacement« (words always used in the context of Germans who had after the war to leave the east) that there was an offender/perpetrator. The role of victim and offender stay a bit vague. So your argument was just to the point.

What I missed in your description is your intervention (and the dynamics it provoked) in the small group that went on also in the large group. If I remember it right you said something like: from my workshops in Hunsrück I learned that in Nazi/German families there was a custom, that the father asked from his wife the promise to kill herself and the children if he should not come back and the war should be lost. This intervention was answered with some protest: No, never heard of, can't believe it etc. (both in the small and in the large group), it deepened the process a lot as I saw it. It provoked two dimensions: the discussion, if you are »from the outside«, questioning the in and the out. And it put on the table the German deadly aggression (this time turned against the own family). Both times (in the small and even more in the large group) at that moment there was a big silence, no movement. And in the large group the group only started to move again by playing the children's game »Deutschland erklärt den Krieg gegen … Frankreich!« Why did you not include these scenes in your interpretation?

2. I wonder also about the aggressive elements of your counter transference. I guess it must be a very special situation for you with your German Jewish background to help Germans to come to terms with their past; I would like to read more about it in the article.

There are so many more dimensions that could be looked at (and you never come to an end). However, just in general I think this experience was so interesting/special/precious that I would be glad, if you could write a bit more. There is no need to hurry, because – as said in the conference – the papers will be published in March 2008 (deadline July 2007).

Your father should be mentioned as a translator in any case (even if he might not like to go on with this work).

Sorry to put things so roughly, but hope, I could explain my points and I'm curious about your comments.

07/11/06 Teresa to Regine:
Your comments are not at all rough. I appreciate them very much.

It is interesting that I forgot to write about my intervention about the family suicide pact. But, I didn't forget it because I remember talking about it in NZ but when it came to writing I forgot about it.

My dominant memory was that the silence was connected to the idea that there was no space for our own dreams. I think I started with that and then continued with the suicide story later. I now think the silence in both groups was connected to both because the threat to commit suicide was a way of ensuring that nobody who survived felt they had a right to survive and certainly could have no dreams. Here there is a parallel to the refugee and survivor. Although one is physically alive, emotional and spiritual life struggles had to be killed off to stay alive.

I was not so conscious of my own aggressive countertransference when I was working in the group. I felt that I was sharing a common experience. It was fascinating because so many were so open. When conducting groups, I am often in the flow – somehow just in it and feeling the forces – a bit like being in the waves swimming in the sea. It didn't last long enough for anything else to emerge in me. When I am in such groups I realise again and again how much the unfelt pain of the Nazitime has been transferred to us all no matter which ›side‹ our parents were on. I think it is only when I hear something that ignores my experience or makes light of it that I react. But, I did feel very aggressive raising the use of the word ›emigration‹ in the lectures. It was an angry feeling, ›don't you realize how much this refugee experience cost?‹ Of course that is my direct history and I know how much this cost my father. Perhaps my difficulty learning the language is connected to my rage about what happened to him.

Thinking on about countertransference, I was hampered by my lack of fluent German so much of the detail was lost. I got themes only so my understanding of what was happening was at a kind of subterranean level.

My father loved working on the translation and making sense of what I had written. He had trouble understanding it in English and then wanted very much to translate it well. After he had done it, he enjoyed what he read and the whole process so he was very keen to know if it was OK as his everyday German stopped at 15 apart from reading books and writing to family.

So thanks for pushing me a bit. I'll go back to it and think on.«

12/11/06 Regine to Teresa:
Thank you for your comments on my comments. We could go on with that, e.g. what of my comments is due to some kind of projections on you, do I have to find your aggression in order to create a safe space for me by now knowing where the aggression is – and/or to protect me from an anticipated revenge? If I perceive you as an aggressor mentioning the suicide pact then we would have a shift in the offender/victim relation and counter aggression is legitimate (I guess at least the sequence in the large group could be looked at under this perspective). I heard of an Israeli analyst (do not know the name) who once said, »The Germans are never going to forgive the Jews Auschwitz«. First I thought he was just suffering from some perverse fantasies of omnipotence before I started thinking about it a bit more. In the foreground I also felt much more the connection the second generation has being burdened by history – and the joy of being together.

I am glad to see you in Granada and hope to have some time there for further discussion.

14/05/07 Regine to Teresa:
»It is so long time I did not hear from you that meanwhile I doubt, if you ever received the mail below. So I try again, hoping it is not too late. I shall be in London on Friday. Will we meet at the Foulkes lecture? That would be great.

Hoping that you are doing fine.«

14/05/07 Teresa to Regine:
»I am so sorry but I seem to have missed that email but thanks for reminding me! I have been much too busy of late which could account for it. Only now am I coming up for air. Yes I will see you on Friday and Saturday if you are at the Study Day.

It is interesting to me that my mentioning the suicide pact could be seen as aggression. For me, that people needed to make such a pact was a sign of the complete impossibility of conceiving of living afterwards in a non-Nazi country. I know that when Hitler was defeated many people felt very betrayed. And I am not surprised because Hitler promised so much and yet delivered total catastrophe for the German people in the end.

About my aggressive feelings I am sure my difficulty learning German is somehow connected but I am more in touch with feeling too burdened by my father's difficulty to feel the huge losses in his life. For him it was all bound up with his family. In reality he had no father but he also did not have a mother to take care for him. I am just beginning to take in how much of all this grief I am and have been carrying all my life. That is all mixed up with my father only being in touch with his relief to have got away from his mother to England. It is only very recently that he has begun to be in touch with his grief about the loss of his birth land. Perhaps your confusion is linked with the confusing feelings in me. Also of course I have relatives from my grandfather's family who live in Austria who were pro-Nazi. So it is very complicated and there are times when I can feel very angry about these emotional burdens and having to learn two new languages and a whole set of new traditions just to begin to make sense of it all. So when I am welcomed as I was in Münster, it is such a gift to me. I didn't have to fight for that. I was invited.

I think it might have been Dan Bar On who said something about the Jews wanting to get revenge but I am not sure. I agree about the joy of being together and sharing the painful histories bequeathed to us by the Shoah but in all that I know that I think about things like what did your parents really do then?

See you on Friday!«

Anmerkungen

1 Maoriwort für Sitte

2 Das Schweigen brechen: Zusammenfügen gebrochener Zusammenhänge (Breaking the silence – mending broken connections. Diese Workshops werden alljährlich im Hunsrück von Frau Howard durchgeführt, Anm. der Red.).

Ich hatte selbst gelernt, wie das, über was nicht gesprochen werden darf, oft einen unerlöschlichen Einfluss auf folgende Generationen hat. Wie Viele meiner Generation habe ich einen großen Teil meines Lebens verbracht im Versuch Sinn zu finden in dem, was ich fühlte aber nicht wissen durfte.

Diese Workshops fingen mit der Entdeckung an, dass man, was ›jenseits der Worte‹ lag, wieder zusammenfügen kann, indem man mit Anderen spricht, deren Eltern und Großeltern durch dieselben Katastrophen und Sozialgeschehen gelebt haben. Sowie das Schweigen und die Bruchstücke unseres Erbes durch Worte und Bilder ersetzt werden, die unsere versteckten und traumatischen Familiengeschichten beschreiben, dann geht der lange Schatten über unserem Leben vorbei.

Die »Einzige«[1]

Pat MacDonald

Einführung

Leugnen – dies ist häufigste Reaktion der meisten Weißen, wenn sie gebeten werden, sich mit der Realität von Rassismus auseinanderzusetzen (Pajaczkowska/Young 1992). Rassismus ist eine Kombination von Werten, Annahmen, Überzeugungen und Praktiken; das Ergebnis einer ungleichen Beziehung, die im Innern gärt (Blackwell 1994).

Kürzlich nahm ich an einer Gruppe teil, die es sich zur Aufgabe gemacht hatte, zum Thema Rassenunterschiede zu arbeiten. Ich ging davon aus, dass die Gruppe sich aus etwa gleich vielen schwarzen und weißen Mitgliedern zusammensetzen würde und dass die Gruppe ein Ort sein würde, an dem man auf friedliche Weise schwierige Fragestellungen rund um die Themen Rasse und Rassismus diskutieren könne. Doch mein Gruppen-Erlebnis war schwierig und beunruhigend.

Das erste Gruppen-Treffen

Die Gruppenleitung teilten sich eine schwarze Frau J und ein weißer Mann B, der bei diesem Treffen jedoch nicht anwesend war.

Während die Mitglieder allmählich eintrafen und sich gegenseitig begrüßten, wurde mir klar, dass ich die einzige neu Hinzugekommene und die einzige Weiße in einer Gruppe von acht Personen war. Seit dem langen Bestehen der Gruppe war niemals nur ein einzelnes weißes Mitglied anwesend gewesen, obwohl schon oft nur ein einzelnes schwarzes Mitglied anwesend gewesen war. Man sprach davon, welche Vor- und Nachteile es hatte, »der/die Einzige« zu sein – in gewisser Weise war dies »ganz nett«, da man dann etwas besonderes war. Man konnte beleidigt sein und niemand nahm es einem übel. Aber natürlich konnte man es irgendwann auch satt haben, sich als anders zu empfinden und von anderen neugierig beäugt zu werden, die dann blöde Dinge sagten wie »Wo kommst Du her?«, »Süd-London, was hast Du denn gedacht?« An dieser Stelle wurde gelacht. Natürlich waren solche Fragen irritierend und machten einen zum Außenseiter, doch dann mutmaßte man, dass sie einfach bedeuten könnten, dass der Betreffende sich bemüht, »das Eis zu brechen«, um den anderen kennenzulernen. Zuvor hatte ich versehentlich eine Person aus der Gruppe gefragt, woher sie komme, und nun fühlte ich mich unwohl. Vielleicht spiegelten diese Kommentare auch die Ambivalenz meiner eigenen (weißen) Anwesenheit in der Gruppe wider. Ich sagte: »Ich habe das Gefühl, ich blockiere hier etwas. Ich glaube, es wäre angenehmer für Euch, wenn ich nicht hier wäre.« Schnell wurde mir zugesichert, dass dem ganz sicher nicht so sei. Es sei gut, dass ich in der Gruppe sei. Doch dann wurde rasch das Thema gewechselt und es war offensichtlich, dass sich niemand mit meinen Gedanken und damit, was sie bedeuteten, beschäftigen wollte. Ich fühlte mich abgewiesen und herabgesetzt.

> »Ich sage euch, ich war eingemauert: weder mein gesittetes Benehmen, noch meine literarischen Kenntnisse oder mein Verständnis der Quantentheorie fanden Gnade« (Fanon 1970, S. 225, deutsch 1985, S. 85).

Zwei Gruppenmitglieder lebten in ›gemischten‹ Ehen und sprachen von den sich daraus ergebenden Schwierigkeiten, dass sie selbst oder ihr Partner bzw. ihre Partnerin jeweils der/die »Einzige« innerhalb einer (familiären) Gruppe von ausschließlich schwarzen oder ausschließlich weißen Menschen waren. Es hatte den Anschein, dass es niemals einfach ist, sich in Gruppen zu bewegen, in denen man sich selbst in der Minderzahl befindet. Und dennoch waren die Kinder aus diesen Ehen ein Teil beider Welten. Wie kamen sie zurecht? Würde das Leben für sie einfacher sein? Würden sie Vielfalt eher akzeptieren? Könnten sich die Dinge jemals ändern?

Wahrscheinlich nicht. Die Mitglieder begannen vom Zusammenbruch der Familie zu sprechen. Männer, Frauen und Kinder sollten beisammen sein; die Familie sollte sich nicht aufteilen – in Frauen, die allein mit den Kindern leben, und Männern, die woanders waren und wer weiß was taten. J wies darauf hin, dass diese Familie ein wenig geteilt zu sein schien, dadurch, dass die männliche Leitung fehlte. Vielleicht fühlten sich die Mitglieder verlassen? Alle sagten, dass sie B vermissten und traurig über seine Abwesenheit waren, da er solch einen »beruhigenden Einfluss« hatte. Zudem wurde darauf hingewiesen, dass ich bei seiner Anwesenheit heute nicht die einzige Weiße wäre.

Während ich innerhalb der Gruppe mehr und mehr isoliert wurde, begann ich mich angespannt und ängstlich zu fühlen. Ich war wütend auf diesen Vater, der uns verlassen hatte, obwohl er sich hätte um mich kümmern sollen.

Die Unterhaltung wechselte zur wirtschaftlichen Situation in Nigeria und ich versuchte mich zu konzentrieren, fühlte mich aber auf eine eigenartige Weise müde und bemerkte bald, dass ich mich treiben ließ – wie betäubt. Dann hörte ich J der Gruppe aus ihrer Schulzeit berichten, wie schrecklich und grausam die weißen Lehrer die schwarzen Kinder behandelt hatten. Die Lehrer hatten »lange Haare bis zu den Knien«, doch die Kinder hatten »ihre Köpfe so gut wie kahl geschoren«. Einmal hatte J sich an einer sehr gestrengen Lehrerin gerächt, indem sie die Lehrerin mit ihren eigenen Haaren an einem Stuhl festband. Krachend stürzte ich zurück in die Gruppe.

> »Ich hatte richtig gelesen. Es war Hass; ich werde gehasst, verabscheut, verachtet, nicht vom Nachbarn von gegenüber oder dem Vetter mütterlicherseits, sondern von einer ganzen Rasse. Ich war die Zielscheibe von etwas Unüberlegtem« (Fanon 1970, S. 224, deutsch 1985, S. 86).

Alle außer mir lachten. Sehr wütend sagte ich: »Was Ihr sagt, bereitet mir Unbehagen. Würde ich erzählen, wie ich einen schwarzen Lehrer zum Narren gehalten habe, würdet Ihr kein bisschen darüber lachen.«

> »Ich verwies den Weißen wieder auf seinen Platz; ermutigt rempelte ich ihn an und schleuderte ihm ins Gesicht: findet euch mit mir ab, ich finde mich mit niemanden ab« (Fanon, 1970, S. 234, deutsch 1985, S. 95).

J ignorierte mich vollständig und fuhr fort: »Das weiße Problem ist einfach riesig« und die anderen Mitglieder schilderten weiter lebhaft, wie brutal sie von Weißen behandelt worden waren. Ich hatte das Gefühl, in der Gruppe großer Feindseligkeit ausgesetzt zu sein und sagte: »Im Moment habe ich das Gefühl, dass ich hier das weiße Problem bin!«

> »Gewiss ist es vorgekommen, dass wir das schwarze Problem mit Freunden, oder, seltener, mit amerikanischen Schwarzen erörterten« (Fanon 1970, S. 220, deutsch 1985, S. 80).

Es hatte mich einigen Mut gekostet, diesen Satz zu sagen und es muss offensichtlich gewesen sein, dass ich wütend und aufgebracht war, aber niemand beachtete mich. Nach einer kurzen Pause sprach ein Gruppenmitglied, das mir gegenüber saß, gezielt die Person neben mir an, und bemerkte, wie interessant etwas gewesen sei, das die Person neben mir vor einiger Zeit gesagt habe. Ich kam mir nicht existent vor und war unfähig, den Gesprächen zu folgen; erneut zog ich mich zurück.

> »Minderwertigkeitsgefühl? Nein, Gefühl der Nicht-Existenz« (Fanon 1970, S. 238, deutsch 1985, S. 101).

Später versuchte ich mit aller Kraft, mich zu beteiligen, mit dem festen Willen, die Geschehnisse reflektiert zu kommentieren und ein Teil dessen zu sein, was sich gerade abspielte.

> »Da der Andere zögerte, mich wahrzunehmen, blieb nur eine Lösung: mich bekannt zu machen« (Fanon 1970, S. 222, deutsch 1985, S. 83).

Aber ich fühlte mich weggestoßen, von allen, mit Ausnahme eines Mitglieds, das mich ein wenig beachtete.

> »Ich rief die Welt an, und die Welt amputierte meine Begeisterung. Man verlangte von mir, mich zu vergraben, mich zusammenzuziehen« (Fanon 1970, S. 223, deutsch 1985, S. 83).

Die Gruppe war mir verschlossen, und plötzlich wollte ich nur noch die Flucht ergreifen. Meine Verzweiflung muss offensichtlich gewesen sein, da J Versuche unternahm, mich zu retten, indem sie Sachen sagte wie: »Um noch mal auf das zurückzukommen, was Pat gesagt hat.« Aber mittlerweile diskutierten die anderen Gruppenmitglieder lebhaft über Werte in der Familie. Es fielen Aussagen wie: »Heutzutage essen Kinder noch nicht einmal mehr vernünftige Lebensmittel, sie kennen weder Reis noch Erbsen.« Die anderen waren sich meiner Not entweder nicht bewusst oder sie wollten mich bestrafen – mir kam es vor, als ob letzteres der Fall war.

Während der Mittagspause verschlang ich etwas von dem köstlich aussehenden, afrikanischen Essen, das J mitgebracht hatte, doch ich schmeckte kaum etwas davon und floh schließlich aus dem Gebäude.

Elend und allein saß ich in einem nahe gelegenen Park und versuchte, meine Erlebnisse zu verstehen. Ich fragte mich, was ich getan hatte, um solche Antipathie auf mich zu ziehen. Ich verstand es einfach nicht. Der Gedanke daran, zurückzukehren und an der Nachmittagssitzung teilzunehmen, machte mir Angst; ich wusste aber auch, dass ich mir wie ein Feigling vorkommen würde, wenn ich jetzt nach Hause ginge. Ich entschied mich widerwillig dafür, es auszuhalten und abzuwarten, was geschehen würde.

> »In gewissem Sinne würde ich sagen, wenn ich mich zu definieren hätte, dass ich abwarte; ich befrage meine Umgebung; ich interpretierte alles von meinen Entdeckungen aus …« (Fanon 1970, S. 226, deutsch 1985, S. 87)

Zwei Mitglieder bemerkten, sie seien froh, dass ich zur Gruppe zurückgekehrt sei – anscheinend hatte man also daran gezweifelt, dass ich wiederkommen würde. Ich erwiderte, der Morgen sei sehr schwierig für mich gewesen, und fügte hinzu, dass ich mich niedergeschlagen und unerwünscht gefühlt hätte und lieber weggeblieben wäre.

Die anderen schienen darüber wirklich überrascht zu sein und sagten, sie hätten gedacht, mir das Gefühl vermittelt zu haben, willkommen zu sein. Sie fragten, was genau ich schwierig gefunden hätte.

> »Weißt Du, mein Lieber, das Vorurteil der Hautfarbe kenne ich nicht …« (Fanon 1970, S. 222, deutsch 1985, S. 82)

Ich antwortete, ich wolle nicht darüber reden (soviel zum Thema Schmollen der »Einzigen«). Eine der jüngeren Teilnehmerinnen sagte, sie möge mich, obwohl Weiße »kalt« seien, und sie verstünde nicht, was mein Problem sei.

> »Wenn man mich liebt, dann sagt man mir, dass man mich trotz meiner Hautfarbe liebe. Verabscheut man mich, dann fügt man hinzu, dass dies nichts mit meiner Hautfarbe zu tun habe. […] Hier wie dort bin ich ein Gefangener des Höllenkreises« (Fanon 1970, S. 224, deutsch 1985, S. 84/85).

Ich antwortete: »Was glaubst Du, wie ich mich fühle, wenn Du sagst, dass Weiße kalt sind?« Daraufhin fragte sie mich, ob es Dinge gibt, die ich an Schwarzen schwierig finde.

> »Ich spürte Messerklingen in mir wachsen. Ich fasste den Entschluss, mich zu verteidigen, […] dem Weißen zu zeigen, dass er im Irrtum war« (Fanon 1970, S 225, deutsch 1985, S. 86).

Ich sagte: »Ja, manchmal finde ich Schwarze feindselig. Aber warum beantwortest Du meine

Frage mit einer Gegenfrage?« Es entstand eine sehr unangenehme Pause. J sagte dann, dass sie das Gefühl habe, der Morgen müsse für mich eigenartig gewesen sein, und obwohl sie bemerkt habe, dass ich mitgenommen war, sei sie sich ziemlich sicher gewesen, dass ich wiederkommen würde. Eine kurze Zeit lang fühlte ich mich bestätigt, aber dann fügte J hinzu, dass sie sehr erfreut darüber gewesen sei, dass so ungewöhnlich viele Schwarze zur Gruppe hinzugestoßen seien. Als ich erwiderte, dass auch ich »hinzugestoßen« sei und mich von dieser fehlenden Anerkennung völlig am Boden zerstört fühle, gab J zu, dass die Mitglieder und auch sie selbst vielleicht tatsächlich vorhatten, mich aus der Gruppe hinauszudrängen und dieses Ziel vielleicht immer noch verfolgten.

»Für uns Schwarze gibt es so wenig Gelegenheit, in solch einer Weise wie hier zusammen zu kommen und frei darüber zu sprechen, was uns bekümmert, ohne dass Weiße anwesend sind«, sagte sie. Ich schätzte ihre Ehrlichkeit.

Allmählich begann ich zu verstehen, was passiert war und fand meine Stimme wieder. Auf eine unbewusste Weise war mir klar, dass die Gruppe wollte, dass ich verstand, wie es war, Rassismus zu erleben, die schwarze Person in einem weißen, rassistischen Umfeld zu sein, die Auswirkung von Feindseligkeit zu spüren und die Furcht vor dem rassistischen Anderen zu kennen. Ausradiert zu werden. Ich war einer massiven, kollektiven Projektion ausgeliefert. Es war kein Wunder, dass ich mich so erschöpft fühlte. Die Gruppe hatte Mühe mit dem Gedanken an ein solches Konzept, aber ich fühlte mich erleichtert, als J sagte, sie glaube, meine Erklärung der Ereignisse dieses Morgens sei »die richtige«. Sie gab ihren Anteil an dem Geschehen zu. Es schien, als würde ein Großteil der Spannung aus dem Raum entweichen und ich fühlte, wie die Gruppe sich mir gegenüber plötzlich öffnete.

> »Und der Neger ist rehabilitiert [...] der wieder gefundene, aufgesammelte, zurückgeforderte übernommene Neger ...« (Fanon 1970, S. 231, deutsch 1985, S. 92)

Ich drückte Reue darüber aus, dass ich gesagt hatte, dass ich Schwarze manchmal feindselig fand. »Du hast mich verletzt, also verletze ich Dich auch, nur noch mehr« ist eine kindische und unproduktive Reaktion auf wirkliche oder empfundene Angriffe.

Wir sprachen über die Destruktivität von solchem Verhalten. Ein Mitglied sprach über die Grenzen von Sprache und wir dachten darüber nach, wie schwierig es für uns alle war, unsere Gedanken und Gefühle ehrlich auszudrücken, ohne jemanden zu beleidigen. Die Verwendung des Wortes »Wir« anstelle des exklusiven und ausschließenden »Ichs« spiegelt das Gefühl des Zusammenhalts wider, das sich nun in der Gruppe einstellte. Die Mitglieder schilderten auf sehr ergreifende Weise den Schmerz, dem sie durch Rassismus ausgeliefert waren. »An jedem Tag in Deinem Leben, jedes Mal, wenn Du Dein Zuhause verlässt, weißt Du, Du wirst ihm draußen begegnen, den ganzen Tag über, und egal was Du tust, Du kannst ihm nicht entkommen ... Es tut so weh ... Ja, Du steigst in den Bus und sie schauen auf Deine Fahrkarte, aber niemals auf Dich, es ist, als ob Du nicht da wärst.«

Eine Teilnehmerin sprach über die ständige Einsamkeit, wenn man die »Einzige« war; sie betonte dabei weder das Schwarz- noch das Weiß-Sein. Sie stammte aus China und erzählte, dass sie in einer anderen Gruppe, zu der sie gehörte, eines Tages plötzlich begonnen hatte, Mandarin zu sprechen, und obwohl niemand sie verstand, hatte sie es als enorme Erleichterung empfunden, in ihrer Muttersprache zu sprechen.

Die Zeit in der Gruppe war beendet und ich ging. Das Mitglied, das mich so offensichtlich ignoriert hatte, als ich äußerte, ich fühle mich wie das weiße Problem, schüttelte meine Hand und sagte mit aufrichtiger Herzlichkeit: »Ich hoffe, Dich hier wieder zu sehen.«

> »Endlich war ich anerkannt, ich war nicht mehr ein Nichts ...« (Fanon 1970, S. 231, deutsch 1985, S. 94)

Meine Gruppen-Erfahrung hatte mich tief berührt. In dieser Nacht träumte ich, ich hätte meine linke Gesichtshälfte herausgeschnitten und an J geschickt. Ich machte mir Sorgen, dass sich das menschliche Gewebe auf dem Postweg auflösen und eine verfaulte, abstoßende Gesichtshälfte ankommen würde. Inakzeptabel.

> »Alle diese Weißen zusammen [...] können nicht unrecht haben. Ich bin schuldig. Ich weiß zwar nicht, weshalb, aber ich fühle, dass ich ein Elender bin« (Fanon 1970, S. 238, deutsch 1985, S. 101).

Was wissen Weiße über die Erfahrungen von Schwarzen? Ich war selbstzufrieden gewesen, nahm an der Gruppe teil mit einem oberflächlichen und naiven Verständnis darüber, wie Rassismus unsere Wahrnehmung durchdringt, mit der wir uns selbst und andere erleben (Pajaczkowska/Young 1992). Aber »die Sünde der Unwissenheit« (Baldwin 1988) gilt nicht mehr. Mehr als alle anderen hat Frantz Fanon engagiert und bewegend die Wut und die Qual all jener ausgedrückt, die von einem rassistischen Anderen ausgeschlossen und diskriminiert werden.

> »Ich fühle, dass ich eine Seele habe, die ebenso weit ist wie die Welt; eine Seele so tief wie der tiefste Fluss; meine Brust hat unendliche Ausdehnungskraft. Ich bin Gabe und man rät mir die Demut eines Kranken [...]. Als ich gestern die Augen auf die Welt öffnete, sah ich, wie sich allenthalben der Himmel in Zuckungen wand. Ich wollte aufstehen, aber die ausgeweidete Stille floss zu mir zurück, mit lahmen Flügeln. Unverantwortlich, zwischen dem Nichts und der Unendlichkeit, begann ich zu weinen« (Fanon 1970, S. 239, deutsch 1985, S. 102).

Literatur

Baldwin, J. (1988): A Talk to Teachers. In: Simson, R.; Walker, S. (Hg.): The Graywolf Annual. St. Paul, MN (Graywolf Press).

Blackwell, D. (1994): The Emergence of Racism in Group Analysis. In: Group Analysis 27 (1), 197–210.

Fanon, F. (1970): The Fact of Blackness. In: Fanon, F.: Black Skins, White Masks. Reprint 1992, London (Paladin). Original französisch (1952): Peaux Noire, Masques Blancs. Paris (Éditions du seuil), hier zitiert nach der deutschen Ausgabe (1985): Schwarze Haut, weiße Masken. Frankfurt am Main (Suhrkamp).

Pajaczkowska, C.; Young, L. (1992): Racism, Representation, Psychoanalysis. In: Donald, J.; Rattansi, A. (Hg.): Race, Culture and Difference. London (Sage).

Anmerkung

1 Der Artikel ist erschienen in Group Analysis Volume 39, Number 4, December 2006, 560–566; wir danken SAGE Publications für die freundliche Genehmigung zum Nachdruck.

»Embodied« Memories – Vergangene Traumatisierungen in gegenwärtiger Inszenierung[1]

Marianne Leuzinger-Bohleber

»Viele Jahre lang hatte von Comprèse, außer dem was der Schauplatz und das Drama meines Zubettgehens war, nichts für mich existiert, als meine Mutter an einem Wintertag, an dem ich durchfroren nach Hause kam, mir vorschlug, ich solle entgegen meiner Gewohnheit eine Tasse Tee zu mir nehmen. [...] Gleich darauf führte ich, bedrückt durch den trüben Tag und die Aussicht auf den traurigen folgenden, einen Löffel Tee mit dem aufgeweichten kleinen Stück Madeleine darin an die Lippen. In der Sekunde nun, als dieser mit dem Kuchengeschmack gemischte Schluck Tee meinen Gaumen berührte, zuckte ich zusammen und war wie gebannt durch etwas Ungewöhnliches, das sich in mir vollzog. Ein unerhörtes Glücksgefühl, das ganz für sich allein bestand und dessen Grund mir unbekannt blieb, hatte mich durchströmt. Mit einem Schlage waren mir die Wechselfelder des Lebens gleichgültig, seine Katastrophen zu harmlosen Mißgeschicken geworden. Gleichzeitig aber fühlte ich mich von einer köstlichen Substanz erfüllt oder diese Substanz war vielmehr nicht in mir, sondern ich war sie selbst. [...] Woher strömte diese mächtige Freude mir zu? Ich fühlte, daß sie mit dem Geschmack des Tees und des Kuchens in Verbindung stand, aber darüber hinausging und von ganz anderer Wesensart war. Woher kam sie mir? Was bedeutete sie? Wo konnt ich sie fassen? Ich trinke einen zweiten Schluck und finde nichts anderes darin als im ersten. Dann einen dritten, der mir sogar etwas weniger davon schenkt, als der vorige. Ich muß aufhören, denn die geheime Kraft des Trankes scheint nachzulassen. Es ist ganz offenbar, daß die Wahrheit, die ich suche, nicht in ihm ist, sondern in mir. Er hat sie dort geweckt, aber er kennt sie nicht und kann nur auf unbestimmte Zeit und mit schon schwindender Stärke seine Aussage wiederholen, die ich gleichwohl nicht zu deuten weiß. Sicherlich muß das, was in meinem Inneren in Bewegung geraten ist, das Bild, die visuelle Erinnerung sein, die zu diesem Geschmack gehört und die nun versucht, mit jenem bis zu mir zu gelangen. Aber sie müht sich in so großer Ferne und nur allzu schwach erkennbar. Wird sie bis an die Oberfläche meines Bewußtseins gelangen? Diese Erinnerung, jener Augenblick von einst, der von so weit hergekommen ist um alles in mir zu wecken, in Bewegung zu bringen und wieder heraufzuführen. Ich weiß es nicht. Jetzt fühl ich nichts mehr. Es ist zum Stillstand gekommen – vielleicht in die Tiefe geglitten. Wer weiß, ob es je wieder aus dem Dunklen emporsteigen wird. Zehnmal muß ich es wieder versuchen, mich zu ihm hinunterzubeugen und jedesmal rät mir die Trägheit, die uns von jeder schwierigen Aufgabe fernhalten will, das Ganze auf sich beruhen zu lassen, meinen Tee zu trinken im ausschließlichen Gedanken an meine Kümmernisse von heute und meine Wünsche für morgen, die ich unaufhörlich und mühelos in mir bewegen kann und dann – mit einem Male – war die Erinnerung da. Der Geschmack war der jener Madeleine, die mir am Sonntagmorgen in Comprèse, sobald ich ihr guten Morgen sagte, mir meine Tante Leonie anbot, nachdem sie sie in ihren schwarzen oder Lindenblütentee getaucht hatte« (*Marcel Proust: Auf der Suche nach der verlorenen Zeit*).

1. Einleitung

Psychoanalyse und Neurowissenschaften beschäftigen sich teilweise mit ähnlichen Fragestellungen: Wie beeinflussen – bewusst und unbewusst – frühere Erfahrungen aktuelles Denken,

Fühlen und Handeln? Wie kommt es in spezifischen Situationen zu Erinnerungsprozessen? Beinhalten Erinnerungen narrative oder historische Wahrheiten? Wie funktioniert das Gedächtnis? Warum führt Erinnern, d.h. Bewusstwerden, allein meist nicht zu einer Verhaltensänderung? Warum braucht es dazu das »Durcharbeiten« in der analytischen Beziehung? etc.

Lange bevor im Freud-Jahr 2006 der interdisziplinäre Dialog zwischen Psychoanalyse und Neurowissenschaften große Aufmerksamkeit erhielt, diskutierte 1992 bis 1996 eine Gruppe von 15 Psychoanalytikern und Neurowissenschaftlern in regelmäßigen Kolloquien diese Fragen intensiv und kontrovers

Unter dem Titel *Erinnerung von Wirklichkeiten. Psychoanalyse und Neurowissenschaften im Dialog* (Koukkou/Leuzinger-Bohleber/Mertens 1998) haben wir einige Ergebnisse unserer theoretischen Diskussionen[2] zusammengefasst (vgl. darin bezogen auf das Gedächtnis besonders Köhler 1997). In einem zweiten Band berichten wir von unserem Eindruck, dass der interdisziplinäre Dialog auch für die klinisch-psychoanalytische Praxis eine Bereicherung darstellen kann und belegen dies anhand verschiedener Analysen von Traumdeutungsstunden einer Psychoanalyse mit einem transvestitischen Patienten (Leuzinger-Bohleber/Mertens/Koukkou 1998). Schon vor nun bald zehn Jahren kamen wir zu der Einschätzung, dass diesem interdisziplinären Dialog wissenschaftshistorisch eine große Bedeutung zukommt (vgl. dazu auch Kandel 1999; Mancia 2006; Leuzinger-Bohleber 2007). Bekanntlich kann die heutige wissenschaftliche Situation der Psychoanalyse als eine von »multiple theories« charakterisiert werden. Cooper (1991) betrachtet diesen Theoriepluralismus als Ausdruck der gereiften theoretischen Diskussion innerhalb der psychoanalytischen Community, da sie eine differenzierte, mehrdimensionale theoretische Annäherung an die Komplexität psychoanalytischer Prozesse ermögliche. Doch hat Iran Nydad (1987) darauf hingewiesen, dass – wissenschaftshistorisch – eine Situation auftreten kann, in der sich die Pluralität von Modellen in einer wissenschaftlichen Disziplin als kontraproduktiv erweist. Hier verkürzt und überspitzt zusammengefasst: Entsteht z.B. in der Psychoanalyse eine Situation, in der »jeder Psychoanalytiker seine idiosynkratische Theorie entwickelt« oder aber die existierenden Theorien sich bezüglich ihrer Vorhersagegenauigkeit und begrifflicher und logischer Präzision oder anderer wissenschaftlicher Kriterien kaum unterscheiden, kann sich deren Konkurrenz bei der Erklärung komplexer klinischer Phänomene nicht mehr als produktiv erweisen. In diesem Falle sei, so Nydad, der Versuch angezeigt, sich um eine *»interlevel-constraint«* zu bemühen, d.h. die Modelle auf einer anderen Ebene der Daten nochmals miteinander in Beziehung zu setzen. Für die psychoanalytischen Modelle könnte dies bedeuten, dass geprüft werden soll, welche dieser rein psychologischen Theorien (z.B. das Triebabfuhrmodell, die Objektbeziehungstheorie oder die Selbstpsychologie) sich mit neurophysiologischen Daten, die psychologische Prozesse begleiten, am ehesten als kohärent erweisen. Es geht dabei allerdings nicht um eine Neuauflage des von Freud in seinem »Entwurf einer Psychologie« (1885) formulierten Versuchs, psychische Prozesse auf neurophysiologische zu *reduzieren*, den Jürgen Habermas (1968) bekanntlich in Zusammenhang mit dem szientistischen Selbstmissverständnis der Psychoanalyse gestellt hat, sondern um einen Versuch, sich im Sinne Carlo Strengers (1991) um *externale Kohärenz psychoanalytischer Konzepte mit jenen der Neurowissenschaften* zu bemühen (vgl. dazu auch Jimenez, 2006). Ziel unseres interdisziplinären Kolloquiums war es, einen solchen Brückenschlag zwischen der Psychoanalyse und den Neurowissenschaften zu versuchen, die dabei gewonnenen Erkenntnisse zu dokumentieren und kritisch zu diskutieren.

Allerdings ist dabei zu bedenken, dass auch die Neurowissenschaften nicht »Wahrheiten an sich«, d.h. Daten und Beobachtungen präsentieren, die für sich selbst sprechen, sondern – wie alle Wissenschaften – Modelle und Konzepte formuliert haben, die diese Beobachtungsdaten möglichst adäquat zu interpretieren und zu erklären suchen. In anderen Worten besteht der interdisziplinäre Dialog zwischen der Psychoanalyse und den Neurowissenschaften bei näherem Hinsehen aus einem *kritischen Austausch von Modellen* – Modellen, die psychoanalytische

Daten abzubilden versuchen, einerseits und Modellen, die von Beobachtungen in den Neurowissenschaften ausgehen, andererseits. Daher stellte sich auch in unserem interdisziplinären Diskurs immer wieder die Frage nach der Qualität und der Brauchbarkeit theoretischer Modelle. Ich kann in diesem Rahmen nur einen fragmentarischen Eindruck vermitteln, in welcher Weise sich mein Verständnis von Erinnerungsprozessen, Bewusstwerden bisher unbewusster Konflikte und Fantasien in der psychoanalytischen Situation, dem Erleben von Vergangenheit in der Gegenwart durch die Auseinandersetzung mit den Neurowissenschaften verändert hat, in anderen Worten, diese zu einer Modifikation meiner psychoanalytischen Modelle führte. Bekanntlich gelten für uns Kliniker teilweise andere Gütekriterien von theoretischen Modellen als z.B. für empirische Psychotherapieforscher, für die z.B. Validität, Reliabilität, Objektivierbarkeit, Operationalisierbarkeit von Modellen zentral sind. Für uns Kliniker ist wesentlicher, ob sich bestimmte Modelle als »nützlich« erweisen, komplexe, dynamische Prozesse in der analytischen Situation adäquat zu verstehen und dabei unsere »frei schwebende Aufmerksamkeit« eher unterstützen als erschweren, ob sie unsere Fantasietätigkeit und Entdeckungsfreude anregen, uns erleichtern Widerspenstiges, Unerwartetes und Tabuisiertes (d.h. »Unbewusstes«) wahrzunehmen, emotional zu ertragen und kritisch zu reflektieren etc. Ich möchte im Folgenden meine Erfahrung skizzieren, dass Gedächtnismodelle, die z.Zt. in der Cognitive Science intensiv diskutiert werden, sich für mich als Klinikerin als innovativer »fremder Blick« auf das Eigene erweisen, meine klinische Neugier anregen und mir ermöglichen, den Bewusstwerdungsprozess in der analytischen Situation präziser und detaillierter zu verstehen.

Der Dialog mit der Cognitive Science eignet sich meines Erachtens nach besonders gut, um einen solchen »fremden Blick« auf die eigene psychoanalytische Theoriebildung zu werfen, weil sich diese wissenschaftliche Disziplin u.a. dadurch auszeichnet, dass sie eine große Sensibilität und Radikalität in der eben erwähnten Prüfung der Qualität von Modellen und ihrer Anwendungen entwickelt hat. Die Cognitive Science ist eine interdisziplinäre Wissenschaft, an der Artificial Intelligence, Psychologie, Linguistik, Neurobiologie, Philosophie und Anthropologie beteiligt sind. Sie versteht sich als Grundlagenwissenschaft zum Studium kognitiver Prozesse und bezieht in ihren Modellbildungen immer schon den Austausch mit den Neurowissenschaften mit ein. Konkret bedeutet dies, dass sie die neurowissenschaftlichen Modelle zur Erklärung von kognitiv-affektiven Informationsverarbeitungen, basierend auf neurobiologischen und neurophysiologischen Prozessen des Gehirns, zur Kenntnis nimmt und in ihre eigenen Modellbildungen zu integrieren versucht. Wir haben in verschiedenen Arbeiten z.B. solche Integrationsbemühungen des aktuellen, interdisziplinären Wissens in ein möglichst adäquates, valides und reliables Modell des Gedächtnisses diskutiert (vgl. u.a. Pfeifer/Leuzinger-Bohleber 1998; Pfeifer/Leuzinger-Bohleber/Röckerrath 1998; Leuzinger-Bohleber/Pfeifer 2002). Schon 1983 hatten wir begonnen, die damals viel diskutierten neueren Ansätze zum Gedächtnis, wie sie u.a. von Schank (1982) in seinem Buch *Dynamic Memory* dargelegt wurden, für das Verständnis von Erinnerungs- und Bewusstwerdungsprozessen in einer Psychoanalyse beizuziehen und zentrale psychoanalytische Konzepte, wie den Wiederholungszwang, die Abstinenzregel und das Durcharbeiten zentraler Konflikte in der Übertragung, neu zu beleuchten (Pfeifer/Leuzinger-Bohleber 1986). Ich werde in diesem Beitrag kurz illustrieren, dass sich z.Zt. aufgrund neuer Einsichten und Forschungsergebnisse ein Paradigmenwechsel im Sinne Kuhns abzeichnet, sodass viele der damals von uns diskutierten Gedächtniskonzepte der »klassischen Cognitive Science« einer grundlegenden Neuinterpretation bedürfen. Wichtige Anstöße für diesen Paradigmenwechsel kamen von Brooks (1991), Clancey (1993), Edelman (1987, 1992/95), Rosenfield (1989, 1992) und wurden vor allem in der Forschungsgruppe »Embodied Cognitive Science« (Leitung: Rolf Pfeifer) an der Universität Zürich aufgenommen, weiterentwickelt und mit neuen Studien belegt (vgl. dazu u.a. Pfeifer/Scheier 1999; Pfeifer/Bongard 2006). Ich fasse daher hier einige der wesentlichen Überlegungen zusammen, die diesen Paradigmenwechsel notwendig machten (3.). Darauf diskutiere ich exemplarisch an der biologisch orientierten Gedächtnisforschung von Edelman alternative Konzeptualisierungen des Gedächtnisses (4.). Da aber für den klinisch arbeitenden Psychoanalytiker und Psychotherapeuten eine zentrale Frage bleiben wird, ob der interdisziplinäre Dialog wirklich neue Einsichten zum Verständnis von Phänomenen in der klinischen Praxis bieten kann, möchte ich trotz des beschränkten Rahmens hier versuchen, die theoretischen Überlegungen anhand einer kurzen Sequenz aus einer Psychoanalyse zu illustrieren (2.). Auf diese Behandlungssequenz komme ich abschließend (5.) nochmals zurück, auch um daran auf den möglichen Gewinn dieser theoretischen Diskussion für die klinisch-psychoanalytische Praxis und die Theoriediskussion zum Gedächtnis und Bewusstsein innerhalb der psychoanalytischen Community hinzuweisen (6.).

2. Fallbeispiel

Ein 30-jähriger Informatikstudent suchte in einer verzweifelten Lebenssituation psychotherapeutische Hilfe. Wegen massiver psychosomatischer Symptome (Ess- und Schlafstörungen, Migräne, Schwindelanfälle, Hautjucken) konnte er seit fünf Jahren seinem Studium nicht mehr nachgehen. Er lebte völlig isoliert und schien zunehmend paranoide Fantasien zu entwickeln. Die einzige Beziehung, die er damals noch unterhielt, war jene zu seinem um drei Jahre jüngeren Bruder. Doch wurde diese Beziehung im Laufe des letzten Jahres immer brüchiger, vor allem, weil er seinen Bruder in plötzlichen Wutanfällen beschimpfte und zweimal sogar physisch angegriffen hatte.

Herr X. kam mit dem ausdrücklichen Wunsch, eine Psychoanalyse zu beginnen. Er hatte darüber gelesen und schätzte dieses Verfahren als das für ihn geeignete ein. Ich zögerte bei der Indikation, da ich Herrn X. als Borderlinepatienten einschätzte und zweifelte, ob eine hochfrequente Behandlung im Liegen wohl das Richtige für ihn sei. Während des ersten Jahres der Psychoanalyse kontrollierte Herr X. die Nähe zu mir durch ausgeprägte Intellektualisierungen und eine fast vollständige Abwehr von Emotionen auf der Couch. Es war kaum möglich, neue analytische Einsichten zu gewinnen: Die Analyse schien sich vorwiegend im Bereich des Bewussten des Analysanden abzuspielen. Dennoch erschien der Analysand pünktlich zu den Sitzungen, kämpfte energisch für Ersatzstunden, falls ich einen Termin absagen musste und schien die Zuwendung in der Psychoanalyse existenziell zu brauchen. So veränderte sich, ohne dass dies mit Einsichten aus der Psychoanalyse in Zusammenhang zu stehen schien, sein Studienverhalten: Er besuchte wieder Vorlesungen und Seminare und konnte sich besser konzentrieren. Auch die psychosomatischen Beschwerden hatten sich gemildert, sodass Herr X. vor der Sommerpause feststellte: »Die Behandlung tut mir gut …«

Die Sequenz, die ich nun kurz schildern möchte, fand nach dieser ersten längeren Sommerpause statt. Herr X. kam offensichtlich verstört in die erste Sitzung. Er begann sogleich, mich heftigst zu beschimpfen und schien außer sich vor Wut und Zorn, dass ich mir herausgenommen hatte, vier Wochen in Urlaub zu verschwinden. Dies sei unverantwortlich, selbstsüchtig und zeige, dass ich gar nicht interessiert an meinem Beruf und an Analysanden sei. Ob ich überhaupt eine Ausbildung als Analytikerin hätte oder eine »Feld- Wald- und Wiesentherapeutin« sei … Ich war überrascht von der Heftigkeit seiner Wut und Verzweiflung und scheiterte während der Sitzung darin, ihn emotional oder mit Deutungen zur Trennungserfahrung etc. zu erreichen. Zwar gelang es in der nächsten Stunde, seine extreme Reaktion auf die Trennung anzusprechen und einen erneuten Wutanfall zu verhindern. Allerdings versank Herr X. stattdessen in langes Schweigen, was für mich noch eine unheimlichere Qualität hatte als seine Beschimpfungen.

Es folgten extrem schwierige Wochen. Herr X. schien nur zwischen zwei Zuständen auf der Couch wählen zu können: entweder extreme Beschimpfungen, Wut und vernichtenden Angriffen oder aber Schweigen und Rückzug. Inhaltlich fiel mir auf, dass sich seine Angriffe vor allem auf meine analytische Funktion richteten. Herr X. beschimpfte mich, ich sei dumm, beschränkt, unfähig, ihn auch nur im Entferntesten zu verstehen, inkompetent und nicht professionell ausgebildet. Seine Angriffe und sein extremes Schweigen konfrontierten mich zunehmend mit großen Ohnmachts- und Insuffizienzgefühlen. Am schwierigsten aber waren die extremen körperlichen Reaktionen zu ertragen: Seine Attacken lösten schließlich eine derartige starke, innere Spannung während der Sitzungen aus, dass ich schließlich Übelkeitsgefühle verspürte und zuweilen sogar Magenkrämpfe bekam, für mich ungewöhnliche psychosomatische Reaktionen während psychoanalytischen Sitzungen. Schließlich versuchte ich, in einer Supervision mit einem erfahrenen Kollegen besser zu verstehen, was sich in diesen analytischen Sitzungen ereignete. Wir vermuteten, dass die extreme Qualität der Attacken und des Schweigens auf früh erlittene Traumatisierungen hinweisen, wahrscheinlich während des ersten Lebensjahres des Analysanden, in einer Entwicklungsphase, in der physische und affektive Zustände noch nicht eingegrenzt oder symbolisiert werden können. Das Gespräch mit meinem Kollegen hatte mir eine gewisse innere Distanz vermittelt und mir ermöglicht, meine heftigen Gegenübertragungsreaktionen und -fantasien wieder vermehrt kritisch reflektieren zu können. Als bald darauf Herr X. nach einer Sitzung mit extremen Wutausbrüchen etwas ruhiger zur nächsten Analysestunde kam, teilte ich ihm vorsichtig meine Vermutung mit, dass die lange Sommerpause zu einer heftigen Reaktivierung von unerträglichen Abhängigkeits- und Verlassenheitsgefühlen geführt haben könnte, die er mit Hilfe extremer aggressiver Attacken zu bewältigen versuchte. Ich fragte, einem intuitiven Einfall folgend, ob er nach solchen Sitzungen wie der letzten irgendwelche körperlichen Reaktionen spüre. Er erzählte, dass es ihm jeweils »im ganzen Körper übel sei«, er nichts mehr essen könne und unter extremen Magenkrämpfen leide. Ich war erstaunt über die Analogie zu meinen eigenen psychosomatischen Reaktionen in und nach solchen analytischen Sitzungen. Ich sagte ihm, dass ich aufgrund der totalen Qualität dieser Zustände eine Reaktivierung sehr früher Erfahrungen vermute, »die sich im Körper erhalten haben könnten« und »vielleicht auf diese für uns beide unerträgliche Weise versuchen, sich unserem analytischen Verständnis zu erschließen. Wissen Sie, ob Sie im ersten Lebensjahr körperlich schwer krank waren, vielleicht unter Ernährungsstörungen litten oder ob es zu Trennungen von ihrer Mutter kam?« Herr X. verneinte dies, rief aber seine Mutter an und erfuhr, dass diese sechs Wochen nach der Geburt den Eindruck gehabt hatte, nicht genügend Milch zu haben. Sie beendete das Stillen abrupt und verwandte Babynahrung. Der Säugling reagierte mit einer starken Nahrungsmittelallergie und einem schmerzenden, juckenden Hautausschlag am ganzen Körper. Sie erzählte, dass sie den Säugling nicht mehr anfassen konnte und er dauernd schrie, sich kaum beruhigen ließ. Sie sei fast verzweifelt, doch nach drei Monaten hatte sie, wie sie es ausdrückte »alles wieder im Griff« und gab dem Kind andere Nahrung. Daraufhin verschwanden die Symptome. – »Und Sie beschimpfen mich seit den Sommerferien, dass ich alles falsch mache, Ihnen ›analytisch die falsche Nahrung gebe‹ und mich in den Ferien total verändert habe. Die analytischen Sitzungen tun Ihnen nicht mehr gut wie vor den Ferien – sie sind nur noch furchtbar. Jede Berührung scheint unerträglich ...« Herr X. beginnt zu weinen, das erstemal in der Psychoanalyse.

In den folgenden Wochen konnten wir sukzessiv die unbewusste Reaktivierung der frühen Traumatisierungen zusammen verstehen, indem wir die Analogien der Körperempfindungen, Emotionen und Fantasien in der gegenwärtigen Beziehung zu mir als seiner Analytikerin, von der er sich existenziell abhängig fühlte, und seinem Primärobjekt eruierten. Das Trauma fand vorsichtig und tentativ seine Bilder und seine Sprache: Die körperlich agierte (embodied) Erinnerung war »bewusst« geworden (vgl. dazu auch Bohleber 2007; Laub 2000; Kogan 2007; Krystal 1988).

Welche theoretischen Modelle stehen uns zur Verfügung, um diesen Bewusstwerdungsprozess differenziert zu verstehen? Dazu im Folgenden einige Überlegungen.

3. Evozieren von Bewusstsein durch unbewusste Wahrnehmungen kognitiver Analogien (TOPs) aus Sicht der »klassischen Cognitive Science«

Wie erwähnt haben Rolf Pfeifer und ich schon vor nun 20 Jahren die Frage erörtert, wie solche Erinnerungs- und Bewusstwerdungsprozesse in analytischen Sitzungen konzeptualisiert werden können (Pfeifer/Leuzinger-Bohleber 1986). Anhand von drei Schlüsselszenen aus einer Psychoanalyse versuchten wir diese Fragen zu verfolgen und bezogen uns dabei auf Konzepte der »klassischen Cognitive Science«. Wir postulierten, dass die Erinnerungsprozesse durch strukturelle Analogien von Informationsgestalten in der Übertragung und jenen der aktuellen Problemsituation und der frühinfantilen Traumatisierung evoziert werden, wie sie mit dem Fokus-Konzept der Psychoanalyse bzw. dem Konzept der »Thematic Organization Points« (TOPs) von Schank (1982) beschrieben werden. TOPs sind frames, d. h. abstrakte Gedächtnisinhalte, die – so unser damaliges Verständnis – gespeichert sind und i. d. R. unerkannt, d. h. unbewusst durch sogenannte Dämonen-Programme aktiviert werden, die die strukturellen Ähnlichkeiten zwischen der aktuellen Situation und gespeicherten Erfahrungen erkennen können. Bewusstwerden entsteht nach dieser theoretischen Konzeptualisierung durch ein plötzliches Erkennen der Analogien in den aktuellen verglichen mit den gespeicherten Informationen: Es kommt zu einem Prozess der Erinnerung.

Auf unser Fallbeispiel bezogen würde dieses theoretische Modell nahelegen, dass Herr X. an einer (unbewussten) Reaktivierung früher Traumatisierungen aufgrund einer unerkannten »Verwechslung« der aktuellen Situation mit der früheren, traumatischen leidet. So »erinnerte« ihn unbewusst die Nähe zu seinem Bruder an die Nähe zum Primärobjekt, das sich plötzlich von einem »guten nährenden Objekt« in ein »böses unempathisches Objekt« verwandelte, das dem Selbst die falsche Nahrung gab, und dieses in einen unerträglichen physischen und psychischen Zustand führte. In der Übertragungssituation löste möglicherweise die Sommerpause die »unbewusste« Erinnerung an die eben erwähnte plötzliche Verwandlung des Primärobjekts und die damit verbundenen heftigen negativen Affekte aus. Das sukzessive Verstehen der Analogien in den Informationsstrukturen wäre nach dieser Modellvorstellung die Voraussetzung eines Bewusstwerdungsprozesses.

Theoretisch ist entscheidend, dass Schank zwar von einem »dynamischen Gedächtnis« spricht, aber in seiner Konzeption von einem »statischen« Speichern von Wissen ausgeht das abgerufen wird und das Handeln bestimmt. Schank stützt sich auf eine »klassische« Definition von Gedächtnis, wie sie heute noch häufig vertreten wird, z. B. von Baddeley (1990) in seinem »klassischen« und heute noch oft benutzen Lehrbuch für Gedächtnis in der kognitiven Psychologie:

> »Das menschliche Gedächtnis ist ein System, um Informationen zu speichern und wieder abzurufen, Informationen, die selbstverständlicherweise durch unsere Sinne gewonnen wurden« (Baddeley 1990, S. 13, Übersetzung d.V).

Die Konzeptualisierung von *»Gedächtnis als gespeicherte Strukturen«* (»memory as stored structures«) ist fast zu einem Common Sense geworden. Fragt man Laien nach ihrem Verständnis von Gedächtnis, werden viele von ihnen antworten, Gedächtnis sei ein spezieller Ort im Gehirn, in dem Informationen gespeichert werden. Auch in den Sprachgebrauch ist diese Vorstellung von Gedächtnis eingegangen: »Wir rufen gespeichertes Wissen ab« oder »Wir suchen im Gedächtnis nach einem vergessenen Namen« (wie nach einem Gegenstand in einer Garderobe). Roediger (1980) hat belegt, dass 75% der 32 Metaphern, die er in der Literatur zum Gedächtnis gefunden hat, Varianten dieser »store-house-Metapher« sind (vgl. dazu schon Aristoteles' Vergleich des Gedächtnisses mit einer Wachstafel, in die sich Erfahrungen einritzen). Dies hat sich bis heute trotz der neueren Konzeptualisierungen von Gedächtnis kaum verändert.

Die eben zitierten Vorstellungen von Gedächtnis führen zu einer Anzahl typischer theoretischer Probleme, die für die »klassische Cognitive Science« ganz allgemein gelten (ausführlich vgl. Clancey 1997; Glenberg, 1996; Pfeifer 1995; Pfeifer/Scheier 1999; Rosenfield 1988). Ich erwähne hier nur diejenigen, die das Gedächtnis i. e. S. und daher auch die Erinnerungsprozesse betreffen:

a) Mit Hilfe des Speichermodells kann nicht erklärt werden, wie *adäquates Verhalten in neuen Situationen aufgrund früherer Erfahrungen, d. h. gespeichertem Wissen, möglich ist.* Z. B. ist es für uns kein Problem, ein Musikstück zu erkennen, auch wenn es mit einer anderen instrumentalen Besetzung gespielt wird als üblich, d. h., dass es sich bei dieser Gedächtnisleistung nicht um ein einfaches »Wiedererkennen« im Sinne eines Abrufens einer statisch gespeicherten Informationsstruktur (eines einfachen »pattern matching«) handeln kann, sondern um einen kreativen inneren Erkennungsprozess, der das Neue mit dem schon Bekannten in noch nie da gewesener Weise in Beziehung setzt. Es muss sich dabei folglich um einen aktiven Vorgang handeln und nicht um ein »automatisches Abrufen« einer gespeicherten Informationsgestalt. Auch sich wiederholende, motorische Abläufe, wie z. B. beim Tennisspiel, können nicht aufgrund einer Aktivierung von statisch gespeichertem Wissen erklärt werden: Jeder Schlag muss wieder neu aufgebaut werden und hat nicht genau den gleichen Ablauf wie in früheren Spielen (vgl. dazu Bartlett 1932).

b) Ein anderes Beispiel ist die rasche körperliche Adaptation an komplexe Situationen: Bei einem Spaziergang durch die Stadt sind wir einer kontinuierlichen Stimulierung der Sensorik und der Motorik ausgesetzt und müssen schnell handeln können: anderen Leuten oder Autos ausweichen, im Vorbeigehen Schaufenster anschauen, nicht über Randsteine stolpern etc. Wenn wir darauf angewiesen wären, statisch gespeichertes Wissen zu aktivieren, um in den sich rasch wechselnden Situationen adäquat handeln zu können, wären wir (bezüglich der Verarbeitungsgeschwindigkeit und der Menge der zu speichernden Informationen) hoffnungslos überfordert. Die Schnelligkeit und Leichtigkeit, mit der wir uns – aufgrund unseres »inneren Wissens« – verhalten können, kann folglich nicht mit dem Speichermodell erklärt werden, sondern bedarf einer grundsätzlich anderen theoretischen Sichtweise.

c) Ein weiteres theoretisches Problem, das mit dem Speichermodell nicht gelöst werden kann, dreht sich um die Frage, wie die Bedeutung von Symbolen zustande kommt, das sogenannte *»symbol-grounding-Problem«*. Wir Menschen haben keinerlei Schwierigkeiten, neu wahrgenommene Objekte (z. B. einen »roten Plastikapfel« oder ein »Schulgebäude«) einer bereits bestehenden Kategorie (in der Terminologie der Cognitive Science: einem »Symbol«, d. h. einer Datenstruktur) zuzuordnen, d. h. es als »Apfel« oder »Gebäude« zu erkennen. Ein Speichermodell hingegen kann solche Zuordnungsprozesse nicht spontan vornehmen, es kann nur Objekte (z. B. einen grünen Apfel) einordnen, die genau jenen entsprechen, die es bereits unter einem bestimmten Symbol (grüner Apfel), gespeichert hat (ist der Apfel aber rot und aus Plastik, wird er nicht als dem Symbol »Apfel« zugehörig erkannt).

d) Eine weitere Schwierigkeit der Modellbildung ist die laufende Anpassung des Modells an eine sich verändernde Umwelt bzw. einen sich verändernden Kontext (das sogenannte »frame-Problem«). Wir Menschen können in einer bestimmten Situation auf Anhieb erkennen, was sich aktuell verändert und was nicht. Beispielsweise wissen wir, dass sich die Farbe eines Raumes nicht verändert, wenn wir ihn verlassen. Was sich aber sehr wohl verändert, ist z. B. die Position der Tasche, die wir mit uns herumtragen. Wir können ebenfalls sofort feststellen, was in einer Situation wichtig ist oder nicht, z. B. dass es für das Verlassen des Raumes irrelevant ist, wenn sich ein Vogel auf das Fensterbrett gesetzt hat, dass es aber relevant ist, wenn jemand die Türe vorher abgeschlossen hat. Für ein theoretisches Gedächtnismodell, das all diese Probleme genau definieren und lösen muss, ist dies aber eine knifflige Problematik. Es stellt sich heraus, dass sich dieses Relevanzproblem in einem klassischen symbolbasierten Gedächtnismodell nicht befriedigend lösen lässt. Wir müssen in solchen Modellen die Relevanz einer Situation immer definieren, eine Relevanz, die sich aber – je nach Kontext – immer wieder ändern kann (vgl. Dennett 1987).

e) Erwähnen wollen wir schließlich noch das bekannte *Homunculus-Problem*. Vereinfacht gesagt, handelt es sich um die Frage, wer denn die Gedächtnisstruktur, die im Gehirn gespeichert ist, »anschaut«, d.h. erkennt, dass in neuen Situationen genau diese Gedächtnisstruktur von Relevanz ist und daher das darin enthaltene Wissen aktiviert werden muss. Das Postulat eines Homunculus führt zu einem unendlichen Regress, d.h. wir brauchen immer wieder einen neuen Homunculus, der die inneren Steuerungs- und Kontrollfunktionen übernimmt (vgl. u.a. Edelman 1992).

Alle diese theoretischen Klippen sind wesentlich verbunden mit einem grundsätzlichen Problem der wissenschaftlichen Theoriebildung. Es steht in Zusammenhang mit dem Konzept des sogenannten »Kategorienfehlers« und betrifft die verbreitete Verwechslung von Verhalten und den ihm zugrunde liegenden Funktionen, die dieses Verhalten hervorbringen, in unserem konkreten Fall die Funktionen des Gedächtnisses. Die damit verknüpften Fragen wurden als das sog. »frame-of-reference«-Problem beschrieben, das zu den grundlegenden Problemen der Cognitive Science gehört (Clancey 1991, 1997). Seine Vernachlässigung hat zu erheblichen Schwierigkeiten bei der Modellbildung beigetragen, da nicht präzise zwischen einer deskriptiven Beschreibung eines Verhaltens und der Ebene der kausalen Gedächtnismechanismen unterschieden wird, die dieses Verhalten determiniert.

In anderen Worten: Was wir – unreflektiert – als »Gedächtnis« oder als »Erinnern« bezeichnen, manifestiert sich immer im Verhalten, also in einer sensomotorischen Koordination bzw. in einer System-Umwelt-Interaktion und ist somit zu unterscheiden von den inneren Mechanismen des Systems, die das konkrete Verhalten »von innen« determinieren. Gedächtnis ist, wenn wir dies genau betrachten, nicht von der Interaktion mit der Umwelt zu trennen.

So hatten wir in unserer TOP-Arbeit versucht, die analogen Strukturen in drei Schlüsselszenen einer Psychoanalyse (»im Verhalten«) präzise herauszuarbeiten. Wir waren uns aber damals nicht genügend bewusst, dass wir damit eine rein deskriptive »Verhaltensanalyse« vorlegen, sondern dachten, dass wir die Funktionsweise des Gedächtnisses selbst beschreiben. Dies war aber *ein Kategorienfehler*, denn die Strukturen (die Verhalten beschreiben) können nicht auf die ihnen zugrunde liegenden Mechanismen im Gedächtnis reduziert werden. Ein analoger Fehler wäre z.B., wenn eine Grammatik, die zur Beschreibung der Struktur einer natürlichen Sprache verwendet werden kann, mit den spracherzeugenden Mechanismen des Sprechers verwechselt würde (daher spricht Clancey [1997] von grammatikalischen Modellen).

Solche Kategorienfehler sind in der Fachliteratur erstaunlich häufig anzutreffen, denn die Vorstellung von »Gedächtnis als gespeicherter Struktur« ist uns immer noch so geläufig, dass wir nur schwer einsehen, warum dies eine falsche theoretische Vorstellung über die Mechanismen ist, die Gedächtnisleistungen zugrunde liegen. Die Computeranalogie von Gedächtnis als »Speichern« und »Abrufen« von Informationen ist auf Anhieb plausibel und bestechend einfach – daher fällt es schwer, sich Gedächtnis grundsätzlich anders vorzustellen.

4. Alternative Konzeptualisierungen zum Gedächtnis in der Embodied Cognitive Science[3]

Doch erweist es sich als notwendig, grundsätzlich andere Konzeptualisierungen von Gedächtnis zu entwerfen, in anderen Worten, einen Paradigmenwechsel in diesem Gebiet zu vollziehen. Lässt man sich darauf ein, das Gedächtnis prinzipiell anders zu denken, erledigen sich viele der eben beschriebenen theoretischen Probleme quasi von selbst. Erste alternative Konzeptualisierungen von Gedächtnis wurden u.a. von Clancey (1997), Glenberg (1996), Edelman (1987, 1989) Rosenfield (1988), Pfeifer und Scheier (1999), Pfeifer und Bongard, (2006) u.a. entwickelt. Autoren, wie beispielsweise G.M. Edelman, lassen sich bei ihren Konzeptualisierungen von Gedächtnis von der Biologie bzw. der Neurobiologie, d.h.

von Signalverarbeitungen im Nervensystem bei lebenden Systemen, inspirieren. Edelman berücksichtigt daher konsequent die *Prinzipien selbstorganisierender (biologischer) Systeme*. Er wendet in seinen Überlegungen systematisch Erkenntnisse aus der Phylogenese und der Ontogenese des Menschen auf die Funktionsweise des Gedächtnisses an. Lebende Systeme sind nämlich (in Gegensatz zu einem Computer mit statischer Hardware) zu einer *dauernden Adaption an ihre Umwelt* gezwungen und haben daher selbstregulative Mechanismen entwickelt, um sich in Interaktion mit den momentanen Erfordernissen einer Situation ständig entsprechend verändern zu können. Daher ist für Edelman ein zentrales Ziel seiner Gedächtnistheorie, eine plausible Erklärung dafür zu finden, wie sich ein Organismus adaptiv in einer immer wieder neuen, kaum vorhersehbaren Welt verhalten kann.

Bei klassischen Gedächtnismodellen geht man – analog zur Informationsverarbeitung von Computern – von einer präzisen Wissensspeicherung aus (vgl. dazu u.a. Newell/Simon 1976; Norman 1981), die aber statisch und unveränderlich ist und daher kaum einen Transfer auf neue Problemlösungssituationen ermöglicht. Hingegen ist die »Wissensspeicherung«[4] in dynamischen, z.B. biologischen Modellen zwar ungenauer, ermöglicht aber gerade durch diese Eigenschaft eine optimale Generalisierungsfähigkeit und Adaptionsmöglichkeit an neue Situationen. Edelman erklärt diese für den Organismus funktionale Adaptationsfähigkeit u.a. anhand von Selektionsprozessen überlegener Varianten in einer großen Population von leicht divergierenden Proteinstrukturen bei Immunreaktionen und spricht in diesem Zusammenhang von einem »selektiven Erkennungssystem«. Da wir daran am besten den Unterschied zu einem statischen Speichern und Abrufen von Informationen bei Gedächtnisleistungen illustrieren bzw. das Konzept des »Embodiments« erklären können, gehen wir kurz auf seine Erläuterung der Immunreaktionen ein:

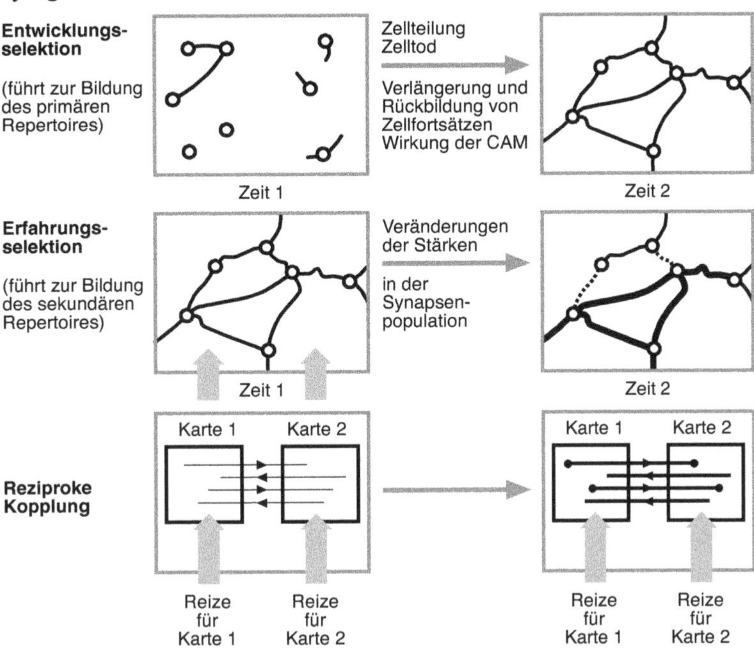

Zu Abb. 1: »Das Immunsystem als selektives Erkennungssystem. Jedes Immunsystem erkennt fremde Moleküle (Nicht-Selbst) an ihrer Form und unterscheidet sie dadurch von den Molekülen des eigenen Körpers (Selbst). Es erzeugt dazu Proteine, sogenannte Antikörper. Jede Immunzelle stellt einen Antikörper mit einer anderen variablen Region her (Abbildung oben). Wenn ein fremdes Molekül oder Antigen (Abbildung unten, schwarze Punkte) in den Körper eindringt, wird es durch diese Antikörper an die Zellen des Immunsystems gebunden, die zur Form seiner variablen Region passen (Zellen 542, 201, 100 und 42). Die Zellen teilen sich und bilden ein »Klon« – mehrere Zellen derselben Art mit Antikörpern derselben Art. Wenn das Antigen erneut eindringt, begegnet es viel mehr Kopien seiner Antikörper, die helfen können, es zu zerstören. Im Beispiel gibt es dann viel mehr Zellen mit den Nummern 542, 201, 100 und 42, welche die fremden Moleküle beim nächsten Eindringen viel schneller erkennen können.

Das System ist selektiv, weil es ungeheuer viele verschiedene Antikörper bindende Formen gibt (jedes auf einer anderen Zelle), bevor die Antigene eindringen. Antigene reagieren nur auf wenige Formen, und die Antikörperproduktion wird durch die klonale Teilung der Zellen (2, 4, 8, 16 ...) stark vermehrt. Die Population verändert sich also aufgrund von Erfahrung« (Edelman 1992, S. 114/115).

Hervorzuheben ist, dass das Immunsystem aufgrund von Erfahrung lernt, d.h. über »Gedächtnis« verfügt, aber nicht, indem es Wissen statisch speichert bzw. Erkennungsprogramme für bestimmte Informationsmuster (Antigene) aufbaut, sondern indem es seine Zellstruktur durch die frühere Erfahrung verändert (mehr Antikörper produziert). Das »Gedächtnis« entsteht also durch eine Interaktion mit der Umwelt (das eindringende Antigen »selektiert« die am besten passende aus einer Vielzahl möglicher Proteinstrukturen und löst dadurch deren Vermehrung aus), die eine Veränderung des Organismus (die Anzahl bestimmter Zellen) zur Folge hat. *An diesem Beispiel sehen wir, dass Gedächtnis nicht ohne eine Interaktion mit der Umwelt, aber auch nicht ohne eine ständige (adaptive) Veränderung im Organismus (embodiment) selbst zu denken ist.* Zudem werden die »adäquatesten« Proteinstrukturen (im Gegensatz zu »identischen Mustern« in einer Computerspeicherung, vgl. oben) aus einer großen Vielfalt vorhandener Zellen ausgesucht. Schließlich ist hervorzuheben, dass durch diese Prozesse »automatisch« Kategorien (z.B. die Unterscheidung zwischen »Selbst« und »Nicht-Selbst«) entstehen: Sie werden weder von außen vorgegeben, noch innerlich statisch gespeichert bzw. durch Detektorenprogramme erkannt. Genau diese Aspekte von Gedächtnis werden nun in Gedächtnistheorien der »Embodied Cognitive Science« im Gegensatz zu »klassischen Konzeptualisierungen« betont: *die Relevanz der System-Umwelt-Interaktion für das Gedächtnis, das »Embodiment«, das »relativ unpräzise«, aber adaptive Inbeziehungsetzen von neueren und früheren Informationen und die ständig sich verändernde, »automatische« Rekategorisierung.*

Die eben erwähnten Mechanismen der Immunreaktion vergleicht Edelman mit den Selektionsprinzipien des Darwinismus. Seine daraus entwickelte Theorie der neuronalen Gruppenselektion (TSNG) wendet er nun systematisch auf die Entstehung und die *Funktionsweise des menschlichen Gedächtnisses an und definiert z.B. Gedächtnis als dynamischen und konstruierenden Prozess, der immer von der Interaktion mit der Umwelt abhängt.* Oder wie Clancey (1991) in seiner Definition betont, wird *Gedächtnis,* analog zu Prozessen von biologischen Systemen (vgl. Fußnote), *als Fähigkeit definiert, neurologische Prozesse so zu organisieren, dass sie Wahrnehmungen und Bewegungen in analoger Weise miteinander in Beziehung setzen, d.h. diese zu koordinieren und dadurch zu kategorisieren, wie dies in früheren Situationen geschah* (vgl. dazu auch Rusch 1987; Pfeifer/Bongard 2006).

Zusammenfassend wird Gedächtnis in der Embodied Cognitive Science verstanden als ein aktiver, kreativer Vorgang des gesamten Organismus, der auf sensomotorisch-affektiven Koordinationsprozessen und damit in Zusammenhang stehenden »automatischen«, sich ständig adaptierenden Rekategorisierungsprozessen beruht.

5. Kurze Anwendung der Konzepte der »Embodied Cognitive Science« auf das Fallbeispiel

Was bedeutet nun eine solche konsequent interaktive, rekategorisierende Konzeptualisierung von Gedächtnis für das Verständnis von Erinnern und Bewusstwerden in der klinischen Situation? (vgl. dazu auch Modell 1984; Leuzinger-Bohleber/Pfeifer 2002, 2006).

Wie wir diskutiert haben, wird in der Embodied Cognitive Science postuliert, dass Gedächtnisprozesse dazu führen, dass in aktuellen Beziehungssituationen (d.h. System – Umwelt – Interaktionen) Wahrnehmungen und Bewegungen analog koordiniert und damit rekategorisiert werden, wie in den (traumatischen) früheren Interaktionen mit wichtigen Bezugspersonen (vgl. Definition von Clancey, vgl. oben). Daher ist zu vermuten, dass im (gesamten) Verhalten von Herrn X. in den beschriebenen analytischen Sitzungen Traumatisierungen sichtbar wurden, die u. a. mit schweren Traumatisierungen der frühen Interaktionserfahrungen mit der an Insuffizienzgefühlen leidenden, vermutlich depressiven Mutter in Zusammenhang standen. Diese frühen Interaktionserfahrungen hatten sich unbewusst im Körpererleben, sensomotorisch-affektiv perpetuiert, d. h. ständig wiederholt und waren durch spätere analoge Interaktionserfahrungen immer und immer wieder »überschrieben« worden. Allerdings gehen wir nicht davon aus, dass solche Erfahrungen durch »strukturelle Analogien« der gegenwärtigen Interaktionssituation »statisch abgerufen« bzw. »reaktiviert« wurden, sondern dass in der aktuellen Beziehungssituation Wahrnehmungen, Körpersensationen etc. in analoger Weise zu einer Konfiguration zusammengefügt wurden, wie in der ursprünglichen, traumatischen Situation (im Sinne einer »neuen«, aber sich dennoch wiederholenden organisierenden seelischen Aktivität).

Wie erwähnt, hatten mich die plötzlichen Veränderungen des Analysanden nach der Sommerpause (extreme Wutanfälle, Beschimpfungen etc.) zuerst einmal überrascht und überfordert. Im Laufe der weiteren analytischen Sitzungen wurden meine Wahrnehmungen feinster sensomotorischer Signale des Analysanden und die dadurch ausgelösten inneren Koordinations- und Kategorisierungsprozesse sukzessiv differenzierter und evozierten daher die damit verbundenen, intensiven affektiven und körperlichen Empfindungen. Daher entwickelte ich analoge Körperempfindungen wie der Analysand selbst (extreme Spannungen, Unwohlsein, Magenkrämpfe). Herr X. klagte in diesen Sitzungen immer und immer wieder darüber, dass das Liegen auf der Couch für ihn eine körperliche Erfahrung der Abhängigkeit, der Ohnmacht und des Sich-ausgeliefert-Fühlens sei. Ich vermute nun, dass sich das Liegen auf der Couch[5] besonders gut dafür eignete, um in dem eben erwähnten Sinne analoge sensomotorisch-affektive Koordinationsprozesse zu durchlaufen, wie in der frühen Mutter-Säuglings-Interaktion (evtl. vor dem Gehen des Kindes). Daher scheint mir aufgrund der hier vorgestellten Modelle plausibel, dass in der Übertragungssituation Spuren der vielfach überschriebenen, modifizierten, vorsprachlichen Beziehungserfahrungen erkennbar wurden, in denen z. B. der Wunsch nach Nähe zu einer wichtigen Beziehungsperson mit den traumatischen Erfahrungen der plötzlichen Veränderung des Primärobjekts von einem »guten, nährenden Objekt« zu einem »inkompetenten, unprofessionellen und schädlichen Objekt« (das durch falsches Verhalten einen extremen schmerzlichen Körperzustand des Selbst evozierte) verbunden waren. Die erwähnte Selbstanalyse aufgrund des »triangulierenden Blickes« in der Supervision führte schließlich zu einer aufdämmernden Einsicht in die Determinanten meiner Gegenübertragungsfantasien, d. h. den interaktiven Quellen meiner aktuellen sensomotorisch-affektiven Rekategorisierungsprozesse. Dies ermöglichte eine gewisse selbstreflexive Distanzierung und eine vermehrte körperliche Entspannung sowie eine vorsichtige Mitteilung meiner biografischen Vermutungen an Herrn X., die dieser anschließend aktiv im Gespräch mit seiner Mutter überprüfte. Die dabei neu gewonnenen lebensgeschichtlichen Informationen konnten daraufhin mit den Beobachtungen aus dem Übertragungsgeschehen verknüpft und sukzessiv verstanden, d. h. dem Bewusstsein des Analysanden erschlossen werden. Das Trauma hatte seine Sprache gefunden.

In diesem Sinne bildeten die »rekategorisierenden Wiederholungen« der traumatischen Erfahrungen in der Übertragung und die sukzessive Analyse der dadurch ausgelösten Gegenübertragungsreaktionen unverzichtbare Voraussetzungen für das Bewusstwerden des bisher unbewussten, körperlichen Erinnerungsprozesses von Herrn X.[6] Erst die vermehrte »differenzierend rekategorisierende« Erfahrung einer tragenden analytischen Beziehung zu mir ermöglichten es daher Herrn X. in den extremen Attacken auf die Analytikerin sein existenzielles Aufbegehren gegen das »Bewusstwerden« der unerträglichen traumatischen frühen Objektbeziehungserfahrungen zu erkennen.

Zusammenfassend möchte ich festhalten, dass wir aufgrund der neueren biologischen Gedächtnisforschung postulieren, dass die oben erwähnten Erinnerungsprozesse an traumatische Kindheitserfahrungen nur in einer neuen Interaktion mit einem bedeutungsvollen Anderen (d.h. in der Übertragung) möglich werden: Sie sind an die situative, sensorisch-affektive und schließlich rekonstruierend-verstehende Interaktion gebunden. Erinnern ist abhängig von einem inneren oder äußeren Dialog mit einem Objekt, einem interaktiven Prozess, einem ganzheitlichen, »embodied«, sensomotorisch-affektiven und kognitiven Geschehen in und zwischen zwei Personen. Herr X. konnte sich nicht allein an seine frühen traumatischen Objektbeziehungserfahrungen erinnern. Erst in der neuen System-Umwelt-Interaktion werden Erinnerungen durch aktuelle Koordinations- und Rekategorisierungsprozesse sensomotorischer Stimuli, die früheren Erfahrungen entsprechen, »konstruierbar« und daher auch sukzessiv verstehbar.

6. Zusammenfassung

Ich versuchte in diesem Beitrag zu illustrieren, dass und wie Theorien zum Gedächtnis unsere klinische Wahrnehmung und unser Verständnis von Erinnerungen und deren Einfluss auf therapeutische Veränderungen (oft unerkannt) beeinflussen. In einem kritischen Rückblick auf unsere Arbeit von 1986, in der wir Konzepte der klassischen Cognitive Science auf einige Sequenzen einer Psychoanalyse angewandt haben, diskutierte ich, dass unsere damaligen Analysen zwar durchaus weiterhin einen plausiblen, klinischen Erklärungsgehalt bieten, sofern wir die Analysen auf einer rein deskriptiven Ebene verstehen. Doch haben wir dabei, aufgrund unserer heutigen Sichtweise, das sogenannte »frame-of-reference«-Problem vernachlässigt, indem wir diese deskriptiven Analysen des Auftauchens von Erinnerungen in der psychoanalytischen Situation u.a. nicht präzise von einer Analyse der ihnen zugrunde liegenden Mechanismen des Gedächtnisses, die diese Erinnerungen determiniert hatten, unterschieden. Die in der klassischen Cognitive Science benutzte Informationsverarbeitungsmetapher (bzw. Computermetapher) eignet sich nicht zur Anwendung auf die Funktionsweise des menschlichen Gedächtnisses als biologisches System: Im Gehirn gibt es keine »Speicher«, die aufgrund eines (unbewusst-kognitiven) Erkennens analoger Strukturen aktueller und gespeicherter Informationen reaktiviert werden, sondern Gedächtnis ist, wie dies die Forschungen von Brooks, Edelman, Rosenfield, Clancey, Glenberg und der Forschungsgruppe um Pfeifer nahelegen, ein Aspekt des gesamten Organismus: Es ist kein bestimmtes Modul oder Organ. Gedächtnis ist ein theoretisches Konstrukt zum Erklären von Verhalten, wobei wir von Lernen und Gedächtnis sprechen, wenn sich das Verhalten des Organismus im Laufe der Zeit ändert.

Auf der Suche nach alternativen Konzeptualisierungen zum »Gedächtnis als gespeicherte Strukturen« bezogen wir uns u.a. auf Edelmans Theorie der Selektion neuronaler Gruppen (TSNG), die er als eine ontogenetische und phylogenetische Theorie der Entwicklung des Gehirns charakterisiert. Die darin enthaltenen Mechanismen des »neuronalen Darwinismus« wendet er sowohl auf der neuroanatomischen und neurobiologischen als auch auf der deskriptiv-psychologischen Ebene zur Erklärung und Beschreibung von Gedächtnisprozessen an.

Darauf basierende, alternative Vorstellungen legen eine Beschreibung des Gedächtnisses als Funktion des gesamten Organismus nahe, als komplexen dynamischen, rekategorisierenden und interaktiven Prozess, der immer auf aktuellen (»embodied«) sensomotorisch-affektiven Erfahrungen basiert und sich im Verhalten des Organismus manifestiert. Leider fehlt uns bis heute eine »griffige« Metapher, um diese neuen Konzeptualisierungen plastisch zu beschreiben. Edelman vergleicht z.B. die Wirkungsweise des Gehirns eher mit einem Gewitter im Urwald als mit einem Computer. Doch vielleicht wird es sich als unmöglich erweisen, dieses dynamische und sich ständig an neue Situationen adaptierende Gedächtnis mit einer einzigen Metapher zu charakterisieren.

Durch diese neueren Gedächtnistheorien scheint die klinisch-psychoanalytische Forschung der letzten Jahre, eine interdisziplinäre Abstützung zu erhalten, da darin immer radikaler postuliert wurde, dass therapeutische Veränderungen nicht durch das Aufdecken frühinfantiler

Traumatisierungen (»Archäologiemetapher«) allein, durch »reine Erkenntnis im Kopf des Analysanden«, zustande kommen, sondern dass das Durcharbeiten in der Übertragungsbeziehung zum Analytiker (inklusive der sensomotorisch-affektiven Erfahrungen in der therapeutischen Interaktion, d.h. der »Körper-Resonanz« zwischen zwei Personen) das Entscheidende ist. Danach ist Erinnern kein statisches Abrufen gespeicherter Informationen, sondern ein hochdynamischer Rekategorisierungsprozess im Hier und Jetzt der Übertragung. Weiter scheint Erinnern und Bewusstwerden abhängig zu sein von der System-Umwelt-Interaktion (innerer oder äußerer Dialog mit Objekten) und beinhaltet Konstruktionen »narrativer Wahrheiten« in aktuellen oder aktualisierten Beziehungen, die aber gleichzeitig eine konstruierende, kreative Annäherung an die »historische Wahrheit« darstellen (Sozialisationserfahrungen sind biologisch verankert) So werden durch das Erinnern alte Kategorisierungsprozesse bisher unbewusster (traumatischer) Erfahrungen verändert und differenziert, eine Voraussetzung für eine strukturelle Veränderung von Verhalten; denn bewusstes Erinnern erlaubt eine neue Integration und Verfügbarkeit der eigenen, unverwechselbaren Geschichte (vgl. dazu auch Spence 1982; Damasio 1999; Leuzinger-Bohleber/Pfeifer 2002, 2006; Bohleber 2007). Schließlich scheint uns aufgrund dieser neueren Gedächtnisforschung, die psychische Prozesse einmal mehr biologisch bzw. neuroanatomisch zu verankern sucht, ebenfalls plausibel, warum die in der Frühsozialisation entstandenen Bedürfnisse und Konflikte derart persistent und determinierend sind und weshalb strukturverändernde Psychoanalysen, besonders be früh Traumatisierten (wie Herr X.), »ihre Zeit brauchen«: Biologische Prozesse verändern sich nicht so schnell wie »rein kognitive« Einsichten!

Einige wichtige wissenschafts- und erkenntnistheoretische Fragen konnte ich in diesem Rahmen nicht diskutieren. Trotz aller Euphorie ist zu bedenken, dass *Dialog der Psychoanalyse mit den Neurowissenschaften* noch neu ist. Er wird daher oft in seinen Möglichkeiten überschätzt oder sogar idealisiert. Dabei entspricht es der konkreten Erfahrung in diesem Dialog, dass die Zusammenarbeit von Forschern beider Disziplinen, die diese Bezeichnung wirklich verdient, die Beteiligten vor *hohe persönliche und fachliche Anforderungen stellt.* So mussten wir in dem erwähnten interdisziplinären Kolloquium immer wieder in schmerzlicher Weise erfahren, dass wir oft nicht die gleiche Sprache sprechen, unterschiedliche Konzepte trotz analoger Begriffe verwenden und uns divergierenden wissenschaftstheoretischen und -philosophischen Traditionen verbunden fühlen. Wir brauchen einen langen Atem, ja viel Toleranz, um wirklich miteinander ins Gespräch zu kommen und dadurch unsere bisherigen Denkweisen in Frage zu stellen, was eine Voraussetzung darstellt, um wirklich zu einer Vertiefung der disziplinären Erkenntnisse vorzustoßen. Zudem führt der Vergleich der Modelle, die in den beiden Disziplinen aufgrund unterschiedlicher Forschungsmethoden und Daten entwickelt wurden, zu anspruchsvollen wissenschaftstheoretischen und methodischen Problemstellungen, denken wir hier nur an die viel diskutierte Gefahr des *eliminativen Reduktionismus* psychischer Prozesse auf neurobiologische Vorgänge, eines »szientistischen Selbstmissverständnisses der Psychoanalyse« (Habermas) oder auch an die Folgen einer *unreflektierten Übertragung von Konzepten, Methoden und Interpretationen von einer wissenschaftlichen Disziplin auf die andere* (vgl. dazu Pfeifer/Leuzinger-Bohleber 1986, 1992; Leuzinger-Bohleber/Pfeifer 1998, 2002; Hampe 2003; Brothers 2003; Hagner 2004.). Um nur einen Aspekt dieses Diskurses herauszugreifen, der mich z.Zt., besonders nach der Lektüre von neueren Arbeiten des Wissenschaftshistorikers Michael Hagner (2004), beschäftigt. Hagner untersucht detailliert und überzeugend, wie sehr die *Visualisierung von Prozessen*, die bisher im Verborgenen unseres Körpers, im Gehirn, abliefen unser *Denken und Fühlen, aber auch Wissenschaft und Kultur ganz allgemein, unbemerkt beeinflussen.* In einer seiner kürzlichen Arbeiten kommt er zu der folgenden Schlussfolgerung:

»Mit den neuen bildgebenden Verfahren besteht die Aussicht, ein (vergleichbares) geistiges [diagnostisches, M.L.-B.] Profil zu erstellen. Man differenziert ungeordnetes Denken von mathematischen Problemlösungen, [...] die Erinnerungen an die ersten Kindheitserlebnisse, an den letzten Krach mit dem Lebenspartner oder an die Konflikte mit den Eltern, von den erotischen Träumen an die aufregendste Liebesbeziehung. Im 20. Jahrhundert sind solche Aushebungen bekanntlich zuvörderst von der Psychoanalyse gemacht worden. Was sie an biographischen Details, Intimitäten und verborgenen Schichten hervorholt, wird vermutlich keine Durchleuchtung des Gehirns jemals erreichen. Entscheidend ist jedoch ein anderer Punkt. Die Psychoanalyse hat zweifelsohne vieles ausgelöst und bewirkt, doch eine Standardmethode für eine Bio-Psycho-Politik ist sie nicht geworden. Das hat vermutlich weniger damit zu tun, dass die Annahmen der Psychoanalyse abwegig wären oder dass das Unbewußte und die Begierden kein willkommener Gegenstand für ein solches social engineering wären. Vielmehr erscheint die Psychoanalyse als [...] zu kompliziert, zu unpraktikabel, langwierig und sperrig [...].

Diese Verschiebung [von der Psychoanalyse hin zu den Hirnbildern, M.L.-B.] kann dazu führen, dass die Vielfalt und Relevanz des geistigen Lebens hauptsächlich an seiner Visualisierung gemessen wird [...]. Der Preis für eine solche Entwicklung besteht darin, dass ›das Erforschen der tieferen Zusammenhänge, das Erklären, Aufzählen, Erzählen, Berechnen, kurz das historische, wissenschaftliche, textuell lineare Denken von einer neuen, einbildenden, ›oberflächlichen‹ Denkart verdrängt wird‹ (ebd.) In Bezug auf die Wissenschaften vom Menschen bedeutet dies, dass die Tiefenbohrungen des alten Denkens, für welches die Psychoanalyse [...] stellvertretend angesehen werden kann, durch den *oberflächlichen Einblick* der Hirnbilder abgelöst werden. Damit gerät das Verständnis des Menschen zur Ausstülpung materieller Repräsentationsformen. Es geht nicht darum, dass das Subjekt abgeschafft wird, sondern dass eine andere Anthropologie in Anschlag gebracht wird, die tatsächlich nur noch – im doppelten Wortsinn – Oberflächenstruktur hervorbringt [...]« (S. 278, 79).

Daher denke ich z.Zt., dass es nach wie vor zu den Aufgaben der Psychoanalyse gehört, von den Beobachtungen und Einsichten, die sie durch ihre ganz eigene Forschungsmethode in der intensiven Zusammenarbeit mit einzelnen Patienten in der analytischen Situation gewinnt, zu berichten und darauf basierende Konzepte in den interdisziplinären Dialog einzubringen. So mögen z.B. die Möglichkeiten zukünftiger objektiver Messungen von veränderten Funktionsweisen des Gehirns nach einer psychoanalytischen Behandlung zwar wissenschaftspolitisch und bezogen auf die geforderte »objektive« Evaluation von Ergebnissen von Psychotherapien in Zukunft durchaus interessant werden (vgl. dazu u.a. Kandell 1999). Allerdings ist meiner Ansicht nach nicht zu erwarten, dass sie die Suche nach Sinn und Verständnis der eigenen Lebens- und Leidensgeschichte verbunden mit der narrativen Beschreibung des stattgefundenen analytischen Prozesses und seiner Ergebnisse durch die Betroffenen selbst, Patient und Analytiker je ersetzt werden kann. Wie wir in der Katamnesestudie der DPV in eindrücklicher Weise belegen konnten, gehört aber diese sinnstiftende Dimension neben der Befreiung von einschränkenden und schmerzlichen Symptomen oft für ehemalige Patienten zum Wichtigsten, wozu ihnen die therapeutische Behandlung verholfen hat (Leuzinger-Bohleber et al. 2002). Leider habe ich bezogen auf Herrn X. keine Aufzeichnungen seiner direkten Äußerungen zum Therapieergebnis, um dies hier zu belegen. Doch schilderte er die Bedeutung der erwähnten Erinnerungen (ähnlich wie die zitierten von Marcel Proust) für ihn in einer der letzten psychoanalytischen Sitzungen: »Nun kann ich die Sprache meines Körpers entschlüsseln und in ihr die Spuren meiner Frühgeschichte in der Gegenwart erkennen – Dies gibt mir einen Sinn meines verqueren, aber trotz allem eben *meines* eigenen Lebens zurück.«

Verkürzt zusammengefasst, erscheint mir daher der Dialog mit den Neurowissenschaften für die Psychoanalyse nach wie vor wie eine Gratwanderung: Einerseits ist er ein notwendiges Bemühen um »externale Kohärenz« (Strenger 1991) psychoanalytischer Forschungsergebnisse und der Versuch eines Diskurses mit der wissenschaftlichen Community, andererseits droht gleichzeitig die Gefahr einer vorschnellen Anpassung an fachfremde, kulturell und »wissenschaftlich« akzeptierte Sichtweisen, die auch einen Verlust bedeuten könnten, nämlich einen

Verlust einer Sensibilisierung und einer Erkenntnisbereitschaft für den genuin psychoanalytischen Forschungsgegenstand, das individuell und kollektiv Tabuisierte, das Unbewusste.

Literatur

Atkinson RC, Shiffrin RM (1968) Human memory. In: Spence KW (ed) The psychology of learning and motivation, vol 2. New York (Academic Press), 89–195.

Baddeley A (1990) Human memory: Theory and practice (revised edition). Hove (Psychology Press), 1997.

Bartlett FC (1932) Remembering: A study of experimental and social psychology. Cambridge (Cambridge University Press).

Bohleber W (2007) Erinnerung, Trauma und kollektives Gedächtnis – Der Kampf um die Erinnerung in der Psychoanalyse. Psyche – Z psychoanal 61: 293–321.

Brooks RA (1991) Intelligence without representation. Artificial Intelligence 47: 139–160.

Brothers L (2002) The trouble with neurobiological explanations of mind. Psychoanalytic Inquiry 22: 857–870.

Clancey WJ (1993) The biology of consciousness: comparative review of Israel Rosenfield, The Strange, Familiar, and Forgotten: An Anatomy of Consciousness and Gerald M. Edelman, Bright Air, Brilliant Fire: On the Matter of the Mind. Artificial Intelligence 60: 313–356.

Clancey WJ (1997) Situated cognition: On Human knowledge and computer representations. Cambridge (Cambridge University Press).

Cooper (1991) Evaluation of the 37th Congress of the International Psychoanalytical Association. Buenos Aires, 02.08.1991.

Damasio A (1999) Ich fühle, also bin ich. Die Entschlüsselung des Bewusstsein. München (List).

Dennett DC (1994) Philosophie des menschlichen Bewusstseins. Hamburg (Hoffmann und Campe).

Edelman GM (1987) Unser Gehirn – ein dynamisches System. Die Theorien des neuronalen Darwinismus und die biologischen Grundlagen der Wahrnehmung. München (Piper), 1993.

Edelman GM (1989) The remembered present: A biological theory of consciousness. New York (Basic Books).

Edelman GM (1992) Göttliche Luft, vernichtendes Feuer. Wie der Geist im Gehirn entsteht. München/ Zürich (Piper).

Freud S (1950) Entwurf einer Psychologie. GW Nachtr: 387–477.

Glenberg AM (1997) What memory is for. Behavioral and Brain Sciences 20: 1–56.

Habermas J (1968) Erkenntnis und Interesse. Frankfurt a. M. (Suhrkamp).

Hagner M (1996) Der Geist bei der Arbeit. Überlegungen zur visuellen Repräsentation cerebraler Prozesse. In: Borck C (Hg) Anatomien medizinischen Wissens. Frankfurt a. M. (Fischer), 259–286.

Hampe M (2003) Pluralität der Wissenschaften und Einheit der Vernunft – Einige philosophische Anmerkungen zur Psychoanalyse. In: Leuzinger-Bohleber M, Deserno H, Hau S (Hg) Psychoanalyse als Profession und Wissenschaft. Stuttgart (Kohlhammer), 17–32.

Jimenez JP (2006) After pluralism: Towards a new, integrated psychoanalytic paradigm. International Journal of Psychoanalysis 87: 1487–507.

Kandel E (1999) Biology and the future of psychoanalysis: A new intellectual framework for psychiatry revisted. American Journal of Psychiatry156: 505–524.

Koukkou M, Leuzinger-Bohleber M, Mertens W (Hg) (1998) Erinnerung von Wirklichkeiten. Psychoanalyse und Neurowissenschaften im Dialog, Bd 1: Bestandsaufnahme. Stuttgart (Verlag Internationale Psychoanalyse).

Leuzinger-Bohleber M, Pfeifer R (1998) Erinnern in der Übertragung – Vergangenheit in der Gegenwart? Psychoanalyse und Embodied Cognitive Science: ein interdisziplinärer Dialog zum Gedächtnis. Psyche – Z psychoanal 52: 884–919.

Leuzinger-Bohleber M, Pfeifer R (2002) Remembering a depressive primary object? Memory in the dialogue between psychoanalysis and cognitive science. International Journal of Psychoanalysis 83: 3–33.

Leuzinger-Bohleber M, Pfeifer R (2006) Recollecting the past in the present: Memory in the dialogue between psychoanalysis and cognitive science. In: Mancia M (ed) Psychoanalyis and neuroscience. Milano (Springer), 63–97.

Leuzinger-Bohleber M, Mertens W, Koukkou M (Hg) (1998) Erinnerung von Wirklichkeiten. Psychoanalyse und Neurowissenschaften im Dialog, Bd 2: Folgerungen für die psychoanalytische Praxis. Stuttgart (Verlag Internationale Psychoanalyse).

Leuzinger-Bohleber M, Pfeifer R, Röckerath K (1998) Wo bleibt das Gedächtnis? Psychoanalyse und Embodied Cognitive Science im Dialog. In: Koukkou, M, Leuzinger-Bohleber M, Mertens W (Hg) Erinnerung von Wirklichkeiten. Psychoanalyse und Neurowissenschaften im Dialog, Bd 1: Bestandsaufnahme. Stuttgart (Verlag Internationale Psychoanalyse), 517–589.

Leuzinger-Bohleber M, Roth G, Buchheim A (Hg) (2007) Psychoanalyse – Neurobiologie – Trauma. Stuttgart (Schattauer).

Leuzinger-Bohleber M, Rüger B, Stuhr U, Beutel M (2002) »Forschen und Heilen« in der Psychoanalyse. Stuttgart (Kohlhammer).

Mancia M (ed) Psychoanalyis and neuroscience. New York: (Springer)

Modell AH (1984) Psychoanalysis in a new context. New York (International Universities Press).

Newell A, Simon HA (1976) Computer science as empirical inquiry: Symbols and search. Comm ACM 19: 113–126.

Norman DA (1981) Perspective on Cognitive Science. Norwood (Ablex).

Nydad I (1987) Mündliche Mitteilung, Rolf Pfeifer, Zürich.

Pfeifer R (1995) Cognition –Perspectives from autonomous agents. Robotics and Autonomous Systems 15: 47–70.

Pfeifer R, Bongard J (2006) How the body shapes the way we think: A new view of intelligence. Cambridge (MIT Press).

Pfeifer R, Leuzinger-Bohleber M (1986) Application of cognitive science methods to psychoanalysis: A case study and some theory. International Review of Psychoanalysis 13: 221–240.

Pfeifer R, Leuzinger-Bohleber M (1992) A dynamic view of emotion with an application to the classification of emotional disorders. In: Leuzinger-Bohleber M, Schneider H, Pfeifer R (eds) »Two butterflies on my head ...« Psychoanalysis in the interdisciplinary scientific dialogue. New York (Springer), 215–245.

Pfeifer R, Leuzinger-Bohleber M (1998) Erinnerung in der Übertragung – Vergangenheit in der Gegenwart? Psychoanalyse und Embodied Cognitive Science, ein interdisziplinärer Dialog zum Gedächtnis. Psyche – Z psychoanal 52: 884–919.

Pfeifer R, Scheier Ch (1999) Understanding intelligence. Cambridge (MIT Press).

Roediger HL (1980) Memory metaphors in cognitive psychology. Memory & Cognition 8: 231–246.

Rosenfield I (1988) The invention of memory: A new view of the brain. New York (Basic Books).

Rosenfield I (1992) The strange, familiar, and forgotten: An anatomy of consciousness. New York (Knopf).

Rusch G (1987) Erinnerungen aus der Gegenwart. In: Schmidt SJ (Hg) Gedächtnis. Frankfurt a. M. (Suhrkamp), 267–293.

Schank DC (1982) Dynamic memory: A theory of reminding and learning in computers and people. Cambridge (Cambridge University Press).

Strenger C (1991) Between hermeneutics and science: An essay on the epistemiology of psychoanalysis. New York (International Universities Press).

Anmerkungen

1 Eine frühere Fassung dieser Arbeit ist 2001, eine englische Version (2006) erschienen. Auch musste ich in diesem Rahmen auf ein anderes, verschlüsseltes Fallbeispiel als in meinem mündlichen Vortrag zurückgreifen.

2 Ich danke der Köhler-Stiftung, Darmstadt für das Forschungsstipendium, das mir, zusammen mit Prof. Dr. Martha Koukkou diesen interdisziplinären Austausch ermöglichte – und meinen Kolleginnen und Kollegen, dass sie – mit uns zusammen – diesen wichtigen, wenn auch oft nicht einfachen Dialog führten.

3 Zu Kapitel 4: Edelman's komplexe Theorie ist nicht leicht auf Anhieb zu verstehen. Dennoch möchten wir versuchen, in diesem Rahmen wenigstens seine drei Hauptgedanken wiederzugeben, die drei Prinzipien betreffen: Die Auslese von Gruppen von Nervenzellen (Selektion neuronaler Gruppen), die reziproke Kopplung (»reentry, ein Signalaustausch) und globale Kartierungen (»mapping«).

a) Primäres Repertoire

Die erste Verbindung der Nervenzellen (z. B. im Gehirn) untereinander ist das Ergebnis einer entwicklungsgesteuerten Selektion vor allem während der Embryonalzeit. Verkürzt zusammengefasst versteht Edelman darunter einen Selektionsprozess aus der Vielzahl von Neuronen aufgrund von genetischen und milieubedingten Faktoren, da die primären Zellprozesse von Teilung, Wanderung, Tod, Haftung und Induktion sich nicht nur nach genetischen Bedingungen vollziehen, sondern auch von der Zeit und des Ortes der Neuronen bestimmt werden, d. h. ortsabhängig sind. In anderen Worten: Aus einem anfänglich immensen Überschuss an Nervenzellen bildet sich durch einen topobiologischen Wettbewerb, d. h. durch Zellwanderung und Zelltod, ein Gewebe aus, das schematisch etwa wie in der obersten Zeile der Abbildung 1 aussieht. Edelman nennt diese Vernetzung »primäres Repertoire«. Sie stellt die Matrix des Nervengewebes bzw. des Gehirns dar. Sie bildet sich aufgrund eines genetisch gesteuerten, aber verschiedenartigen Einflüssen unterworfenen chemischen Vorgangs und ist daher das Produkt von Anlage und Umwelt, d. h. einer frühen System-Umwelt-Interaktion. Noch sind keine wirklich funktionalen Schaltkreise gebildet, aber es besteht ein Netzwerk, das zu weiterem Ausbau fähig ist.

b) Sekundäres Repertoire

Dieser weitere Ausbau wird getragen von der Fähigkeit der Nervenzellen zur elektrischen Aktivität, der erfahrungsgesteuerten Selektion, bei der sich im allgemeinen die Anatomie nicht mehr ändert. Danach werden durch die Erfahrung (Verhalten) synaptische Verbindungen in der vorhandenen Anatomie durch bestimmte biochemische Prozesse selektiv gestärkt oder geschwächt. Dieser Mechanismus, der dem Gedächtnis und einer Reihe anderer Funktionen zugrunde liegt, führt selektiv zu einer Vielfalt von Schaltungen (mit verstärkten Synapsen) im anatomischen Netzwerk. Die Vielfalt dieser Schaltkreise macht das sekundäre Repertoire aus.

Die Mechanismen, die zum primären und sekundären Repertoire führen, vermischen sich z. T. »Selbst bei einem vollentwickelten Gehirn kann es vorkommen, daß neue Nervenfortsätze zusätzliche Synapsen ›sprießen‹ lassen« (S. 126).

c) Neuronale Karten

Aus den funktionalen Kreisläufen entstehen die sogenannten Karten. Diese bestehen aus einigen

10.000 Neuronen, die funktionell in einer Richtung arbeiten. So hat jedes Wahrnehmungssystem, z. B. der Sehapparat, die Sinnesoberfläche Haut etc., eine Vielzahl von Karten angelegt, die durch qualitativ verschiedene Eindrücke gereizt werden: Farbe, Berührung, Richtung, Wärme etc. Diese Karten sind untereinander verbunden durch parallele und reziproke Fasern, die für den erneuten und wiederholten Eintritt, Durchlauf und Austausch von Signalen sorgen. Werden durch Reize Gruppen von Neuronen einer Karte selektiert, erfolgt gleichzeitig eine Stimulation der mit ihr verbundenen Karten. Aufgrund der reziproken Verbindungen (»reentry) werden die Nervenimpulse rückgeführt, wodurch eine Verstärkung bzw. Schwächung von Synapsen in den neuronalen Gruppen jeder Karte erfolgt: Auch die Verbindungen der Karten selbst erfahren eine Modifizierung. Dadurch enstehen neue, selektive Eigenschaften, in anderen Worten, »automatische« Rekategorisierungen aktueller Stimuli aus unterschiedlichen Sinneskanälen (vgl. unten). Dadurch sichert sich der Organismus selbst fortlaufend die Fähigkeit, sich in der Interaktion mit der Umwelt zu orientieren, d. h. die aktuelle Erfahrung mit früherer in Verbindung zu setzen, indem die bisherigen Rekategorisierungen aufgrund der erhaltenen Stimuli an die neue Situation adaptiert werden. D. h. »Kategorien« zur Einordnung aktueller Erfahrungen (Stimuli aus unterschiedlichen Sinneskanälen) müssen nicht »von außen« definiert bzw. durch einen Homunculus (»Dedektorprogramme«) innerlich erkannt werden, sondern bilden sich »automatisch« aufgrund der aktuellen sensomotorischen Koordinationen der stimulierten Karten.

Es geht uns in diesem Zusammenhang bei Edelmans Konzeptualisierungen nicht so sehr darum, alle neurobiologischen Details seiner Theorie der neuronalen Gruppenselektion (TNGS) hier zu diskutieren bzw. die durch sie ausgelösten Kontroversen darzulegen. Vielmehr dient uns u. a. diese Theorie als Unterstützung grundsätzlich neuer Konzeptualisierungen von Gedächtnis. Ein besonderer Vorteil von Edelmans Arbeiten scheint uns u. a., dass er nicht, wie viele andere Theorien, auf einer rein metaphorischen Ebene bleibt, sondern in seinen Theorien präzise Detailmechanismen des Gedächtnisses beschreibt, die auf einer jahrelangen empirischen Forschung dazu beruhen, diese aber – im besten Sinne spekulativ – in einer originellen Konzeptualisierung von »Gedächtnisleistungen« integriert.

Wissenschaftstheoretisch ist dabei interessant, aber nicht unproblematisch, dass Edelman versucht, das Verhältnis zwischen der psychologischen (deskriptiven) Ebene und jener der neurobiologischen Gedächtnismechanismen (kausal erklärende) neu zu definieren, übrigens eine Fragestellung, die die psychoanalytische Theoriediskussion seit jeher beschäftigt. Er will nicht psychologische Prozesse auf neurobiologische Vorgänge *reduzieren* oder eine *Parallelität* auf beiden Ebenen untersuchen. Vielmehr intendiert er, auf neue Weise eine Kohärenz zwischen den beiden Ebenen herzustellen, indem er versucht, die Prinzipien der neuronalen Gruppen (TNGS) konsequent sowohl auf der neurobiologischen und neuroanatomischen als auch auf der psychologisch-deskriptiven Ebene anzuwenden. Dieser Versuch ist nicht unumstritten. Es bleibt bekanntlich nach wie vor eine Frage, ob Erkenntnisse zur Funktionsweise biologischer Vorgänge einen Erklärungsgehalt für seelische Prozesse bieten können.

4 Wir setzen »Wissensspeicherung« in Anführungszeichen, um anzudeuten, dass wir damit *nicht* an gespeicherte Strukturen denken, sondern an andere Mechanismen, die wir im Folgenden charakterisieren werden.

5 Wir denken, dass gerade das Stilllegen der Grobmotorik die Aufmerksamkeit auf feinere körperliche Signale lenken kann, die in »normaleren Interaktionssettings« gut unbewusst kontrolliert werden können und sich daher einer reflexiven Betrachtung leicht entziehen.

6 Zu Erinnerungsprozessen bei schwer traumatisierten Patienten: siehe u. a. Bohleber 2007; Leuzinger-Bohleber/Roth/Buchheim 2008.

Individuelles und kollektives Gedächtnis – Kindheiten im Zweiten Weltkrieg im psychoanalytischen Dialog

Gereon Heuft

Zeitgeschichtliche Erfahrungen

Im Mai 2005 konfrontierte der 60. Jahrestag der deutschen Kapitulation und damit der des Endes des Zweiten Weltkrieges in Europa die allgemeine Öffentlichkeit – unterstützt durch massenmediale Nachfrage und Verbreitung – mit dem Befund, dass heute 60-Jährige und Ältere unter dem Eindruck (wiederbelebter) intensiver Erinnerung mit einer erschreckend real erlebten »Wirklichkeit« damaliger spezifischer zeitgeschichtlicher Erfahrungen leiden. Die Zeitzeugenberichte und Autobiografien stammen ganz überwiegend von den heute 62- bis 80-Jährigen (Jahrgänge 1945 bis 1927), d.h. von denjenigen, die die Kriegszeit (1939–1945), das Kriegsende (1945) und die direkte Nachkriegszeit (1948) als Kinder oder Jugendliche durchlebt haben oder direkt in sie hineingeboren wurden. Exemplarisch und gleichzeitig stellvertretend verdeutlichten die Vorträge und Diskussionsbeiträge der TeilnehmerInnen des 1. Internationalen Kriegskinderkongresses vom 14.–16. April 2005 an der Johann-Wolfgang-Goethe-Universität in Frankfurt/Main (Ewers et al. 2006; Radebold et al. 2006) diese zeitgeschichtlichen Erfahrungen als Teil des kollektiven Gedächtnisses. Heuft wies erstmals (1993; 1999) durch das Konzept der Trauma-Reaktivierung im Alter auf andauernde oder im Alter sich neu entwickelnde psychische und psychosomatische Folgen schwerster Belastungserfahrungen damaliger Kinder bzw. Jugendlicher hin. In den letzten Jahren folgten Befunde über die Bedeutung väterlicher Abwesenheit (Franz et al. 1999; Radebold 2000) und auf die Auswirkungen von Flucht und Vertreibung (Teegen/Meister 2000).

Am Ende des Zweiten Weltkrieges versuchten insbesondere auch die damals als Kinder und Jugendliche Betroffenen in einem monate- bis jahrelangen Bearbeitungs- und Abwehrprozess ihre erlebten beschädigenden bzw. traumatisierenden Erfahrungen abzuspalten, zu isolieren und in sich abzukapseln. Zu den bevorzugten Abwehrmechanismen gehörten Verleugnung, Bagatellisierung, Verkehrung ins Gegenteil, Spaltung von Inhalt und Affekt, Generalisierung sowie Verdrängung. Anschließend funktionierten die so Betroffenen aufgrund von Parentifizierungen und familiären Delegationen häufig gut. Unterstützt durch den weiterhin ablaufenden Entwicklungsprozess boten sie (auch im eigenen Erleben) das Bild von *Normalität*, die allerdings eigentlich eine *anormale* oder *pathologische* Normalität bedeutete.

Eltern, Erzieher, Ärzte und Fürsorgerinnen registrierten zwar anfänglich zahlreiche auffallende Symptome (Angst- und Unruhezustände, Verhaltensstörungen, funktionelle Störungen etc.) und hofften insgesamt, dass die damaligen Kinder/Jugendlichen »wenig mitbekommen« hätten und sich diese Erfahrungen »auswachsen« würden.

Aufgrund des individuellen Bearbeitungs- und Verdrängungsprozesses fanden sich dann nach 1950 keine anhaltenden (mit den damaligen Möglichkeiten) erfassbaren Störungen mehr. Die damalige Kinder-Jugendpsychiatrie konstatierte, dass die schon angetroffenen (insgesamt aber wenigen) Störungen nur auf die nach dem Krieg erfolgenden gesellschaftlichen Veränderungen zurückzuführen seien.

Dazu trat die Ablehnung der damaligen zeitgeschichtlichen Forschung des 1948 von A. Mitscherlich gemachten Vorschlags, die abgelaufenen zeitgeschichtlichen Ereignisse gemeinsam »psychisch-historisch« zu erforschen.

So lässt sich insgesamt ein jahrzehntelanger Verleugnungs- bis Verdrängungsprozess damaliger zeitgeschichtlicher Erfahrungen aus dem Zweiten Weltkrieg (einschl. des Kriegsendes und der direkten Nachkriegszeit) konstatieren (Radebold 2005a, S. 183ff.).

Aspekte der politischen Biografie in der Kriegskindergeneration

Als langfristig prägende Erfahrungen lassen sich folgende benennen (Radebold 2003, 2004):

- Miterleben zahlreicher Bombenangriffe und Ausbombungen z. B. Erfahrung der Städtezerstörungen in Dresden oder des »Hamburger Feuersturmes« mit zahlreichen Opfern;
- Evakuierungen (der unter Zehnjährigen zusammen mit der Mutter und weiteren jüngeren Geschwistern in vom Krieg nicht betroffene Regionen) oder Kinderlandverschickungen (der über Zehnjährigen mit der Trennung von der Mutter und der weiteren Familie);
- Flucht (vor dem näherrückenden Krieg und/oder nach Hause);
- Vertreibung mit zunächst Flucht und späterem Aufwachsen in einer fremden bis feindselig eingestellten Umwelt (Sprache, Religion, Lebensgewohnheiten etc.) mit der Folge häufigen längeren Hungerns, Verarmung und sozialem Abstieg der Eltern;
- langanhaltende (Kriegsteilnahme und/oder Gefangenschaft) oder dauernde (gefallen, vermisst, an Krankheit verstorben) väterliche Abwesenheit. Dazu kehrten diese Väter oft physisch und »psychisch versehrt«, d. h. krank zurück und blieben abgekapselt bzw. psychisch unerreichbar;
- zusätzlicher Verlust der Mutter (Status als Vollwaise), weiterer Geschwister und näherer Verwandter (insbesondere der Großeltern);
- Erfahrungen von passiv erlebter Gewalt (Verwundungen, Vergewaltigungen, Misshandlungen, Kriegsgefangenschaft, Lagerhaft) oder selbst aktiv ausgeübter Gewalt, dazu direktes Miterleben zahlreicher Gewalthandlungen.

Psychodynamisch gesehen handelt es sich um zentrale Erfahrungen von völligem Ausgeliefertsein an eine subjektiv und oft auch objektiv nicht veränderbar und dazu als hoffnungslos erlebte Situation – oft alleingelassen und ohne hilfreiche Unterstützung, um langanhaltende Trennungen und/oder dauerhafte Verluste von zentralen Bezugspersonen sowie um den Verlust einer bergenden und beschützenden Umwelt (Wohnung, Heimat). Entsprechend resultierten nachfolgend eingeschränkte Entwicklungs- sowie geschlechtsspezifische Identifizierungsmöglichkeiten.

Die individuellen schwerwiegenden Erfahrungen erfolgten in der Regel kumulativ (zwischen zwei bis vier Erfahrungen; Frey/Schmitt 2003). Geschätzt wird (Radebold 2000, 2003), dass ein Drittel der Kinder und Jugendlichen während des Zweiten Weltkrieges diese spezifischen Erfahrungen vorübergehend (Monate bis Jahre) in leichterer Ausprägung erfuhr, ein weiteres Drittel sie langanhaltend oder in schwerer Ausprägung erlitt, während ein letztes Drittel dieser Kinder und Jugendlichen keine wesentlichen kriegsbedingten Belastungserfahrung machen musste.

Psychisches Trauma in Abgrenzung zur neurotischen Entwicklung

Auch wenn innerhalb menschlicher Biografien oft eine Kombination von neurotischen, d. h. lebensgeschichtlich verstehbaren Konflikten und Traumatisierung nebeneinander auffindbar sind, sollen diese beiden Konzepte zunächst um der begrifflichen Klarheit willen voneinander abgegrenzt werden. Eine neurotische Entwicklung beschreibt, wie ein zunächst sozialer Konflikt (i. d. R. zwischen den Elternpersonen als den »signifikanten Primärobjekten«) und dem Kind zunehmend internalisiert wird, bis er schließlich von dem Individuum als wiederholt Leid verursachend (»repetitiv dysfunktional« im Sinne der Operationalisierten Psychodynamischen Diagnostik [OPD-2] [Arbeitskreis OPD 2006]) erlebt wird, wobei die Ursachen zwischenzeitlich unbewusst geworden sein können. Beispielsweise sei ein 25-jähriger Student erwähnt, der insbesondere von seinem Vater immer zu hören bekam: »Du bringst es sowieso zu nichts!«, und der sich jetzt mit schweren Prüfungsängsten in der Ambulanz vorstellt. Obwohl seine objektiven Leistungen im Studium stets gut waren und er auch für das Examen genügend gelernt hatte, drängte sich ihm immer wieder der Gedanke auf, seine Prüfer würden ihn »für unfähig« erklären. – In der psychodynamischen Psychotherapie erkannte er, dass er den ursprünglich seinen Selbstwert unterminierenden Tonfall seines Vaters unbewusst auf die Prüfer übertrug. Die neurotische Symptomatik führt dazu, dass das »Dort und Damals« mit »Hier und Heute« unbewusst verwechselt wird.

Im Gegensatz zu diesen lebensgeschichtlich verstehbaren, repetitiv dysfunktionalen Störungen ereignen sich Traumatisierungen im Jugend- oder Erwachsenenalter durch Ereignisse, die die psychischen Verarbeitungsmöglichkeiten unvorbereitet durch eine i. d. R. lebensbedrohliche Situation überfordern. Dabei erlebt der Betreffende intensive Gefühle von Hilflosigkeit (»Ich kann nichts machen!«) und Ausgeliefertsein. Die erlebte schwere Bedrohung kann sich auch auf nächste Angehörige richten oder durch Konfrontation mit schweren Unfällen (etwa als Ersthelfer) erlebt werden. Das bekannteste Symptombild durch eine solche Traumatisierung ist die Posttraumatische Belastungsstörung (PTBS; im englischen Sprachraum: Postraumatic Stress Disorder PTSD). Die Symptomatik wird im nächsten Abschnitt beschrieben.

Sowohl aus einer wissenschaftlichen als auch aus einer politischen Perspektive ist die Auseinandersetzung mit den traumatischen Folgen »verletzender« Lebenserfahrungen hochaktuell. Bereits ein kurzer Blick auf die Psychotraumatologie der letzten gut 100 Jahre lässt erkennen, dass sowohl unter einer psychodynamischen als auch unter einer lerntheoretischen Perspektive verschiedene posttraumatische Symptome von der Kindheit zumindest bis zur Mitte des Erwachsenenalters beschrieben wurden. Wenn die Kriegskindergeneration, also diejenigen, die den Zweiten Weltkrieg als Kinder und Jugendliche überlebt haben, Langzeitfolgen psychischer Traumatisierung zeigen, können sich diese bei den heute über 60-jährigen Menschen durch Symptome zeigen (syndromale diagnostische Ebene), die sich phänomenologisch nicht von anderen bekannten Störungsbildern abgrenzen lassen. Das heißt, die Langzeitfolgen psychischer Traumatisierungen können sich nach langer Latenz im Alter nicht nur als PTSD (s. u.), sondern auch als depressive oder Angststörungen, funktionelle Körperstörungen etc. manifestieren.

Seit ihren Anfängen setzt sich die psychoanalytische Theoriebildung mit traumatischen Lebensereignissen in verschiedenen Lebensabschnitten auseinander: so z. B. bei sogenannten »Kriegszitterern« (traumatisierten Soldaten vor allem im Ersten Weltkrieg) und dem »sexuellen Missbrauch«, einem von Freud vorgeschlagenen Begriff, bei Kindern. Die Genese der hysterischen Symptombildung wurde von Freud ursprünglich – vermutlich zumindest teilweise zutreffend – im realen sexuellen Missbrauch von Kindern durch Erwachsene gesehen (»Verführungstheorie«) (Freud 1895). Unter dem Druck der Ablehnung dieser Theorie durch den Wiener Verein für Psychiatrie und Neurologie und durch das sich entwickelnde Verständnis der Übertragungsdynamik seitens der Patienten wendete sich Freud dem Konfliktverständnis bei der Entwicklung neurotischer Symptome zu.

Diese Ambivalenz spiegelt sich in der modernen Psychotherapie-Literatur bis heute wider: Viele psychodynamisch konzipierte Fallberichte sprechen fast durchgängig von einer Traumagenese aufgrund kindlicher Erfahrungen, ohne zwischen *konflikthaften motivationalen* Strebungen, »normalen« Situationen von *Reizüberflutung* etwa bei der Geburt und *traumatischen* Ereignissen im engeren Sinne zu unterscheiden. Andererseits werden auch nicht selten offensichtliche Traumafolgen gerade auch der Kriegskindergeneration mit ihren oft psychosomatischen Symptombildungen »übersehen« und versucht, diese auf einem Konflikthintergrund zu deuten oder in einem übenden Therapieverfahren kognitiv zu bewältigen.

Gerade weil die Folgen traumatischer Erfahrungen im engeren Sinne – wie fortgesetzte schwerste Bedrohungs- oder Gewalterfahrungen während der Kindheit – eine empirisch nachweisbare Potenz für die spätere Symptomentwicklung haben können, sollte zukünftig größere Sorgfalt auf eine Differenzierung der Erfahrungen innerhalb der frühen Biografie des Betreffenden gelegt werden. So kann durch Längsschnittstudien als hinreichend sicher belegt gelten, dass die Auswirkungen massiver körperlicher Gewalt und narzisstischer Traumatisierung auch im Sinne kumulativer Traumata (Khan 1977) zu einem erhöhten Risiko z. B. psychogener Schmerzerkrankungen führt. Ohne den Ressourcen-orientierten Forschungsansatz hier weiterverfolgen zu können, müssen die pathogenen Faktoren schwerer Belastungen in Kindheit und Jugend im Zusammenwirken mit den protektiven Faktoren, die die psychische Widerstandskraft (Resilienz) zu stärken hilft, weitergehend verstanden werden (Egle et al. 1997; Reister 1995; Tress 1996a; 1996b; Schneider et al. 2006a; 2006b; 2007). Ein Risikofaktor allein erhöht die Wahrscheinlichkeit späterer psychischer Erkrankungen nicht. Dies erscheint besonders wichtig, damit Betroffene nicht von vornherein mit ihrem Selbstkonzept stigmatisiert werden: »Ich bin jemand, der schwere Gewalterfahrungen in der Kindheit gemacht hat, also muss ich als Erwachsener ›schwer gestört‹ sein?!« Dies gilt auch für sexuelle Missbrauchserfahrungen, die sehr unterschiedliche Auswirkungen auf das Individuum je nach Schwere und Häufigkeit, Entwicklungsalter, Entwicklungskontext sowie Täterperson haben kann (Mullen 1993; Shengold 1995). Derjenige, der um der Patienten willen eine solche differenzierende Sichtweise vertritt, läuft zugleich Gefahr, als ein Verharmloser und heimlicher Verbündeter der Täter missverstanden zu werden. Da eine sorgfältige Differenzialdiagnostik jedoch die Vorbedingung für eine differenzielle Therapieplanung ist, erscheint heute jeder diagnostische Kurzschluss in diesem Zusammenhang unverantwortlich.

Aus lerntheoretischer Sicht erklärt die Verschränkung des respondenten und des instrumentellen Konditionierens in sehr schmerzhaften (traumatischen) Situationen sowie die negative Verstärkung von Vermeidungsreaktionen die späteren löschungsresistenten Verhaltensketten und -muster. Auch die kognitiv-behaviorale Verhaltenstherapie strebt die Rekonstruktion von verletzten oder zerstörten Grenzen der Persönlichkeit und die kognitive Veränderung von Angststrukturen und »beliefs« (z. B. über die grundsätzlich schlechte Natur des Menschen) an.

Bezogen auf die kindliche Entwicklung gehen wir im Sinne einer Synthese der verschiedenen Konzepte heute davon aus, dass in der Kindheitsentwicklung die tatsächlichen überwältigenden Erfahrungen von Verführung, Vergewaltigung und Schlägen der Eltern unterschiedliche, tiefergehende, zerstörerische und pathogene Wirkung haben, als es die Fantasien solcher Erfahrungen haben können, die zwangsläufig in der Entwicklung der sexuellen und aggressiven Impulse eines Kindes entstehen. Man muss davon ausgehen, dass Erfahrungen eine umfangreichere Pathogenese verursachen, als Fantasien (Shengold 1995). Liegen bereits schwere kindliche Belastungsfaktoren vor, ist von einer erhöhten Vulnerabilität auch im Jugendalter und/oder späteren Erwachsenenalter auszugehen. Damit wird noch einmal auf die eingangs angesprochene Möglichkeit Bezug genommen, dass sich eine neurotische und eine traumatische Genese miteinander verschränken können – eine besondere Aufgabe für Diagnostik und Behandlungsplanung.

Differenzielle Psychotraumatologie über die gesamte Lebensspanne

Das komplexe Zusammenwirken motivationaler Konflikte, Lernerfahrungen und traumatischer Erfahrungen im engeren Sinne scheint im Erwachsenenalter durch eine klarere Operationalisierbarkeit überschaubarer. Folgt man den Diagnose-Manualen ICD-10 und DSM-IV, unterscheiden sich psychische Traumen im Erwachsenenalter von anderen schweren Belastungen im Lebenslauf wie z. B. Ehekrisen oder plötzlicher Verlust eines Elternteils im Erwachsenenalter wie folgt:

1. Das psychische Trauma ist Folge eines kurzzeitigen (»one single blow«; Typ-I-Trauma) oder länger dauernden (Typ-II-Trauma) belastenden Ereignisses, das außerhalb der üblichen menschlichen Erfahrung liegt. Es wäre

für fast jeden belastend und wird üblicherweise mit intensiver Angst, Schrecken und Hilflosigkeit erlebt.

2. Resultierende Beeinträchtigungen dauern in der Regel länger als einen Monat und manifestieren sich bei Erwachsenen oft über Hauptmerkmale der Posttraumatischen Belastungsstörung (PTSD), bei Kindern und Jugendlichen oft über anhaltende strukturelle Störungen.
3. Das Ausmaß der Beeinträchtigung steht in Beziehung zur erlebten Schwere des Traumas. Ursächliche Handlungen von Menschen (»men-made-desaster«) und begleitende Verletzungen der körperlichen Integrität stellen fast immer komplizierende Faktoren dar.
4. Zentral für die Pathogenese ist die intrapsychische, interpersonelle und/oder transaktionale Desintegration, die ein Erleben von Hilflosigkeit und Ausgeliefertsein hervorruft mit dauerhafter Erschütterung des Selbst- und Weltverständnisses bis zum Zusammenbruch wichtiger psychischer, kognitiver oder behavioraler Funktionen.

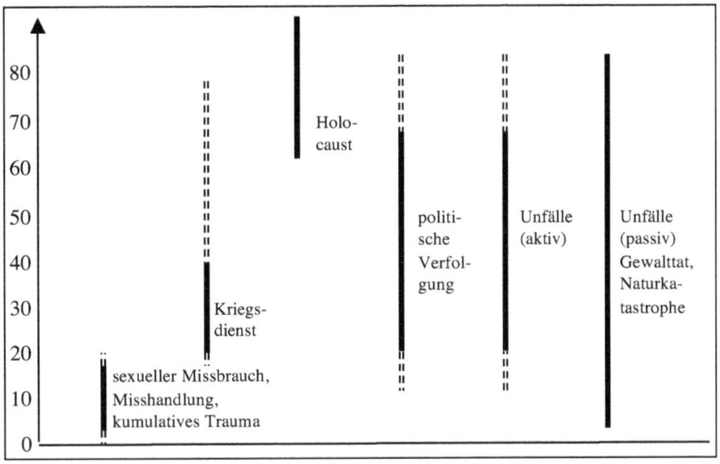

80
70
60
50
40
30
20
10
0
sexueller Missbrauch, Misshandlung, kumulatives Trauma
Kriegsdienst
Holocaust
politische Verfolgung
Unfälle (aktiv)
Unfälle (passiv) Gewalttat, Naturkatastrophe

Abb. 1: Hauptprädilektionsalter psychischer Traumatisierungen über den Lebenslauf

Erfüllt eine definierte Situation diese Kriterien, resultiert daraus im Erwachsenenalter oft, jedoch nicht immer und schon gar nicht zwingend eine Posttraumatische Belastungsstörung (PTBS) (posttraumatic stress disorder PTSD). Im Zentrum der PTSD stehen in charakteristischer Weise intrusive »Erinnerungsbilder« des Traumas mit Flashback-artiger Aktualität (»als ob man in der Situation genauso noch einmal drin steht«), vegetativen Erregungszuständen, Vermeidungsreaktionen und trauma-spezifischen Albträumen. Diese können bis ins hohe Alter hinein auftreten und auch erfolgreich behandelt werden (Burgmer/Heuft 2004).

Eine Übersicht über die typischen Prädilektionsalter differenter traumatischer Erfahrungen im Lebenslauf zeigt (Abb. 1), dass das erlittene Trauma bei einer Diagnosestellung genauer beschrieben werden muss (Heuft 1996). Von den *kindlichen Erfahrungen körperlicher* oder *seelischer Gewalt* mit möglichen Rückwirkungen auf die strukturelle Entwicklung des Kindes lassen sich Traumata durch den *Wehr-* bzw. *Kriegsdienst* von den Folgen *politischer Verfolgung (Folter)* und von den spezifischen Erfahrungen der *Holocaust*-Opfer unterscheiden (Kruse/Schmitt 1995; Schmitt et al. 1999). Die psychischen Auswirkungen von *extremen* Traumatisierungen wie KZ-Lagerhaft und Folter werden auch als »Komplexes Posttraumatisches Belastungssyndrom« bezeichnet. Unter den Vietnam-Veteranen leiden z.B. 31% der männlichen und 27% der weiblichen Veteranen an Posttraumatischen Belastungsstörungen (Friedmann 1989). Je nach Lebensalter und Grundpersönlichkeit werden *schwere Unfälle, Gewalttaten* oder *Naturkatastrophen* unterschiedlich erlebt. Sie scheinen in ihren psychischen Folgen unterscheidbar von *Unfallereignissen*, bei denen durch *aktives* Führen eines Kraftfahrzeugs jemand anders dauerhaft zu Schaden kommt. So hat die Londoner U-Bahn seit Langem einen Beratungsdienst für Zugführer, die, ohne es verhindern zu können, Suizidenten auf den Bahngleisen »sehenden Auges« überfahren.

Alle diese in Abb. 1 genannten traumatischen Erfahrungen sind im Erwachsenenalter in der Lage, eine PTSD auch bei einem bis zum traumatischen Ereignis gesunden Erwachsenen auszulösen. Diese Zusammenhänge sind weithin bekannt. Unsere klinischen Beobachtungen haben uns in den letzten Jahren jedoch darauf aufmerksam gemacht, dass ein (vermutlich nicht unerheblicher) Anteil heute älterer Menschen unter Traumaerfahrungen im Laufe ihrer Biografie zunächst keine PTSD entwickelt hat. Damit erscheint das Trauma-Ereignis zunächst »folgenlos«. Es zeigt sich jedoch, dass in einem Abstand von 30 Jahren und mehr das Trauma plötzlich in der zweiten Hälfte des Erwachsenenlebens wieder eine psychodynamisch bedeutsame Aktualität bekommen kann.

muss der Behandler durch vorliegende ausformulierte Behandlungstechniken darauf achten, dass eine solche Traumareaktivierung nicht zu einer Retraumatisierung wird (etwa durch forcierte Erinnerungsarbeit ohne vorangegangene Einübung intrapsychischer Stabilisierungsmechanismen). Andernfalls läuft er Gefahr, dass der Patient ihn später, zumal, wenn er nicht über die Risiken vor Behandlungsbeginn aufgeklärt wurde, für Komplikationen haftbar zu machen versuchen kann.

Wie die schematische Darstellung in Abb. 2 verdeutlicht, liegt der Symptomausbruch bei

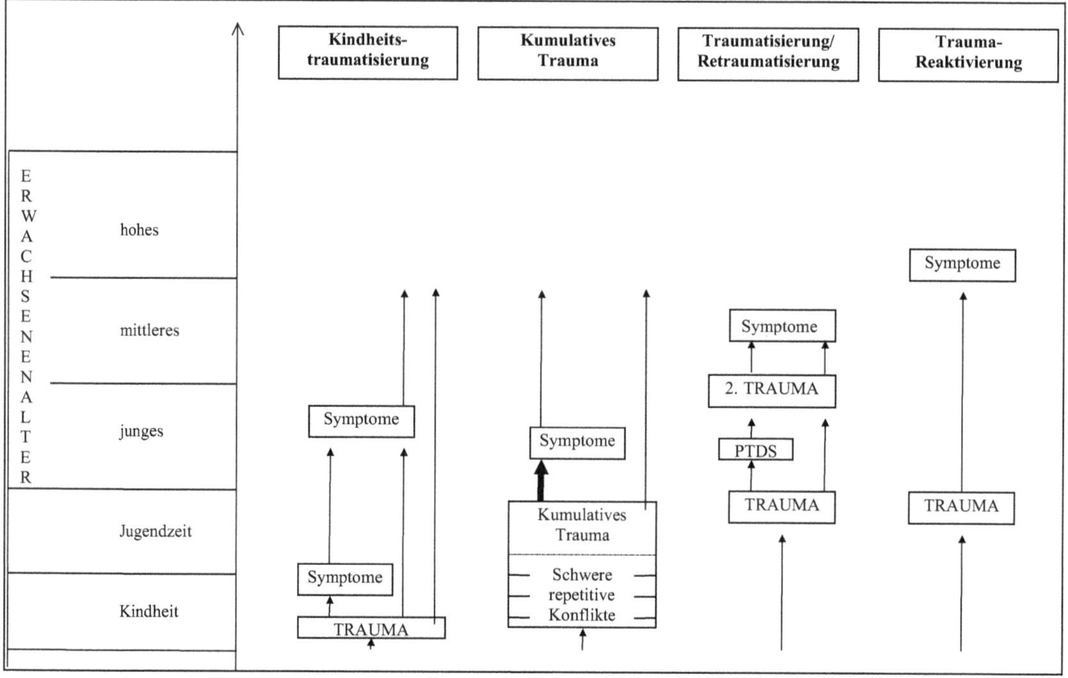

Abb. 2: Differenzielle Psychotraumatologie

In Abb. 2 wird eine solche von uns als Trauma-Reaktivierung (Heuft 1993; 2004) beschriebene Symptomentwicklung differenziert von einer Retraumatisierung, die aus verschiedenen Gründen konzeptuell scharf unterschieden werden sollte. Der Begriff Retraumatisierung sollte einem zweiten Trauma-Ereignis, dass das Individuum nach einem bereits vorangegangenen Trauma (mit und ohne PTSD-Entwicklung) erleidet, vorbehalten bleiben. Wird im Rahmen einer Therapie dagegen ein zurückliegendes Trauma z.B. in der Erinnerung wiederbelebt, der Trauma-Reaktivierung im Vergleich zu den in der Kindheit Traumatisierten, die oft auch erst Jahre später über ihre strukturellen Störungsanteile (z.B. schwerwiegende Beziehungsstörungen) symptomatisch werden können, deutlich später im Lebenslauf – wenn zunächst niemand mehr an diese Zusammenhänge denkt. Wie eingangs bereits erwähnt, macht in jüngster Zeit eine bemerkenswerte Anzahl von 60–75-Jährigen auf ihre Erfahrungen als »Kriegskinder« während des Zweiten Weltkrieges und deren langwierige Folgen beispielsweise in Autobiografien aufmerksam. Die bewusste Wahrnehmung des Leides dieser Kinder in allen in den Zweiten Weltkrieg involvierten Ländern durch Bombenkrieg, Mangelversorgung, Flucht und Vertreibung sowie Miterleben von Greueltaten soll nicht das Leiden der Opfer der Shoa in den Hintergrund treten lassen. Vielmehr besteht die Hoffnung, dass über die Empathie mit den eigenen seelischen Verwundungen auch das Verständnis für die Schmerzen systematisch Verfolgter wachsen kann. Möglicherweise erleben sich erst jetzt die »Kriegskinder« (etwa 30% gelten als sehr schwer bis traumatisch belastet) legitimiert, das eigene Leid zu thematisieren, da sie nicht mehr zur unmittelbaren »Tätergeneration« zuzurechnen sind.

Zur klinischen Bedeutung einer Trauma-Reaktivierung

Ältere Menschen können – u. U. angestoßen durch politische Krisen (wie dem Golf-Krieg 1991) – frühe Traumatisierungen unter akuter Symptombildung reaktivieren (vgl. Heuft 1993; Schreuder 1996). Auf der Suche nach den Hintergründen dieses psychodynamischen Prozesses ließe sich eine dreifach gegliederte Hypothese formulieren, deren Aspekte untereinander in einem sich womöglich gegenseitig begünstigenden Bezug stehen. Danach kann es zu einer Reaktivierung von Traumatisierungen im Alter dadurch kommen, dass

1. ältere Menschen, befreit vom Druck direkter Lebensanforderungen durch Existenzaufbau, Beruf und Familie »mehr Zeit« haben, bisher Unbewältigtes wahrzunehmen;
2. sie zudem nicht selten auch den vorbewussten Druck spüren, noch eine unerledigte Aufgabe zu haben, der sie sich stellen wollen und stellen müssen (»last chance sydrome«);
3. darüber hinaus der als bedrohlich erlebte Alternsprozess selbst (z. B. durch die notwendige Auseinandersetzung mit dem körperlichen Alternsprozess als Organistor der Entwicklung in der zweiten Hälfte des Erwachsenenalters) traumatische Inhalte reaktivieren kann.

Dieses entwicklungspsychologische Modell der Organisatoren im Lebenslauf wurde durch Heuft (1994; Heuft/Schneider 2007) eingeführt und ließ sich in den folgenden Jahren im Rahmen der ELDERMEN-Study durch die Münsteraner Forschergruppe auch empirisch belegen (Schneider et al. 2006). Diese entwicklungspsychologische Perspektive macht verständlich, dass nicht wenige Menschen den körperlichen Alterungsprozess insbesondere wegen einer drohenden Abhängigkeit und ohnmächtigen Hilflosigkeit als enorm ängstigend erleben. Die emotionale Erlebensqualität von Abhängigkeit und Hilflosigkeit (Ausgeliefertheit) kommt derjenigen in der traumatischen Situation (hilflos ausgeliefert zu sein) sehr nahe und kann damit möglicherweise zu einer Reaktivierung des Traumas führen (Heuft 2006). Die Geschäftigkeit des mittleren Erwachsenenalters ermöglichte es vielen Betroffenen offensichtlich, diese intrapsychische Dynamik bis zum Symptomausbruch erfolgreich abzuwehren.

Es gibt bisher noch keine gesicherten empirischen Daten, die die klinische Relevanz von Trauma-Reaktivierungen im Alter beschreiben würden. Dies hängt vor allem damit zusammen, dass man die Betroffenen nicht einfach »per Fragebogen« dazu anhalten kann, zu diesen zum Teil sehr belastenden Lebensereignissen frei zu sprechen.

Das folgende Beispiel mag die Notwendigkeit, in der Biografie zurückliegende traumatische Erfahrungen auch bei älteren Menschen stärker zu beachten, verdeutlichen. So geriet ein 75-jähriger Mann nach einer ausgedehnten Karzinom-Operation, die klinisch sehr gut verlaufen war, in eine nörgelnde Wut und Unruhe, als ihm das Versorgungsamt »nur 90% Schwerbehinderung« anerkennen wollte. Weitere erwartete Vergünstigungen z. B. bei Telefon- oder Fernsehgebühren waren ihm abschlägig beschieden worden. Gerade die Tatsache, dass der Patient von diesen erwarteten kleinen finanziellen Vergünstigungen aufgrund seines sonstigen Sozialstatus real keine wirkliche Verbesserung gehabt hätte, ließ den Untersucher aufhorchen. Der Patient berichtete dann mit bitterer Ironie, dass man ihm früher ja auch die notwendige Anerkennung der Folgen seiner zahlreichen Kriegsverletzungen mit entsprechenden Kompensationszahlungen verweigert habe, wobei diese Entscheidungen gut 30 Jahre zurücklagen. Im weiteren Gesprächsverlauf deutete sich an, dass der Patient durch sehr schwerwiegende Fronterfahrungen als einfacher Soldat im Zweiten Weltkrieg bis zum aktuellen Untersuchungszeitpunkt durch zahlreiche Granatsplitter, die nicht entfernt werden konnten, versehrt war. Nur durch eine psychodynamisch begründete Empathie seitens des Untersuchers ließ sich eine Verbindung zwischen der aktuell unerklärlichen (Kränkungs-)Wut, »diesen Behörden« ausgeliefert zu sein, und den früheren Erfahrungen von Ausgeliefertheit insbesondere in der traumatischen (Front-)Situation erahnen.

Denkt man an die Bedeutung von Trauma-Reaktivierungen, lässt sich u. U. auch eine »schwierige Körperpflege« z. B. bei pflegebedürftigen Patientinnen besser einfühlen: So konnte die plötzlich bei Bettlägrigkeit überraschend durch aggressives Verhalten erschwerte Körperpflege darüber verstanden werden, dass die Patientin viele Jahre zuvor auf der Flucht aus den ehemaligen deutschen Ostgebieten eine Vergewaltigungserfahrung gemacht hat. Situationen eines »Wiedererlebens« konnten in ihrer bisherigen Biografie dadurch verhindert werden, dass die Patientin nie wieder jemand körperlich näher an sich »herangelassen« hatte. Dieses Erlebnis traumatischer sexueller Gewalt steht ihr nun durch die notwendig gewordene intime Körperpflege bei einer gleichzeitig schwächer werdenden Abwehrfunktion des Ich deutlicher vor Augen als in den zurückliegenden Jahren und Jahrzehnten. Plötzlich erscheint dann die Pflegekraft so, als ob sie in einer (reaktivierten) Tatsituation agieren würde. – Es kann zwar sein, dass wir in solchen Fällen mit den direkt Betroffenen nicht mehr psychotherapeutisch arbeiten können. Aber dann haben wir immerhin noch die Möglichkeit, mit den Berufsgruppen, die die/den Betreffenden pflegt herauszuarbeiten, dass 1. die/der Betreffende nicht so schwierig zu pflegen ist, weil sie/er die Pflegekräfte quälen will, sondern weil sie/er einen intrapsychisch verstehbaren »Grund« hat, so auffällig zu reagieren (»Solidarität mit dem Opfer«); und dass 2. alternative Pflegekonzepte bei der Intimpflege helfen können, solche Arousal-Raktionen (s. o.) zu vermeiden.

Behandlungsansätze bei Trauma-Reaktivierung

An dieser Stelle kann kein vollständiger Überblick über alle psychotherapeutischen Behandlungsansätze der Folgen psychischer Traumatisierungen gegeben werden. Dadurch, dass traumatogene Erfahrungen durch ihre extreme, gewalttätige und rohe Qualität nicht nur schreckliche Erinnerungsbilder erzeugen, sondern intrapsychische Verbindungen und die Fähigkeit zum Vertrauen zerstören, bedarf es einer qualifizierten Fachpsychotherapie in dem Versuch, den Strukturzusammenhang psychischer Repräsentanzen wieder zu schließen. Dies ist bei *dissoziativen Störungen*, *Somatisierungsstörungen* oder *reinszenierendem Agieren* des Traumas oft nicht einfach. – Wie bereits erwähnt, stehen Fachpsychotherapeuten in der Verpflichtung, im Behandlungsprozess Retraumatisierungen durch adäquate Behandlungstechniken zu verhindern. Bei zunehmender Annäherung eines kognitiv-behavioralen und eines psychodynamischen Traumaverständnisses (Jonoff-Bulman 1992) stärken diese beiden psychotherapeutischen Grundverfahren zu Behandlungsbeginn zunächst die Fähigkeit des Patienten zur Selbstberuhigung und Selbstdesensitivierung.

Mit traumaspezifischen Therapieansätzen wie die Behandlung mit EMDR-Technik, eingebettet in einen stringenten Gesamtbehandlungsplan, können auch bei Älteren vor allem nach akuten Typ-I-Traumata aufgrund unserer eigenen Erfahrung gute Erfolge bis hin zur Symptomfreiheit erzielt werden (Burgmer/Heuft 2004). Solche Therapieansätze begründen jedoch kein eigenständiges Therapieverfahren. Verantwortlich werden solche Behandlungstechniken nur vor dem theoretischen Hintergrund eines der beiden psychotherapeutischen Grundverfahren (psychodynamische vs. kognitiv-behaviorale Psychotherapie) eingesetzt.

Behandlungsansätze bei Trauma-Reaktivierung erfordern aufgrund der langen Latenz auch historisch-politische Kenntnisse. Über bestimmte Signale »testen« die Patienten nicht selten den Behandler, ob ihnen wirklich geglaubt wird, bevor sie sich vertieft einlassen. Patienten können auch die Befürchtung äußern, ein deutlich jüngerer Therapeut erlebe die Schilderung traumatischer Erfahrungen möglicherweise tendenziös oder übertreibend. Gelegentlich sind zunächst einzelne Erinnerungsfragmente, »Filme«, für den Betroffenen fassbar, die an einer bestimmten Stelle plötzlich abbrechen. Über eine empathische Bestätigung, dass der Patient selbst seine Erinnerungsarbeit regulieren kann, werden dann schrittweise weitere Bilder mit heftigen Scham-, Hass- oder Schuldgefühlen in der therapeutischen Beziehung deutlicher. Der Behandler muss durch den in der Gegenübertragung (Wilson/Lindy 1994) immer wieder spürbaren scheinbaren Widerspruch hindurchfinden, den eine Patientin so formulierte: »Frag mich, aber frag mich nicht.« Damit wollte sie sich einerseits der wirklichen empathischen Zuwendung des Behandlers vergewissern, sich zugleich jedoch vor »grenzverletzenden« drängenden Fragen schützen. Unsere klinischen Erfahrungen sind eher ermutigend, bei einem Behandlungsauftrag seitens des älteren Patienten auch das länger zurückliegende traumatische Ereignis zum Gegenstand der Psychotherapie zu machen. Dabei gilt es jedoch, sich mit dem Patienten zusammen vor allem über die Zielsetzung einer solchen gemeinsamen Arbeit zu verständigen, da es kein Selbstzweck sein darf, die ganzen z. T. sehr belastenden Emotionen in der Erinnerung wiederzubeleben.

Wenn sich das Vollbild einer PTSD nach einer akuten Traumatisierung entwickelt hat, sollte man Kenntnisse haben (oder konsiliarisch zuziehen) über die Möglichkeiten einer medikamentösen Entlastung z. B. mit Hilfe von Antidepressiva bei quälenden Albträumen.

Diese Behandlungsoptionen nutzen zu können, beinhaltet für die Behandler zugleich die Verpflichtung, sich auch für die »politische Biografie« ihrer Patienten (Heuft et al. 2006; Radebold et al. 2006) zu interessieren. Dazu gehört, sich für das, was im kollektiven (historisch gesicherten) Gedächtnis verfügbar ist, zu öffnen, historische Quellen zur Kenntnis zu nehmen und die Patienten in diesen früheren Lebenslagen auch innerlich aufzusuchen, um diese belastenden Erfahrungen in sich abzubilden. Dies kann beim Behandler Verunsicherung und Angst nach sich ziehen (»Ich darf gar nicht darüber nachdenken, wie ich mich wohl verhalten hätte, wenn ich damals in der Situation X gewesen wäre … !?«). – Kein Problem ist es, wenn der Behandler seinen Patienten auch mal nach von diesem erwähnten zeitgeschichtlichen Bezügen (Abkürzungen etc.) fragt, die dem Behandler nicht bekannt sind. Diese Haltung ist vergleichbar mit der, dass ein Patient mit einem ausgefallenen Beruf in die Therapie kommt: auch bei diesem sind wir oft gehalten, nach den genaueren Umständen zu fragen, ohne das wir uns dabei etwas hinsichtlich des Abstinenzgebotes vergeben.

Behandler von akut traumatisierten Gewaltopfern sollten darüber hinaus Kenntnis davon haben, dass auch älteren Menschen, die Opfer einer Straftat werden, Entschädigungen noch dem Opferentschädigungsgesetz (OEG) zustehen. Dies gilt auch für einen Überfall mit Handtaschenraub, durch den es zu einem Oberschenkelhalsbruch kam, wenn sich nach erfolgreicher somatischer Rehabilitation in der Folge eine schwere Phobie davor entwickelt, die Wohnung für alltägliche Besorgungen zu verlassen. Beispielsweise wurde in Nordrhein-Westfalen durch die Regierungspräsidien in Zusammenarbeit mit den Versorgungsämtern ein flächendeckendes Netz von Traumaambulanzen nach dem Opferentschädigungsgesetz eingerichtet, damit die Betroffenen umgehend und ohne wesentliche Wartezeit eine psychische Erstversorgung erfahren können.

Diskussion – Fazit für die Praxis

Bei Menschen, die unter einer Trauma-Reaktivierung im Alter leiden, bestand im Intervall seit dem Traumaereignis eine weitgehende Symptomfreiheit, insbesondere per definitionem keine Posttraumatische Belastungsstörung (PTSD). Darüber hinaus gibt es eine zunehmende Literatur, die die intrapsychischen Folgen der Weitergabe psychischer Inhalte von der Elterngeneration über identifikatorisch-introjektivem Wege auf die nachfolgende Generation auch von verschwiegenen Traumata (Kruse/Schmitt 1995) belegt. Diese sogenannte »transgenerationale Transmission« (Kogan 1990), verursacht insbesondere durch kollektive Extremtraumatisierungen bei Menschen der sogenannten Zweiten Generation nach der Shoa nicht selten einen erheblichen Leidensdruck, der sich oft nur mühsam aufklären und verstehen lässt (Eckstaedt 1989).

Die Frage, ob ein reales Trauma pathogener sei als eine traumatische Fantasie bzw. ein neurotogener, d. h. repetitiv-dysfunktionaler Konflikt in der Neurosengenese, kann im Kern nicht sicher beantwortet werden. Quantifiziert werden kann lediglich das Ausmaß der psychogenen Beeinträchtigung nach einem Ereignis bzw. nach Symptomausbruch. Wie eingangs erläutert, sind die seelischen Folgen von Traumata radikal andere als die Folgen von (unbewussten bzw. unbewältigten) Konflikten. Allerdings stehen die Folgen von Traumata in einem permanenten Wechselprozess mit den durch Fantasien bearbeiteten Konflikten, wobei wir über diesen Wechselprozess noch wenig wissen (Shengold 1989). Daher erscheint es von besonderer Wichtigkeit, dass bei neu auftretenden psychogenen Symptomen im Alter neben der Möglichkeit der späten Auslösung neurotischer Konflikte auch die Möglichkeit einer Trauma-Reaktivierung gerade durch die Entwicklungsanforderungen in der zweiten Hälfte des Erwachsenenlebens gedacht wird. Besonders im Blick sollte man die schwer Belasteten aus der »Kriegskindergeneration« haben.

In allerjüngster Zeit haben Lüscher und Heuft (2007) ein Modell vorgelegt, in dem mit Hilfe des Ambivalenzkonzeptes ein Kontinuum von leichten über schwere bis hin zu traumatischen Belastungen vorgestellt werden kann. Dies könnte ein erster Ansatz sein, die Breite individueller Reaktionen auf schwere Belastungen im Lebenslauf besser verstehen zu können.

Unsere therapeutischen Bemühungen sollten insgesamt nicht verschleiern helfen, dass Psychotherapie oftmals nicht das »heilen« kann, was Menschen in den seelischen Strukturen anderer Menschen zerstört haben. Somit ist im Hinblick auf unsere psychotherapeutischen Möglichkeiten auch bei älteren Menschen weder ein Nihilismus, der die Betroffenen alleinlassen würde, noch ein Positivismus hinsichtlich der Psychotherapie von Spätfolgen traumatischer Erfahrungen angezeigt.

Literatur

Arbeitskreis Operationalisierte Psychodynamische Diagnostik (Hg.) (2006): Die Operationalisierte Psychodynamische Diagnsotik OPD-2. Bern (Huber).

Burgmer, M.; Heuft. G. (2004): Occurence and treatment of post-traumatic stress disorder in an elderly patient after a traffic accident. Int J Geriat Psychiat 19, 185–188.

Eckstaedt, A. (1989) Nationalsozialismus in der »zweiten Generation«. Psychoanalyse von Hörigkeitsverhältnissen. Frankfurt/M. (Suhrkamp).

Egle, U.T.; Hoffmann, S.O. & Steffens, M. (1997): Pathogene und protektive Entwicklungsfaktoren in Kindheit und Jugend. In: Egle, U.T.; Hoffmann, S.O. & Joraschky, P. (Hg.): Sexueller Mißbrauch, Mißhandlung, Vernachlässigung. Stuttgart, New York (Schattauer), S. 3–20.

Ewers, H.H.; Mikota, J.; Reulecke, J. & Zinnecker, J. (Hg.) (2006): Erinnerungen an Kriegskindheiten. Erfahrungsräume, Erinnerungskultur und Geschichtspolitik unter sozial- und kulturwissenschaftlicher Perspektive. Weinheim (Juventa).

Franz, M.; Liebherz, K; Schmitz, N. & Schepank, H. (1999): Wenn der Vater fehlt. Epidemiologische Befunde zur Bedeutung früher Abwesenheit des Vaters für die psychische Gesundheit im späteren Alter. Z Psychosom Med Psychother 45, 260–278.

Freud, S. (1895): Studien über Hysterie. GW Bd. I.

Frey, C.; Schmitt, M. (2003): Kindheitsbelastungen und psychische Störungen im Erwachsenenalter. In: Radebold, H. (Hg.): Kindheit im II. Weltkrieg und ihre Folgen. psychosozial 26, 33–38.

Friedmann, M.J. (1989): Towards rational pharmacotherapy for posttraumatic stress disorder: an interim report. Amer J Psychiat 145, 281–285.

Heuft, G. (1993): Psychoanalytische Gerontopsychosomatik – Zur Genese und differentiellen Therapieindikation akuter funktioneller Somatisierung im Alter. Psychother Psycho Med 43, 46–54.

Heuft, G. (1994): Persönlichkeitsentwicklung im Alter – ein psychologisches Entwicklungsparadigma. Z Gerontol Geriat 27, 116–121.

Heuft, G. (1999): Die Bedeutung der Trauma-Reaktivierung im Alter. Z Gerontol Geriat 32, 225–230.

Heuft, G. (2004): Traumatisierung im Lebenslauf und Trauma-Reaktivierung im Alter. Psychotherapie im Alter 1, 23–34.

Heuft, G.; Kruse, A. & Radebold, H. (2006): Lehrbuch der Gerontopsychosomatik und Alterspsychotherapie. UTB-Lehrbuch. München (E. Reinhardt), 2. Aufl.

Heuft, G.; Schneider, G. (2007): Der körperliche Alternsprozess als Organisator der Entwicklung in der zweiten Hälfte des Erwachsenenlebens – theoretische und empirische Befunde. In: Wahl, H.W.; Mollenkopf, H. (Hg.): Alternsforschung am Beginn des 21. Jahrhunderts. Alterns- und Lebenslaufkonzeptionen im deutschsprachigen Raum. Berlin (AKA Verlag), S. 145–161.

Jonoff-Bulman, R. (1992): Shattered assumptions: Towards a new psychology of trauma. New York (Free Press).

Khan, M. (1977): Das kumulative Trauma. In: Khan, M. (Hg.): Selbsterfahrung in der Therapie. Theorie und Praxis. München (Kindler), S. 50–70.

Kogan, I. A. (1990): A journey to pain. Int J Psychoanal 71, 629–640.

Kruse, E.; Schmitt, E. (1995): Wurden die in Lagerhaft erlittenen Traumatisierungen wirklich verarbeitet? Ergebnisse aus einem Forschungsprojekt zu psychischen Nachwirkungen des Holocaust. In: Heuft, G.; Kruse, A.; Nehen, H.G. & Radebold, H. (Hg.): Interdisziplinäre Gerontopsychosomatik. München (MMV Medizin Verlag), S. 31–42.

Lüscher, K.; Heuft, G. (2007): Ambivalenz – Belastung – Trauma. Psyche – Z psychoanal 61, 218–251.

Mullen, P.E.; Martin, J.L. & Anderson, J.C. et al. (1993): Childhood sexual abuse and mental health in adult life. Br J Psychiat 163, 721–732.

Radebold, H. (2000): Abwesende Väter und Kriegskindheit. Fortbestehende Folgen in Psychoanalysen. Göttingen (Vandenhoeck & Ruprecht), 3. Aufl. 2004.

Radebold, H. (Hg.) (2003): Kindheit im 2. Weltkrieg. psychosozial 26: 1–101.

Radebold, H. (Hg.) (2004): Kindheiten im 2. Weltkrieg. Gießen (Psychosozial-Verlag), S. 1–235.

Radebold, H. (2005): Die dunklen Schatten unserer Vergangenheit. Ältere Menschen in Beratung, Psychotherapie, Seelsorge und Pflege. Stuttgart (Klett-Cotta), 2. Aufl.

Radebold, H.; Heuft, G. & Fooken, I. (Hg.) (2006): Kindheiten im Zweiten Weltkrieg. Kriegserfahrungen und deren Folgen aus psychohistorischer Perspektive. Weinheim (Juventa).

Reister, G. (1995): Schutz vor psychogener Erkrankung. Göttingen (Vandenhoeck & Ruprecht).

Schmitt, E.; Kruse, A. & Re, S. (1999): Formen und Einflußfaktoren der Auseinandersetzung mit belastenden Erinnerungen bei Überlebenden des Holocaust. Z Psychosom Med Psychother 45, 279–297.

Schneider, G.; Driesch, G.; Kruse, A.; Wachter, M.; Nehen, H.G. & Heuft, G. (2004a): What influences self-perception of health in the elderly? The role of objektive health condition, subjective well-being and sense of coherence. Arch Gerontol Geriat 39, 227–237.

Schneider, G.; Driesch, G.; Kruse, A.; Nehen, H.G. & Heuft, G. (2004b): Veränderung einer Stichprobe ≥60jähriger Krankenhauspatienten nach 5 Jahren: Ergebnisse der ELDERMEN-Study. Z Gerontol Geriat 37, 136–144.

Schneider, G.; Driesch, G.; Kruse, A.; Nehen, H.G. & Heuft, G. (2006a): Belastende und fördernde Faktoren im Lebensverlauf der »Kriegskinder« – Zusammenhänge zur psychischen Gesundheit im Alter. In: Radebold. H.; Heuft, G. & Fooken, I. (Hg.): Kindheiten im Zweiten Weltkrieg. Weinheim (Juventa), S. 93–104.

Schneider, G.; Driesch, G.; Kruse, A.; Nehen, H.G. & Heuft, G. (2006b): Old and ill and still feeling well? Determinants of subjective well-being in >60 year olds: the role of the sense of coherence. American Journal of Geriatric Psychiatry 14, 850–859.

Schneider, G.; Driesch, G.; Kruse, A.; Nehen, H.G.; Heuft, G. (2007): Alt und krank und trotzdem zufrieden? Zur Resilienz im Prozess des Alterns. In: Fooken, I.; Zinnecker, J. (Hg.): Trauma und Resilienz. Weinheim (Juventa), S. 121–130.

Schreuder, J.N. (1996): Posttraumatic Re-experiencing in Older People: Working through of Covering up? Amer. J. Psychother. 50, 231–242.

Shengold, L. (1995): Soul murder (1989). Dt.: Seelenmord – die Auswirkungen von Missbrauch und Vernachlässigung in der Kindheit. Frankfurt/M. (Brandes & Apsel).

Teegen, F.; Meister, V. (2000): Traumatische Erfahrungen deutscher Flüchtlinge am Ende des II. Weltkrieges und heutige Belastungsstörungen. ZfGP 13, 112–124.

Terr, L.C. (1991): Childhood traumas: an outline and overview. Amer J Psychiat 148, 10–30.

Tress, W. (1986a): Das Rätsel der seelischen Gesundheit. Traumatische Kindheit und früher Schutz gegen psychogene Störungen. Göttingen (Vandenhoeck & Ruprecht).

Tress, W. (1986b): Die positive frühkindliche Bezugsperson. Der Schutz vor psychogenen Erkrankungen. Psychother Psycho Med 36, 51–57.

Wilson, J.P.; Lindy, J.D. (1994): Countertransference in the treatment of PTSD. New York (Guilford).

Warum Menschen sich erinnern können und warum sie Geschichte haben[1]

Harald Welzer

»Die Erinnerung ist ein Hund, der sich hinlegt, wo er will.«
Cees Nooteboom

1. Warum Menschen sich erinnern können

Erinnerung hat, das gleich vorweg, funktional nichts mit Vergangenheit zu tun. Sie dient der Orientierung in einer Gegenwart zu Zwecken künftigen Handelns. Das war evolutionär betrachtet immer schon so, jedenfalls so lange, bis Homo sapiens sapiens auf den Plan trat. Der war mit einem besonderen Gedächtnis begabt und fing an, sich so zu erinnern, dass ihm bewusst war, dass er sich erinnerte. Was nicht ohne Folgen blieb.

Die meisten Tiere verfügen, wie übrigens Säuglinge auch, lediglich über ein Erfahrungsgedächtnis, das ihnen über die Lerntechniken der Habituation und Sensitivierung eine sich selbst optimierende Anpassung an die Bedingungen jener Umwelten ermöglicht, in denen sie existieren. Sie leben in einer unablässigen Gegenwart; ihre Gedächtnissysteme – das prozedurale, perzeptuelle und das Priming-Gedächtnis[2] – sind implizit oder non-deklarativ; ihr Funktionieren setzt keinerlei Bewusstsein voraus.

Bei Menschen entwickeln sich ontogenetisch bald weitere Gedächtnissysteme: das semantische, das Wissen speichert, das episodische, das spezifische Ereignisse behält und schließlich das autobiografische, das einen Raum-Zeit-Bezug, ein entwickeltes Selbstkonzept und eine emotionale Codierung voraussetzt. Bei Tieren ist da längst Schluss; selbst nicht-menschliche Primaten erreichen offenbar nur die semantische Ebene, und da es manchmal unklar ist, ob sie nicht doch mehr erinnern, spricht die Forschung

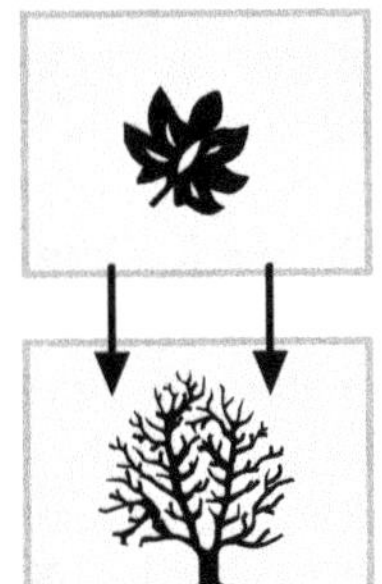

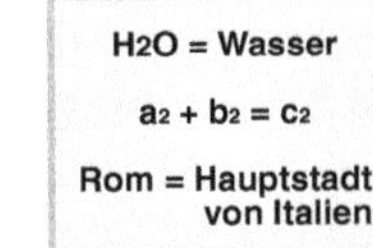

Abb. 1: Das Gedächtnis

hier etwas hilflos von »episodic-like memory« (Markowitsch/Welzer 2005).

Autobiografisches Gedächtnis entwickelt sich, worüber uns die Entwicklungspsychologie übereinstimmend mit der neurowissenschaftlichen Gedächtnisforschung belehrt, etwa mit dem dritten Lebensjahr eines Kindes, und es dauert bis zum Ende der Adoleszenz, bis es sich vollständig entfaltet – was man unter anderem daran ablesen kann, dass Menschen erst zu diesem Zeitpunkt eine Lebensgeschichte erzählen können, die den sozialen Anforderungen an diesen Typ von Geschichte entspricht und durch ein hinreichendes Maß an Linearität und Kohärenz zusammengehalten wird (was auf den eminent sozialen und kulturellen Charakter des autobiografischen Gedächtnissystems verweist). Wie es phylogenetisch zum Entstehen dieses Gedächtnissystems gekommen ist, weiß kein Mensch; einen überzeugenden Vorschlag, wie es entstanden sein könnte, hat vor einigen Jahren der kanadische Kognitionspsychologe Merlin Donald vorgelegt (Donald 2001).

Jedenfalls ist die Fähigkeit, sich bewusst und selbstbezogen, autonoetisch, erinnern zu können, Ergebnis einer komplexen phylo- und ontogenetischen Entwicklung und ein humanspezifisches Vermögen. Weil das so ist, haben nur Menschen Geschichte, Tiere nicht. Vom phylogenetischen Standpunkt aus ist zwar noch nicht ausgemacht, ob diese gattungsgeschichtliche Exzeptionalität des autonoetischen Gedächtnisses einen langfristigen Überlebensvorteil bietet, aber gemessen an gewöhnlichen evolutionären Zeitmaßstäben bietet ein solches Gedächtnis einen ungeheuren Anpassungsvorteil.

Denn die Verfügung über ein solches Gedächtnissystem schafft die Möglichkeit, die eigene Existenz in einem Raum-Zeit-Kontinuum zu situieren und auf eine Vergangenheit zurückblicken zu können, die der Gegenwart vorausgegangen ist. Ganz offensichtlich dient auch dieses komplexe Vermögen »mentale Zeitreisen« (Endel Tulving) vornehmen zu können, dem Zweck, Orientierungen für zukünftiges Handeln zu ermöglichen. Erlerntes und Erfahrenes kann auf diese Weise für die Gestaltung und Planung von Zukünftigem genutzt werden.

Um diese Orientierungsleistung zu ermöglichen, muss das autobiografische Gedächtnis aber noch drei weitere Merkmale aufweisen: die Erinnerungen müssen einen Ich-Bezug haben, um sinnvoll genutzt werden zu können – das Kind scheut das Feuer nur dann, wenn es sich selbst verbrannt hat. Damit hängt zweitens zusammen, dass autobiografische Erinnerungen einen emotionalen Index haben, also jeweils mit einem positiv oder negativ bewerteten Gefühl verknüpft sind, das anzeigt, welche Schlussfolgerungen aus dem Erinnern oder Wiedererkennen einer Situation sinnvollerweise zu ziehen sind. Und drittens sind eben autobiografische Erinnerungen »autonoetisch«, das heißt, wir erinnern uns nicht nur, sondern können uns auch dessen bewusst sein, dass wir uns erinnern. Dieses Vermögen zur autonoetischen Erinnerung liefert den unschätzbaren Vorteil eines bewussten, expliziten Abrufs von Erinnerungen. Das bedeutet, dass man sich willentlich in längst vergangene Situationen zurückversetzen kann, zum Beispiel, um sich eine Handlung und ihre nicht wahrgenommenen Alternativen vor Augen zu führen, um in einer analogen Situation in der Gegenwart ein breiteres Handlungsspektrum nutzen und eine begründete Entscheidung treffen zu können.

Mit der Möglichkeit, sich reflexiv zu dem zu verhalten, was einem widerfahren ist und wie man darauf reagiert hat, wird Gedächtnis in zwei Hinsichten auf eine funktional effizientere Ebene gehoben: Die Fähigkeit, sich selbst in einem Raum-Zeit-Kontinuum situieren zu können, bedeutet, dass die eigene Umwelt planmäßig erschlossen und ausgewertet werden kann: Während ohne bewusstes Gedächtnis Reize und Reaktionen, Anforderungen und Antworten unmittelbar aufeinander folgen, eröffnet die Fähigkeit zum autonoetischen Erinnern einen prinzipiell unendlichen Raum von Aufschüben zwischen den jeweiligen Anforderungen und den möglichen Reaktionen darauf. Ein solches Gedächtnis ermöglicht das Warten auf bessere Gelegenheiten, das Überstehen problematischer Situationen, das Entwickeln effizienterer Lösungen, kurz: Es erlaubt Handeln, das auf Auswahl und Timing beruht. Ein solches Gedächtnis schafft Raum zum Handeln und entbindet vom unmittelbaren Handlungsdruck; es schafft genaugenommen erst jenen Unterschied zum Agieren und Reagieren, den wir als »Handeln« bezeichnen.

Zweitens, und damit zusammenhängend, schafft ein solches Gedächtnis die Möglichkeit, Gedächtnisinhalte zu externalisieren, aus dem einzelnen Organismus auszulagern: angefangen von der einfachen Markierung eines Nahrungsverstecks über die Entwicklung symbolischer Austauschformen durch sprachliche Kommunikation bis zur Herausbildung von Schriftsprachen haben Menschen ganz einzigartige Formen der Repräsentation von Gedächtnisinhalten geschaffen, die wiederum zum einen Entlastung von Handlungsdruck, zum anderen die soziale Weitergabe von Erinnertem erlauben. Menschen können Informationen aufbewahren und kommunizieren; sie können sie mit der Erfindung von Schrift schließlich sogar an Menschen weitergeben, mit denen sie räumlich oder zeitlich überhaupt nichts verbindet, womit sich ein Fundus von gespeichertem Wissen auftut, der die Beschränkungen der direkten Kommunikationen radikal überwindet. Neben das Engramm, die neuronale Einschreibung einer Gedächtnisspur, tritt das Exogramm (Merlin Donald), die externe Gedächtnisspur, die auf Dauer gestellt sein und auf die deshalb übertemporal zurückgegriffen werden kann.

1.1 Die sieben Sünden des Gedächtnisses

Erinnert wird so, wie es zu gebrauchen ist. Dass lebensgeschichtliche Erinnerungen oft eher wenig mit dem zu tun haben, was tatsächlich geschehen ist, dafür liefert die Gedächtnisforschung so überzeugende wie irritierende Befunde.

Daniel Schacter listet zusammenfassend »Seven Sins of Memory« (Schacter 1999) auf: 1. Das Verblassen von Erinnerungen. Man kann davon ausgehen, dass Erinnerungen dann verschwinden, wenn sie nicht in Anspruch genommen werden; möglicherweise lösen sich die synaptischen Verknüpfungen der entsprechenden Engramme auf, wenn die Erinnerung nie abgerufen wird (ebd., S. 184).

2. Eine weitere Problematik des Erinnerns entsteht schon im Moment der Einspeicherung, denn natürlich ist unsere Wahrnehmung in jeder Situation, in der wir uns befinden, höchst selektiv. In das Langzeitgedächtnis werden also überhaupt nur jene Aspekte einer Situation überführt, denen unsere Aufmerksamkeit gegolten hat. Man kann sich das an den Tricks von Varieté-Zauberkünstlern klarmachen, die darauf basieren, dass die Aufmerksamkeit der Zuschauer so sehr auf einen Aspekt der sichtbaren Situation fokussiert wird, dass diese andere Manipulationen selbst dann nicht wahrnehmen, wenn sie ganz unverdeckt vollzogen werden. Eine andere hübsche Evidenz zur selektiven Wahrnehmung liefert ein Experiment, in dem ein Experimentator Studenten auf dem Uni-Campus nach dem Weg zu einem bestimmten Gebäude fragten. In dieser Situation traten zwei Handwerker auf, die eine große Tür zwischen dem Studenten und dem Experimentator hindurchtrugen. In diesem Augenblick der Verdeckung wurde der Experimentator durch eine andere Person ausgetauscht. Lediglich sieben von fünfzehn Testpersonen bemerkten, dass sie nach der Unterbrechung mit jemand Anderem sprachen. Hier spielt offensichtlich eine Rolle, dass Personen nach Kategorien wahrgenommen werden; es ist einfach im Regelfall nicht wichtig, sich die Charakteristika einer Person einzuprägen, die einen nach dem Weg fragt und die man danach nie wiedersehen wird. Kriminalisten können eine unendliche Fülle analoger Erinnerungsfehlleistungen aus Zeugenverhören berichten.

3. Oft scheint der Abruf von Erinnerungen irgendwie blockiert. Hierbei handelt es sich meist um temporäre Schwierigkeiten, etwas klar zu erinnern; man hat das Gefühl, es »läge einem auf der Zunge« (weshalb diese Blockierung auch als TOT (tip-of-the-tongue)-Phänomen bezeichnet wird). Man geht davon aus, dass andere Erinnerungspartikel mit jener Erinnerung interferieren, die man abzurufen beabsichtigt; interessanterweise ist man sich selbst in solchen Situationen ja auch ziemlich sicher, dass man das richtige Wort oder den richtigen Namen, nach dem man gerade sucht, »weiß«, ihn aber nicht abrufen kann. Da der Erinnerungsabruf offensichtlich in der Aktivierung eines assoziativen Musters

besteht würde ein Interferieren anderer Assoziationen einer korrekten Aktivierung tatsächlich auch im Wege stehen. Deshalb fällt einem oft zu einem späteren Zeitpunkt, wenn es um ganz andere Dinge geht, der gesuchte Name ganz von selbst wieder ein (ebd., S. 188).

4. Ein sehr weites Feld bilden die Fehlerinnerungen. Der problemlose Import »falscher« Erinnerungen in die eigene Lebensgeschichte etwa geht darauf zurück, dass wir uns zwar korrekt an einen Zusammenhang erinnern können, uns häufig aber in der Quelle vertun, aus der wir diese Erinnerung schöpfen – weshalb etwa auch Bücher oder Filme zur Quelle von Erinnerungen werden können, die man als seine eigenen empfindet. Das fatalste Beispiel einer solchen Quellen-Verwechselung (source confusion) lieferte unfreiwillig der Gedächtnisforscher Donald Thomson, der von einem Vergewaltigungsopfer auf das Genaueste als der Täter beschrieben und wiedererkannt wurde. Zu seinem Glück hatte Thompson ein gutes Alibi: im Augenblick des Verbrechens war er nämlich live im Fernsehen zu sehen, wo er ein Interview zum Thema Erinnerungsverzerrung gab. Auch wenn man es kaum glauben kann: das Vergewaltigungsopfer hatte zufällig unmittelbar vor der Gewalttat gerade diese Sendung mit Thompson gesehen und in ihrer Täterbeschreibung eben jene Fehlattribuierung vorgenommen, in der der Täter wie der Interviewte aussah (ebd., S. 114ff.). Quellen-Verwechselungen und Quellen-Amnesie spielen gelegentlich auch eine Rolle in urheberrechtlichen Streitigkeiten, etwa wenn die Melodie eines Schlagers anscheinend plagiiert wurde. Auch in solchen Fällen von »unintended plagiarism« kann die Ursache eine Quellen-Verwechselung sein und der Komponist ganz unabsichtlich eine Melodie, die er in Wahrheit von irgendwoher kannte, als seine eigene Kreation verstanden haben.

In diesem Zusammenhang sei noch auf die Bedeutsamkeit der visuellen Repräsentanz von Erinnerungen hingewiesen: Gerade das, was einem »noch genau vor Augen steht«, wovon man noch jedes einzelne Detail buchstäblich zu sehen glaubt, stattet den sich Erinnernden mit der felsenfesten Überzeugung aus, dass das, woran er sich erinnert, auch tatsächlich geschehen ist. Erstaunlicherweise und subjektiv äußerst schwer nachvollziehbar liegt das aber nicht unbedingt daran, dass sich das Geschehen erst auf der Netzhaut und dann im Gehirn nachgerade eingebrannt hat, sondern daran, dass die neuronalen Verarbeitungssysteme für visuelle Perzeptionen und für fantasierte Inhalte sich überlappen, so dass auch rein imaginäre Geschehnisse mit visueller Prägnanz »vor den Augen« des sich Erinnernden stehen können. Gerade hier ist die Diskrepanz zwischen der subjektiven Überzeugung, sich genauestens zu erinnern, und dem Artefaktischen der Erinnerung am größten (Welzer 2002, S. 34ff.).

5. Einen wichtigen Aspekt bei Fehlerinnerungen aufgrund von Quellen-Amnesien und -Verwechselungen stellt Suggestibilität dar, die in spezifischen Situationen wie etwa therapeutischen Settings besonders hoch sein kann und zur Generierung von lebensgeschichtlichen Erinnerungen führen kann, die keine Entsprechung in der faktischen Lebensgeschichte haben. Ein besonders spektakuläres Beispiel hierzu stellt der Fall des Schriftstellers Binjamin Wilkomirski dar, der seine Kindheitserfahrungen im Konzentrationslager in einem äußerst erfolgreichen Buch veröffentlicht hatte (Wilkomirski 1996). Es stellte sich allerdings bald heraus, dass Wilkomirski in Wahrheit Bruno Dösseker heißt, bei Schweizer Adoptiveltern aufgewachsen war und nie etwas mit dem Holocaust zu tun hatte. Allerdings hatte er sich über Jahre hinweg durch Besuche in Lagern, Aneignung der entsprechenden Lektüre und mit einem gewissen suggestiven Feedback aus Therapien eine Opfer-Identität zugelegt, an die er offenbar selbst glaubte (Assmann 2001).

6. Erinnerungen werden verzerrt. Grundsätzlich ist es so, dass vorhandene Überzeugungen und Einstellungen in Bezug auf Menschen und Situationen uns dazu veranlassen, diese auch entsprechend selektiv wahrzunehmen und gemäß unserer Kategorisierungen zu erinnern. Einer der frühen Erinnerungsforscher, Frederic Bartlett, hat dazu eine klassische Studie vorgelegt, in der er britischen Studenten eine für sie exotische Geschichte aus einem ethnologischen Forschungsbericht vorlegte, die sie lesen und anschließend nacherzählen sollten. Dabei kamen zwei experi-

mentelle Settings zur Anwendung: in dem einen wurde die Versuchsperson aufgefordert, die Geschichte jemand anderem weiterzuerzählen, dieser hatte sie dann einem Dritten zu erzählen usw. – eine Variante des Kindergeburtstagsspiels »Stille Post«, allerdings mit einem komplexeren Inhalt. Dieses Verfahren bezeichnete Bartlett als »serielle Reproduktion«. In einem zweiten Setting wurde jeweils dieselbe Versuchsperson in Zeitabständen darum gebeten, die Geschichte erneut zu erzählen (»wiederholte Reproduktion«). Bartlett zeichnete die Variationen akribisch auf und notierte im Fall der wiederholten Reproduktion schon bei der zweiten Wiedergabe nach etwa 20 Stunden signifikante Abweichungen von der Originalgeschichte: Erstens wurde die Geschichte kürzer, zweitens wurde ihr narrativer Stil »moderner«, drittens bekam sie eine – aus Sicht der westlichen Kultur – logischere und kohärentere Struktur (Bartlett 1932, S. 66). Diese Veränderungen behielten dieselbe Richtung bei, wenn die Versuchspersonen, zum Teil nach Jahren, erneut gebeten wurden, die Geschichte noch einmal zu erzählen, woraus Bartlett den Schluss zog, dass vorhandene kulturelle Schemata die Wahrnehmung und dementsprechend die Erinnerung in so hohem Maße prägen, dass Fremdes auf subtile und vom sich Erinnernden unbemerkte Weise zu Eigenem wird. Bartletts Befunde verweisen nicht nur darauf, dass die Wahrnehmung, die Einspeicherung und der Abruf von Erinnerungen kulturellen Schemata folgt, sondern zugleich darauf, dass Erinnerung in hohem Maße konstruktiv ist, indem sie den jeweiligen selbstbezogenen und kulturellen Sinnbedürfnissen der sich erinnernden Personen folgt.

In einer Reihe neuerer Studien ist nachgewiesen worden, wie unterschiedliche Informationen über das Ende erzählter Geschichten die Nacherzählungen beeinflussen – die Reproduktionen werden in Richtung auf das jeweilige Ende hin »verzerrt« (retrospective bias) (Welzer/Koch 2004).

7. Schließlich ist noch das Problem der Persistenz von Erinnerungen zu erwähnen – dass einem also etwas nicht »aus dem Sinn geht«, obwohl man sich nicht daran erinnern möchte. Dieses Phänomen tritt besonders im Zusammenhang traumatischer Erfahrungen oder depressiver Erkrankungen auf und führt etwa dazu, dass die Patienten ständig über negative Ereignisse und schlechte Erfahrungen »nachgrübeln«. In diesen Symptombereich gehört auch die Übergeneralisierung solcher Erinnerungen in der Weise, das etwa der ganze Lebensabschnitt, in den eine negative Erinnerung fällt, in dieser Tönung gesehen wird.

Zusammenfassend hat Wolfgang Hell geschrieben: »Eine emotionale Voreingenommenheit in eine Richtung, wiederholtes Abfragen, Suggestionen und vieles andere kann eine falsche Erinnerung auslösen, die für die Betroffenen so real wie eine richtige Erinnerung ist und die für die Zuhörer dieser Erinnerung durch die Lebendigkeit der Schilderung absolut glaubwürdig wirkt. Bei Kindern ist dieser Effekt noch stärker als bei Erwachsenen« (Hell 1998, S. 274).

Wir haben uns angewöhnt, scheinbare Dysfunktionen des Gedächtnisses wie Vergessen, Verwechseln etc. als etwas prinzipiell Negatives aufzufassen. Aber vieles von dem, was uns im Alltag als ärgerliches Versagen des Gedächtnisses erscheint, ist – wenigstens seiner Ursache nach – höchst funktional. Vergessen ist konstitutiv für die Fähigkeit des Erinnerns überhaupt, denn wenn wir alles erinnern würden, was im Strom der Ereignisse und im Inventar der Dinge, die in uns in jedem Augenblick umgeben, prinzipiell wahrnehmbar und damit erinnerbar ist, hätten wir nicht die geringste Möglichkeit, uns zu orientieren und Entscheidungen darüber zu treffen, was als Nächstes zu tun ist. Vergessen ist also eine höchst funktionale adaptive Fähigkeit. Auch Blockierungsphänomene gehen wahrscheinlich auf eine adaptive Funktion zurück, nämlich die Inhibierung, die notwendig dafür ist, dass wir beim Abruf von Gedächtnisinhalten genau dasjenige erinnern, was wir gerade benötigen und eben nicht alles andere auch noch. Blockierung ist mithin lediglich ein kleinerer Betriebsunfall in einem ansonsten höchst funktionalen System des gezielten Abrufs. Dasselbe gilt für die Selektivität der Wahrnehmung. Wir sehen in erster Linie das, worauf sich unser aktuelles Interesse richtet, alles andere verschwindet an den unscharfen

Randbereichen unserer Aufmerksamkeit. Jeder weiß, wie eng die Aufmerksamkeit fokussiert ist, wenn man einen bestimmten Gegenstand, etwa einen Zettel mit einer Telefonnummer, in einer Schublade voller Papiere, Notizen, Visitenkarten etc. sucht. Aber auch generell finden aus einer beliebigen Situation nur die allerwenigsten Merkmale Eingang in das Arbeitsgedächtnis, und von dort wandert, wie gesagt, wiederum nur das wenigste in die Langzeitgedächtnissysteme weiter. Auch in den Vorgängen der Einspeicherung, der Aufbewahrung, des Abrufs und der erneuten Einspeicherung findet Selektion statt – die Engramme, die Erinnerungen neuronal repräsentieren, können sich auflösen, wenn sie nicht aktiviert werden; in der Abrufsituation geht es gelegentlich nur um einen einzigen Aspekt eines komplexen Erinnerungszusammenhangs; beim Rückspeichern werden Merkmale der Situation, in der die Erinnerung abgerufen wurde, mit abgespeichert – kurz: unsere Erinnerungsinhalte unterliegen in hohem Maße gebrauchsabhängigen Veränderungen. Das autobiografische Gedächtnis befindet sich also in einem stetigen Wandlungsprozess.

Das autobiografische Gedächtnis unterscheidet nicht zwischen »wahren« und »falschen« Erinnerungen (Kotre 1998); beide fühlen sich gleich an. Und streng genommen ist es ja nach allem, was bisher dargestellt wurde, analytisch fragwürdig, eine Unterscheidung zwischen »wahr« und »falsch« im Zusammenhang von Erinnerungen überhaupt zu machen. Eine solche Unterscheidung hat zweifellos juristische und moralische Relevanz und ist insofern im sozialen Alltag von enormer Bedeutung; erinnerungstheoretisch ist sie aber weitgehend irrelevant, und das hat seinen guten evolutionären Grund, da Gedächtnis funktional auf die Bewältigung gegenwärtiger Anforderungen ausgerichtet ist.

Die Gesamtdiagnose lautet also, dass das Gedächtnis ein höchst erfinderisches mentales Vermögen darstellt, das völlig utilitaristisch als eigene Erinnerung betrachtet, was auch aus ganz anderen Quellen, etwa aus Erzählungen oder Filmen, stammen kam, was durch Kommunikation vielfältig überschrieben und umgeformt wurde oder überhaupt erfunden ist. Das Medium von Erinnerung ist die Gegenwart; nach ihrer Maßgabe wird Erinnertes rekonstruiert.

2. Co-Evolution und Geschichte

> »Die Regulierung der Uhren beruht auf der Regelmäßigkeit der Naturbewegungen [...]. Aber was wüßten wir von der natürlichen Chronologie ohne unser Uhrensystem?«
> *Jean Piaget*

Menschen sind Wesen, die aus der langsam verlaufenden biologischen Evolution herausgetreten sind, indem sie einen ungeheuer effizienten Entwicklungsbeschleuniger eingeführt haben: die kulturelle Weitergabe von Erfahrung und Wissen. Voraussetzung dafür war ein autonoetisches, reflexives Gedächtnis, denn ohne ein solches gibt es keine Möglichkeit der Auslagerung von Gedächtnis, von Symbolisierung, von Aufbewahrung. Der Entwicklungspsychologe Michael Tomasello hat auf der Basis vergleichender Säuglings- und Primatenforschung die Theorie aufgestellt, dass das Beherrschen symbolischer Kommunikationsformen einen evolutionären Fortschritt ums Ganze bedeutet: die Schaffung einer Möglichkeit der *kulturellen Weitergabe* von Erfahrungen im Medium der sprachlichen Kommunikation, argumentiert Tomasello, beschleunigt die langsame biologische Evolution mit den Mitteln des Sozialen (Tomasello 2002). Darauf geht die atemberaubende und sich permanent steigernde Entwicklungsgeschwindigkeit der Evolution menschlicher Existenzformen zurück: Kulturelle Weitergabe ermöglicht, dass die jeweils folgenden Generationen auf der Basis der gemachten und in soziale Praktiken überführten Bewältigungserfahrungen ihre Entwicklungsmöglichkeiten auf jeweils höheren Erfahrungsniveaus ansetzen und entfalten können. Bereits in den 1950er und -90er Jahren des vergangenen Jahrhunderts sind theoretische Überlegungen in dieselbe Richtung angestellt worden[3], die aber hinsichtlich ihres Einflusses auf die Disziplinen, die sich mit dem Gehirn, dem Bewusstsein, dem Gedächtnis etc. beschäftigen, genauso folgenlos geblieben sind wie für die Sozialwissenschaften und die Geschichtswissenschaft.

Wir können also die soziale Existenzform von Menschen selbst als eine supranaturale adaptive Umgebung auffassen, in der die nachwachsenden Generationen ihre Entwicklung sozial jeweils auf der Stufe ansetzen, die die Vorgängergeneration erreicht und kultiviert hat. Man kann das sehr klar an einem sozialen Orientierungsmittel wie »Zeit« illustrieren. Die Verfügung über einen Zeitbegriff ist, wie gesagt, essenziell für das autobiografische Gedächtnis, aber wie das obige Zitat von Piaget andeutet, begeben wir uns in eine höchst merkwürdige Situation, wenn wir über Zeit sprechen, Zeit messen, Kindern die Uhr erklären oder beschreiben, wie sich Zeitbegriffe bilden: denn Zeit ist, so objektiv sie abzulaufen scheint und so klar definiert sie etwa als physikalische Zeit zu sein scheint, zunächst nichts anderes als ein – wie Norbert Elias sagen würde – menschliches Orientierungsmittel auf hohem Syntheseniveau. Es bedurfte phylogenetisch einer außerordentlich langen Entwicklungszeit, bis Menschen lineare, regelmäßige und abstrakte Zeitintervalle operationalisiert hatten, mit deren Hilfe sie zum einen Ordnung in experimentell oder direkt beobachtbare Abläufe bringen konnten und zum anderen jene enormen Synchronisierungsleistungen hervorbringen konnten, die unterschiedlichste Menschen mit unterschiedlichsten Funktionen an unterschiedlichsten Orten innerhalb einer einzigen temporalen Matrix zusammenschaltet. Diese Synchronisierung erfordert aufseiten der einzelnen Subjekte ein temporal organisiertes Selbstkonzept, was nichts anderes ist als das autobiografische Gedächtnis.

Zeit ist also zunächst nichts anderes als eine

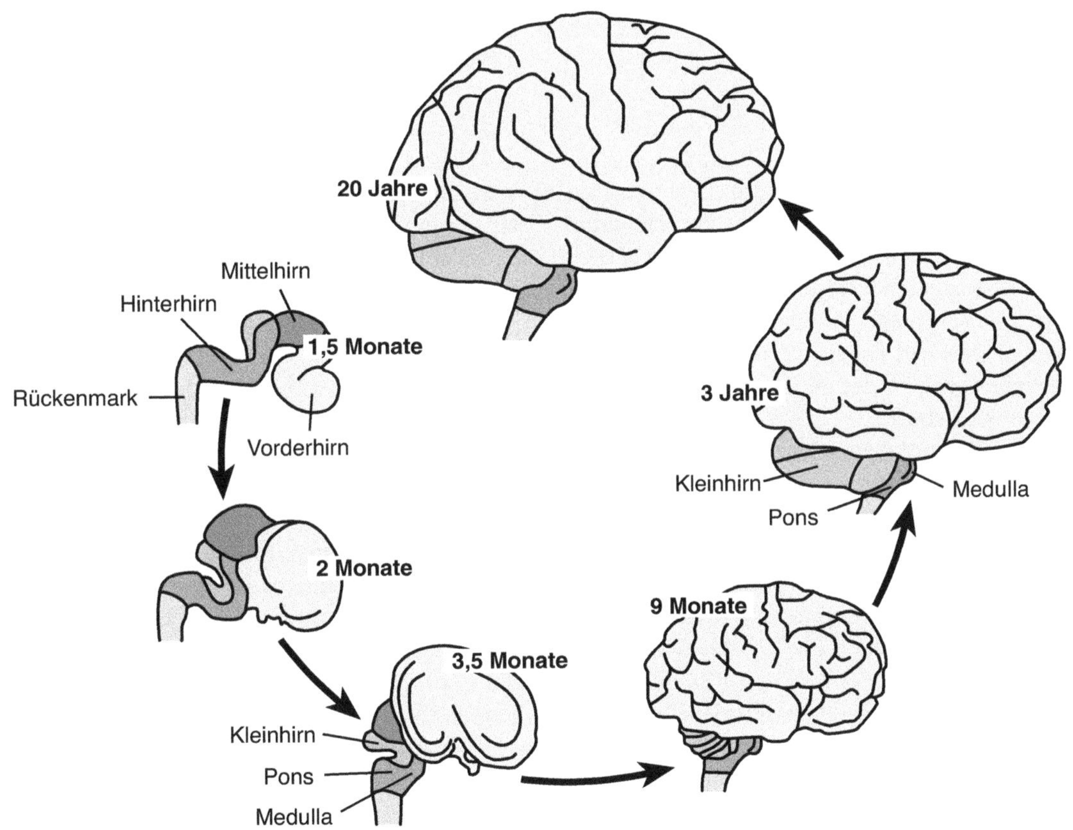

Abb. 2: Die Entwicklung des menschlichen Gehirns von den embryonalen Anfängen bis zum Erwachsenenstadium

Kategorie sozialer Übereinkunft. Zu ihrer heute gebräuchlichen standardisierten Form hat sie erst relativ spät gefunden; ihr eigentlicher Beginn fällt mit dem der experimentellen Naturwissenschaft zusammen. So führt etwa Galilei zur Messung von Fallgeschwindigkeiten und ballistischen Bahnen ein kontinuierliches drittes Maß ein, nämlich jene Menge Wasser, die im Beobachtungszeitraum aus dem immer gleich großen Loch im Boden eines Eimers herausfließt, um an diesem Maßstab die unterschiedlichen Geschwindigkeiten fallender Objekte zu vergleichen. Man muss sich solche, von heute aus betrachtet, trivialen Operationen noch einmal vor Augen führen, um sich klarzumachen, dass die Einheiten, die wir zur Messung scheinbar objektiver Zeitabläufe heranziehen, völlig willkürlicher Natur sind und lediglich dem Kriterium von sozialer Standardisierung genügen müssen, um ihre Aufgabe zu erfüllen.

Zeit ist also keineswegs etwas Objektives, sondern ein historisch relativ junges sozial erzeugtes Orientierungsmittel, das uns eben deshalb als etwas Abstraktes und Verdinglichtes gegenübertritt, weil wir Zeit ja vor allem auch als ein Regulativ erleben, dass unser Leben strukturiert und unsere Vergänglichkeit mit Nachdruck dokumentiert. Und sie tritt uns vor allem deshalb als etwas scheinbar Objektives gegenüber, weil wir in unserer eigenen Ontogenese einen Zeitbegriff gebildet haben, der sich auf etwas zu beziehen scheint, das ganz und gar unabhängig von uns existiert.

An diesem Doppelcharakter der Zeit – dass sie einerseits als etwas Objektives (und zuweilen höchst Lästiges) in der subjektiven Erfahrung erscheint, und dass sie andererseits gar kein ontologisches Substrat hat, sondern sozial gebildet ist – kann man das grundlegende Prinzip der menschlichen Phylo- und Ontogenese verdeutlichen: die Ausstattung menschlicher Entwicklungsumgebungen ist ihrerseits sozialer und kultureller Natur. Wenn auf der Ebene der Phylogenese seit etwa 4.000 Jahren Zeitkonzepte entwickelt werden, die soziale Zeit zunehmend von abstrakter Zeit entkoppeln, dann bedeutet das ontogenetisch, dass diese Auffassung von Zeit immer schon Teil der Entwicklungsumwelt ist, in der das Kind heranwächst. Dasselbe gilt etwa für die Sprache oder jedes andere symbolische Orientierungsmittel, das Menschen im Zuge der Phylogenese entwickelt haben, und dies alles gewährleistet eine gegenüber anderen Säugetieren völlig andere Entwicklungsdynamik der Spezies, die mittels Speicherung und Weitergabe von Erfahrung und Wissen, Tradierung und Traditionsbildung erreicht wird.

Möglich wird dieser Sprung aus der Evolution heraus dadurch, dass Menschen über ein Gehirn verfügen, dessen eigene Organisation sich erst in der Auseinandersetzung mit einer spezifischen Umwelt strukturiert. Die neuronale Struktur des menschlichen Gehirn bildet sich nutzungs- und erfahrungsabhängig. Man muss dabei berücksichtigen, dass Menschen hinsichtlich ihrer Hirnreifung völlig unfertig auf die Welt kommen und diese erst im jungen Erwachsenenalter abgeschlossen wird – bis zu diesem Zeitpunkt sind soziale und biologische Entwicklungsaspekte Teile ein- und desselben Vorgangs.

Deshalb sind Menschen einzigartig anpassungsoffen und modulationsfähig, und die schier unerschöpfliche Flexibilität der menschlichen Hirnorganisation zeigt sich auch daran, dass es hirnbiologisch und -anatomisch keinerlei Unterschied zwischen den Menschen der Gegenwart und denen gibt, die vor 200.000 Jahren gelebt haben. Unser Gehirn sieht genauso aus wie das ihre, und vermutlich leistet es auf der Ebene seiner Hardware auch nicht mehr. Dieser erstaunliche Befund gibt in etwa die Dimension der co-evolutionären Beschleunigung durch die menschliche Kultur an. Zugleich bedeutet er, dass – würde man mit der heutigen Physis aufgrund irgendeines H.G. Wells-Zeitmaschinenwunders in jenes Zeitalter hineingeboren – man sich exakt im Rahmen der kulturellen Bedingungen entwickeln würde, die damals herrschten, und es wäre keineswegs ausgemacht, ob man ausgerechnet derjenige würde, der das Rad erfindet. Ungekehrt bedeutet dieser Befund, dass das Kind eines Homo sapiens sapiens, würde es in unserer Welt aufwachsen, dieselben Fähigkeiten hätte, Jet-Pilot oder Computer-Hacker zu werden, wie jedes andere Kind der westlichen Hemisphäre auch. Alles, was sich in den vergangenen 200.000 Jahren im menschlichen Leben und Zusammenleben getan hat, und das ist offensichtlich eine Menge, geht auf die Selbstveränderung von Menschen in der Veränderung ihrer adaptiven Umgebungen zurück. Das heißt: Evolution bedeutet biologisch nichts anderes als Vorgang der Genese und Bereitstellung von Potenzial für Entwicklung (was im Übrigen eine ausgesprochen klassische Definition von Evolution ist [Huxley 1951]). Sie liefert Entwicklungsmöglichkeiten, die so oder so, besser oder schlechter, optimal oder suboptimal ausgewertet werden können. Die humanspezifische kulturelle Evolution nutzt also einfach ein Entwicklungspotenzial, das die biologische Evolution einer bestimmten Primatenart eröffnet hat.

Die außergewöhnlich lange Entwicklungszeit des menschlichen Gehirns bedeutet zugleich, dass eine sehr viel engere und länger anhaltende Vernetzung mit anderen Menschen, in der Regel den Eltern, gewährleistet sein muss, damit ein sich entwickelndes Kind sein Potenzial ausschöpfen kann. Die menschliche Ontogenese ist daher in viel höherem Maße sozial als die anderer Lebewesen. Was phylogenetisch auch immer die Ursache für die Emergenz symbolischer Kommunikationsformen gewesen sein mag, ein zentrales Unterscheidungsmerkmal zwischen Primaten und menschlichen Primaten ist jedenfalls in einer fundamentalen Differenz der sozialen Organisation ihrer Überlebensgemeinschaften zu suchen. Während nicht-menschliche Primaten innerhalb ihrer Überlebensgemeinschaft um Nahrungsmittel konkurrieren und ein Sozialsystem entwickelt haben, das durch strikte Hierarchisierung und eine unumstößliche soziale Ordnung die Ernährungs- und Fortpflanzungserfordernisse der Gruppe reguliert, setzen menschliche Überlebensgemeinschaften auf ein völlig anderes Prinzip: auf Kooperation. Kooperation steigert die Potenziale der Einzelnen, indem sie Fähigkeiten und Kräfte bündeln, kombinieren, kumulieren kann und damit ihrerseits neue Potenziale zu entfalten in der Lage ist. Gerade darum sind menschliche Überlebensgemeinschaften prinzipiell kommunikative Gemeinschaften, denn Kooperation setzt natürlich Kommunikation voraus. Darum ist »readyness for communication« (Colwyn Trevarthen) ein zentrales Ausstattungsmerkmal von Neugeborenen, die einige Monate später um die Fähigkeit zur Intersubjektivität erweitert wird.

Das alles heißt aber auch: wenn wir über die Phylo- und Ontogenese von Menschen sprechen, fallen Natur- und Kulturgeschichte zusammen, und diese Erkenntnis beseitigt aus meiner Sicht gleich zwei der größten Denkhindernisse der modernen Wissenschaftsgeschichte: nämlich zum einen den auf Descartes zurückgehenden Leib-Seele-Dualismus, der bis heute viele Philosophen, Psychologen, Kultursoziologen und -historiker in Atem und die Neurowissenschaftler in ihrem deterministischen Bann hält. Zum anderen werden die Fragen nach Natur und Kultur, Anlage und Umwelt, Instinkt und Lernen usw. obsolet, die prätendieren, es gäbe im Bereich des Humanen das eine ohne das andere.

Wie soll man nun diese supranaturale adaptive Entwicklungsumwelt, in deren Zentrum der Mechanismus der kulturellen Weitergabe steht, nennen? Ich würde sagen: *Geschichte*. Während wir bis zum wundersamen Erscheinen des Homo sapiens sapiens es nur mit einem Entwicklungsprinzip, nämlich dem evolutionären, zu tun haben, kommt mit seinem Erscheinen ein zweites Entwicklungsprinzip, nämlich das geschichtliche, in die Welt. Neben die Biosphäre tritt, um mit Julian Huxley zu sprechen, die Noosphäre. Menschen sind also in einem sehr tiefen Sinn historische Wesen, und die Richtigkeit des berühmten Gadamer'schen Satzes: »In Wahrheit gehört die Geschichte nicht uns, sondern wir gehören ihr« bestätigt sich in dieser Sicht auf eine ganz neue Weise.

3. Intersubjektivität und Wahrheit

Die menschliche Daseinsform steht und fällt mit einem grundsätzlichen Vermögen, mit dem Menschen – und nur Menschen – ausgestattet sind, nämlich der Fähigkeit zur Intersubjektivität. Da Tiere kein autonoetisches Gedächtnis haben, verfügen sie, wie gesagt, über keine Differenzierung zwischen Vergangenheit, Gegenwart und Zukunft. Sie können sich nichts »vorstellen«

und nichts »planen«. Sie existieren in einem totalen Hier und Jetzt, und in ihrem Gedächtnis geht es nicht um Vergangenheit, sondern um die Bewältigung der Anforderungen, die die Gegenwart ihnen stellt: sie können zum Beispiel darauf zurückgreifen, dass in ihrem Gedächtnis gespeichert ist, wo sie Nahrung versteckt haben, welche Orte oder Lebewesen für sie gefährlich sind, welche Begegnungen sie besser meiden, welche Techniken sie zum Angeln von Termiten oder zum Aufknacken einer Nuss anwenden müssen, aber wenn sie diese »Erinnerungen« abrufen, wissen sie nicht, dass sie sich erinnern. In diesem Universum gibt es keine »Wahrheit«, sondern allenfalls ein binäres Registrieren des Erfolgs oder Misserfolgs von Aktionen. Der Abruf einer gespeicherten Information erfolgt in direkter Reaktion auf die situativ wahrgenommene Anforderung – dass Nahrung gefunden, ein sicherer Platz gesucht, ein Fressfeind abgewehrt werden muss. Die Erinnerung ist prozedural und exekutiert voreingestellte und/oder erlernte Abläufe. Ein reines Erfahrungsgedächtnis hat weder eine retrospektive noch eine prospektive Dimension, weshalb ein satter Löwe keine Gefahr für ein Zebra darstellt, ein satter Mensch aber schon.

Das Erfahrungsgedächtnis bleibt in einem Universum der Unmittelbarkeit befangen, aus dem es sich nicht – durch Innehalten und Nachdenken, durch Aufschub und Planung – lösen kann. Das bedeutet zugleich, dass die Erfahrungen, die gemacht werden, in einem vollständigen Sinn »privat« sind: Sie können nicht ausgetauscht werden, weil die Fähigkeit zur Intersubjektivität, zur Übernahmen der Perspektive eines Anderen, fehlt. Deshalb ist das Verhaltensrepertoire der nicht-menschlichen Primaten im Vergleich zum Menschen so begrenzt und auch – wie bei von Menschen aufgezogenen Primaten – nur in engen Grenzen erweiterbar. Obwohl wir mit unserem genetisch nächsten Verwandten, dem Schimpansen, ungefähr 99% des Gencodes teilen, gestaltet sich unsere soziale Existenz zu 100% anders.

Primaten können in sozialer Hinsicht eine Menge, zum Beispiel können sie Individuen in ihren sozialen Gruppen erkennen, Beziehungen mit anderen Individuen aufgrund von Verwandtschaft und dem Rang in der Dominanzhierarchie eingehen, das Verhalten von Individuen anhand ihres emotionalen Zustands und ihrer Bewegungsrichtung antizipieren, verschiedene Typen sozialer und kommunikativer Strategien verwenden, um Gruppenmitglieder im Hinblick auf begehrte Ressourcen auszustechen und sich auf verschiedene Formen sozialen Lernens einlassen, bei denen sie wichtige Dinge von ihren Artgenossen lernen (Tomasello 2002, S. 26ff.).

Allerdings beschränkt Lernen sich bei Primaten weitgehend auf das Lernen aus Erfahrung und auf »Emulationslernen« – diese Form des Lernens bezeichnet das Registrieren einer Zustandsveränderung, die ein Artgenosse bewirkt hat, nicht aber der Strategie, die er für diese Zustandsveränderung eingesetzt hat (so etwa, wenn ein Primatenjunges lernt, dass sich unter am Boden liegenden Ästen Insekten befinden können, weil seine Mutter einen solchen Ast anhebt). Nach Tomasello lernt es dabei, dass man an solchen Stellen Insekten finden kann, was aber auch der Fall sein kann, wenn der Ast aufgrund irgendeiner anderen Ursache plötzlich entfernt worden wäre (ebd., S. 41). Dieser Punkt ist von enormer Wichtigkeit, weil menschliche Kinder darüber hinaus zum »Imitationslernen« fähig sind, was bedeutet, dass sie das Verhalten und die Strategien anderer beobachten und zu imitieren versuchen, um zu einem bestimmten Ziel zu gelangen. Imitationslernen hat mit einer spezifischen Bezogenheit auf das zu tun, was andere Menschen machen. Nicht-menschliche Primaten sind dagegen zum Imitationslernen kaum in der Lage, und es sind vorwiegend Tiere, die in einer menschlichen Umgebung aufgewachsen sind, die rudimentäre Formen von Imitationslernen zeigen. Trotz ihrer vielfältigen und – besonders gegenüber anderen Säugetieren – beeindruckenden Fähigkeiten sind nicht-menschliche Primaten zu *einer* zentralen kommunikativen Leistung nicht in der Lage: sich an den Aktionen anderer zu orientieren, sie zu imitieren und in diesem Vorgang der Imitation sich selbst neue Fähigkeiten anzueignen. Mit anderen Worten: Sie können keine Intentionen entschlüsseln. Sie leben in einer solipsistischen Welt; sie können zwar soziale Relationen erkennen und nutzen, sich aber nicht in ihre Artgenossen hineinversetzen, ihre Perspektive übernehmen, ihre Aufmerksamkeit mit ihnen teilen, kurz: Ihnen fehlt das Vermögen zur Intersubjektivität.

Dagegen kommen menschliche Babys, wie eine Unzahl entwicklungspsychologischer Studien gezeigt hat, mit einer »readyness for communication« zur Welt. Da Menschen zu früh und höchst unfertig geboren werden, sind alle ihre basalen Fähigkeiten ausschließlich überlebensorientiert – ihr Gehirn, genauer gesagt: das Stammhirm sorgt dafür, dass sie atmen können, dass ihr Herzschlag sich reguliert, ihr Stoffwechsel funktioniert, aber auch, dass sie vom ersten Moment an lernen und kommunizieren können. Auch diese letztere Fähigkeit ist essenziell, da menschliche Neugeborene die angemessene Betreuung durch ihre älteren Artgenossen viel intensiver und länger brauchen als andere Tiere. Sie existieren deshalb nicht als Individuen, sondern als Teil eines sozialen Netzwerks. »Das menschliche Gehirn ist das einzige Gehirn in der Biosphäre, das sein Potential nicht aus sich selbst heraus realisieren kann. Es muss Teil eines Netzwerks werden, bevor seine Eigenschaften entwickelt werden können« (Donald 2001, S. 324; Übersetzung H. W.).

Deshalb können Babys von Anfang an ihre Befindlichkeiten ausdrücken – sie können schreien, strampeln etc., um auf sich aufmerksam zu machen, und ihr Gesicht und ihr körperlicher Ausdruck kann anderen ihr emotionales Befinden anzeigen und diese dazu veranlassen, das Richtige mit ihm zu tun. Sie können erstaunlicherweise auch vom Lebensbeginn an bestimmte Gesichtsausdrücke imitieren, sie können die Stimme der Mutter erkennen, sie können Geschichten oder Gedichte, die von der Mutter in der Zeit der Schwangerschaft laut vorgetragen worden waren, voneinander unterscheiden. Sie können sogar ihre Muttersprache von einer Fremdsprache unterscheiden. All das zeigt, dass sie auf Kommunikation gestellt sind und von ihrer biologischen Konstitution her in einer fundamentalen Bezogenheit auf ihre soziale Umwelt existieren. Ab einem Entwicklungsalter von etwa neun Monaten erweitert sich ihr kommunikatives Repertoire um die Fähigkeit zur Intersubjektivität, d. h. sie beginnen zu begreifen, dass die Anderen Perspektiven und Absichten haben, die von ihren eigenen verschieden sein können. Sie können sich nun gemeinsam mit anderen (in der Regel der Mutter) auf etwas Drittes konzentrieren (»joint attention«), sie können sich mit Blicken, Lauten, Gesten darüber verständigen, worum es gerade geht; sie sichern sich bei dem, was sie gerade tun, kontinuierlich dadurch ab, dass sie die Mutter anblicken und auf diese Weise prüfen, dass man noch gemeinsam bei der Sache ist etc. Sie beginnen auch, Handlungen abzubrechen oder zu unterlassen, wenn ihnen der Blick oder die Haltung des Anderen sagt, dass das jetzt nicht gut oder wünschenswert ist.

Alles das können andere Primaten nicht, auch nicht etwas anderes sehr Wesentliches: auf Dinge zeigen, um eine andere Person auf etwas aufmerksam zu machen. Diese scheinbar triviale Kompetenz bedeutet einen Unterschied ums Ganze, denn sie setzt voraus, dass der Andere ein intentionales Wesen ist, dessen Perspektive von der eigenen verschieden sein kann. Und zugleich setzt sie voraus, was praktisch dann jederzeit eingelöst wird: dass dieser Unterschied der Perspektiven durch gemeinsame Aufmerksamkeit aufgehoben werden kann. Die Erfahrung der gemeinsamen Aufmerksamkeit, der geteilten Gegenwart, der Überbrückung von Verschiedenheit fällt mit dem Erwachen des reflexiven Bewusstseins zusammen. Mit anderen Worten: die Erfahrung, dass wirklich oder wahr ist, worüber sich Gemeinsamkeit herstellen lässt, steht am Anfang des bewussten Seins. Wahrheit ist somit immer schon eine Kategorie der Intersubjektivität, eine ontogenetische Grunderfahrung; Wahrheit ist, worüber sich sozial Einigkeit herstellen lässt. Im Rahmen höherer Wissens- und Erkenntnissysteme lautet diese Definition: Wahrheit ist, worüber sich nach Kriterien sozial Einigkeit herstellen lässt.

4. Nachbemerkung

Man muss also vor Verwechselungen warnen. Die Wahrheit von Erinnertem bemisst sich allererst nach ihrer subjektiven und sozialen Evidenz, nicht nach dem, was »tatsächlich« geschehen ist, und eine solche soziale Wahrheit ist etwas anderes als eine historische, juristische oder wissenschaftliche Wahrheit. Kriminologen haben sich denn auch längst abgewöhnt, danach zu fragen, ob ein Zeugnis der Objektivität eines Geschehens entspricht. Ihnen genügt es, wenn ein Zeuge wenigstens der subjektiven Wahrheitsnorm folgt und nicht wissentlich blühenden Unsinn erzählt. Historiker tun sich da schwerer, weshalb der Zeitzeuge traditionell als der natürliche Feind des Historikers gilt und man sich tunlichst auf denjenigen Quellenbeleg stützt, der sich einer anderen Form der Überlieferung verdankt als der mündlichen Weitergabe. Vielleicht sollte man daher wieder sorgfältiger zwischen Wahrheiten und Tatsachen unterscheiden, auch zwischen Erinnerung und Gedächtnis, und natürlich besonders zwischen Erinnern und Gedenken.

Überhaupt scheint mir unsere Gegenwart ein bisschen viel Wert auf das Erinnern zu legen, wahrscheinlich, weil ihr vorerst die Zukunft abhanden gekommen ist. Vielleicht sollten wir die gegenwärtige Phase der Memorymania beschließen, uns an den funktionalen Wert des Vergessens erinnern und unsere Erinnerung mehr an der Zukunft als an der Vergangenheit orientieren.

Literatur

Assmann, Aleida (2001): Wie wahr sind Erinnerungen? In: Harald Welzer (Hg.): Das soziale Gedächtnis. Geschichte, Erinnerung, Tradierung, Hamburg, S. 103–122.

Bartlett, Frederic (1932): Remembering. A study in experimental and social psychology. Cambridge, 1997.

Donald, Merlin (2001): A mind so rare. The evolution of human consciousness. New York; London.

Hell, Wolfgang (1998): Gedächtnistäuschungen. Fehlleistungen des Erinnerns im Experiment und im Alltag. In: Fischer, Ernst Peter (Hg.): Gedächtnis und Erinnerung. München.

Huxley, Julian (1951): Evolution in Action. Based on the Patten Foundation Lectures delivered at Indiana University in 1951.

Koch, Torsten; Harald Welzer (2004): Weitererzählforschung. In: Hengartner, Thomas; Schmidt-Lauber, B. (Hg.): Leben – Erzählen. Beiträge zur Biographie- und Erzählforschung. Festschrift für Albrecht Lehmann zum 65. Geburtstag. Berlin.

Kotre, John (1998): Der Strom der Erinnerung. München.

Markowitsch, Hans; Harald Welzer (2005): Das autobiographische Gedächtnis. Stuttgart.

Schacter, Daniel L. (1999): The seven sins of memory. American Psychologist 54, 182–201.

Tomasello, Michael (2002): Die kulturelle Entwicklung des menschlichen Denkens. Frankfurt/M.

Welzer, Harald (2002): Das kommunikative Gedächtnis. Eine Theorie der Erinnerung. München.

Wilkomirski, Binjamin (1996): Bruchstücke. Frankfurt/M.

Anmerkungen

1 Eine Reihe der Gedanken, die in diesem Text versammelt sind, sind schon an anderer Stelle publiziert worden, nämlich in der Österreichischen Zeitschrift für Geschichte, Jg. 16, 2005, Heft 1, 12–35.

2 Das prozedurale Gedächtnis ist im Wesentlichen das Gedächtnis erlernter körperlicher Vollzüge. Es exekutiert Bewegungsabläufe einfachster und komplexester Form, vom Knacken einer Nuss bis zum Klavierspielen. Das Priming-Gedächtnis ist ein Gedächtnissystem, das unterhalb der Bewusstseinsschwelle Informationen aufnimmt, das perzeptuelle Gedächtnis verarbeitet Wahrnehmungen, was ebenfalls ein zu großen Teilen unbewusst ablaufender Vorgang ist (Endel Tulving, Episodic memory: from mind to brain. In: Annual Review of Psychology 53 [2002], 1–25; Endel Tulving u. Hans Markowitsch, Episodic and declarative memory: role of the hippocampus. Hippocampus 8 [1998], 198–204; Hans Markowitsch u. Harald Welzer (2005): Das autobiographische Gedächtnis. Stuttgart).

3 Norbert Elias: The Symbol Theory. London u.a. 1991; Julian Huxley, The Uniqueness of Man. London 1941; Julian Huxley, Evolution in Action. Based on the Patten Foundation Lectures delivered at Indiana University in 1951. London 1953.

Aus Forschung und Praxis

Peter Lang · Internationaler Verlag der Wissenschaften

Hans-Günther Richter

Imagination und Trauma

Bilder und Träume von traumatisierten Menschen

Frankfurt am Main, Berlin, Bern, Bruxelles, New York, Oxford, Wien, 2006.
418 S., 53 farb. Abb., 150 s/w Abb., zahlr. Tab.
ISBN 978-3-631-54650-5 · br. € 58.–

Dieser Band stellt Bilder und Träume/Traumbilder von Menschen nach traumatischen Erfahrungen vor und interpretiert sie. Dabei werden mehrere Gruppen von Menschen berücksichtigt, die ähnliche Reaktionen auf das traumatisierende Geschehen aufweisen: „Kriegsneurotiker", KZ-Insassen und missbrauchte, misshandelte und eingesperrte Kinder. Betrachtet man die erste Gruppe, dann beginnt die nachhaltige Beschäftigung mit den Reaktionen auf das traumatisierende Geschehen bei den Kriegsopfern des Ersten Weltkrieges. Davor hatte es aber schon eine umfangreiche Auseinandersetzung über die besonderen Reaktionen von Kindern und Heranwachsenden auf sexuellen Missbrauch und Misshandlungen gegeben. Seit dieser Zeit treten einmal die Leiden der Kriegsveteranen, der Inhaftierten und zum anderen die psychischen Verletzungen der Kinder in den Vordergrund der wissenschaftlichen Betrachtungen. In diesem Band werden dabei verschiedene Ebenen der theoretischen Erörterungen berücksichtigt und zur Interpretation herangezogen.

Aus dem Inhalt: Kurzer Rückblick auf eine lange Geschichte · Posttraumatische Belastungsstörungen: kognitionstheoretische Konzepte · Wissenschaft oder *Das Schicksal der Bilder* · Traumata: Vom *railway spine* bis zur Extremtraumatisierung · Kinder und Traumata · Trauma und Traum · Trauma und Dissoziationen · Dissoziation und Verdrängung · Missbrauch und Misshandlungen · Bilder und Biographien · Ein Katalog von bildnerischen Merkmalen in den Zeichnungen misshandelter und missbrauchter Kinder und Heranwachsender: ein Versuch

Peter Lang GmbH · Postfach 940225 · D-60460 Frankfurt am Main
Am schnellsten bestellen Sie über unseren Internetbookshop: http://www.peterlang.de

Sadismus und Masochismus im Werk Wilhelm Buschs

Frank Eduard Pietzcker

Wilhelm Busch, ein Sadist?

Den größten Teil seines Bekanntheitsgrades verdankt Wilhelm Busch unzweifelhaft seinen zahlreichen Bildergeschichten, mit denen er sich schon früh das Beiwort eines »Humoristen« verdiente. Damit verbindet sich aber nicht nur positive Kritik. Bis heute wird immer wieder Anstoß genommen an den zahllosen Grausamkeiten, an den Härten und Quälereien, denen sich die Gestalten dieser sonst so heiteren und von witzigen Texten begleiteten Erfindungen ausgesetzt sehen. Menschen stürzen über Türschwellen oder die Treppe hinunter, Tiere werden auf grausame Weise getötet oder verletzt, Gegenstände gehen zu Bruch usw. Diese Anhäufung von Katastrophen, gepaart mit den geistvollsten Versen, führt zu Irritationen, die in den Verdacht münden, Busch sei am Ende doch ein Sadist gewesen.

Abb. 1: Die Fromme Helene

Schon zu Lebzeiten ist er von einem Freund darauf angesprochen worden: »Ich meine zum Beispiel Ihre behagliche Freude an qualvollen Katastrophen und schweren Körperverletzungen.« Busch soll auf diese Bemerkung hin sehr nachdenklich geworden sein (Lindau 1917, S. 120ff.). – Neuerdings ist die Frage nach sadistischen Elementen bei Busch noch einmal mit aller Gründlichkeit gestellt worden, ohne dass es dabei zu einer endgültigen Antwort gekommen wäre. So resümiert Peter Gay: »Seine Vorstellungswelt muss in höchstem Grade grauenvoll gewesen sein« Um mit den Schrecken des Bösen fertig zu werden, benutze Busch den Humor als geeignetes Mittel (Gay 1996, S. 508, 524). – Das Nebeneinander von Reiz und Abscheu wird im Folgenden noch interessieren.

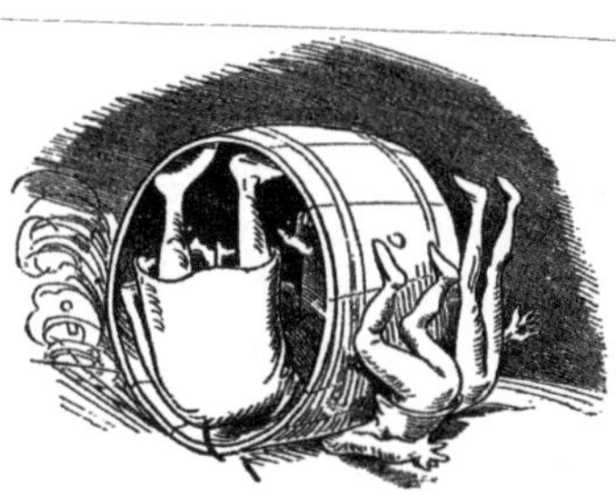

Abb. 2: Diogenes und die bösen Buben von Korinth

Wie sehr Busch innerlich mit diesen Dingen beschäftigt war, geht aus seiner autobiografischen Schrift »Von mir über mich« hervor, wo er über die in Holzschnitt angelegten Bildergeschichten reflektiert: »So ein Konturwesen macht sich leicht frei von dem Gesetz der Schwere und kann, besonders wenn es nicht schön ist, viel aushalten, eh's uns weh tut« (GA 4, S. 210).

Das sind nicht unbedingt Worte eines Sadisten. Die oft stilisierte, unrealistische Darstellung seiner Figuren, wenn sie hinfallen wie Porzellanpuppen, oder die Treppe hinunterrutschen, wie beim berühmten Treppensturz in der »Frommen Helene« (HkGA II, Sp. 247ff.) führen doch weit genug aus dem Bereich der Realität und müssen zu weiteren Überlegungen auffordern.

Wie die Realität in Buschs Empfindungswelt zuweilen aussieht, schreibt er einem Freund in einem Brief, als er die Tötung eines Schweins schildert: »noch ganz in dunkler Früh wurd ich aufgeschreckt und schmerzhaft horchend wach erhalten durch die Wehklagen eines der vielen Schweine, welche der Genusssucht alljährlich zum Opfer fallen. Jetzt wird's herausgezerrt aus dem lieben, duftenden Stalle; jetzt liegt's geknebelt, jetzt der Stich, Nothwehr geboten und heftig ausgeübt; Blutverlust fast beruhigend, scheint's; dann aber erst recht, dicht vor der Todesgewissheit, der größte, grässliche Unmuth; dann röchelnde Entsagung; zuletzt Stille mit Nachdruck« (Briefe I, Nr. 769).

Diese Stelle zeigt überdeutlich, mit welcher Gefühlstiefe Busch ein derartiges Geschehen aufgenommen hat. Erlaubt das ein Urteil über den Sadisten Busch? Es wird nötig sein, genauer zu untersuchen, was eigentlich Sadismus ist und in welchen Ausformungen er sich zeigt. – Zunächst einmal sind in Buschs gesamtes Schaffen Elemente der Märchenwelt eingegangen, in denen Grausamkeiten ohne Zahl Gegenstand der Erzählung sind, die teilweise auf archaische Rituale zurückgehen und die beim Leser eigentlich keine Schmerzen erzeugen sollen (Röhrich 1955, S. 176ff.).

Darüber hinaus ließe sich feststellen, dass in der populären Literatur des 19. Jahrhunderts Grausamkeiten immer wieder vorkommen –, also Misshandlungen von Menschen untereinander, Gefangenschaft, Folter, Verstümmelungen sowie Hinrichtungen insbesondere an Fremden, Andersgläubigen, Missetätern usw. (Schenda 1988, S. 351ff.). Möglicherweise stehen also die Grausamkeiten in Buschs Bildergeschichten in irgend einem Zusammenhang mit den von ihm vorgefundenen literarischen Vorlagen.[1]

Zur näheren Bestimmung dessen, was Sadismus ist, müsste festgehalten werden, dass es verschiedene Arten dieser Veranlagung gibt. So unterscheidet man z.B. zwischen einem rein aggressiven Sadismus, der nur auf Zerstörung ausgeht, und einem hedonistischen Sadismus, der sich am Schmerz eines anderen weidet (Deleuze 1980, S. 196f.). Ein Beispiel, in dem man den sog. *hedonistischen* Sadismus erkennen könnte, liefert ein Gedicht aus der »Kritik des Herzens«:

> Sahst Du das wunderbare Bild von Brouwer?
> Es zieht dich an, wie ein Magnet.
> Du lächelst wohl, derweil ein Schreckensschauer
> Durch deine Wirbelsäule geht.
>
> Ein kühler Dokter öffnet einem Manne
> Die Schwäre hinten im Genick;
> Daneben steht ein Weib mit einer Kanne,
> Vertieft in dieses Missgeschick.
>
> Ja, alter Freund, wir haben unsre Schwäre
> Meist hinten. Und voll Seelenruh
> Drückt sie ein andrer auf. Es rinnt die Zähre,
> Und fremde Leute sehen zu.
> (GA II, S. 515)

Auch die Bildergeschichte »Plisch und Plum« (HkGA III, Sp. 352ff.) mit der seltsamen Gestalt des Kaspar Schlich gehört hierher. Er begleitet die ganze Geschichte in allen Szenen als Beobachter, und jedes Mal, wenn der Familie Fittich eine kleine Katastrophe widerfährt, demonstriert er seine heimliche oder gar offene Freude. Die Frage ist hier, inwieweit sich Busch mit dieser Figur, also seiner eigenen Erfindung, identifiziert.

Betrachtet man andere Bildergeschichten, in denen der sog. *aggressive* Sadismus dargestellt wird, wird auch hier nicht gleich deutlich, wie das innere Verhältnis des Autors zu seinen Akteuren ausgesehen haben könnte. Da ist die Geschichte vom Hundefänger (Die Strafe der Faulheit, HkGA I, Sp. 456ff.), der einer alten Dame den Mops wegfängt, ihn schlachtet und brät und seine Haut überdies noch für teures Geld der entsetzten Eigentümerin zurückerstattet. Sein Gesicht ist bei diesen Handlungen an zynischem Vergnügen kaum zu überbieten!

Abb. 3: Plisch und Plum

Abb. 4: Die Strafe der Faulheit

Abb. 5: Der Bauer und der Windmüller

Zynismus geht in Heuchelei über, wenn man die Bildergeschichte »Der Bauer und der Windmüller« (HkGA I, Sp. 80ff.) betrachtet. Der Bauer, der Korn zur Mühle bringt, bindet seinen Esel an einen Windmühlenflügel. »Der böse Müller hat's gesehn/Und lässt sogleich die Mühle gehen … / Der Müller aber mit Vergnügen/Sieht in der Luft den Esel fliegen.« Natürlich ist das arme Grautier am Ende tot, der Bauer ballt die Faust, und der Müller heuchelt unendliches Bedauern. Immerhin wird der Müller am Ende dieser Geschichte furchtbar bestraft, sodass sein anfängliches Vergnügen kaum das des Autors sein kann.

Mehr Bezug zu den inneren Anliegen des Autors scheinen aber alle die Szenen zu haben, in denen es um Prügel geht, vornehmlich die auf ein Hinterteil verabreichten.[2] In den »Abenteuern eines Junggesellen« besucht Knopp, die Hauptperson dieser Bildergeschichte, Druff, einen alten Bekannten, der sich und seine Familie für einen Gang zum Schützenfest vorbereitet. »Druff hat aber diese Regel:/Prügel machen frisch und kregel/Und erweisen sich probat/Ganz besonders vor der Tat.« So wird zunächst einmal das Hinterteil seines Söhnchens mit einem Stock bearbeitet. »Drum hört Knopp von weitem schon/Den bekannten Klageton« (HkGA II, Sp. 627).

Dieses allerdings sadistisch zu benennende Vorgehen – also jemanden zu bestrafen, wenn er noch gar nichts »verbrochen« hat –, spielt nun im Leben Wilhelm Buschs eine geradezu bestimmende Rolle. In der Gedichtsammlung »Zu guter Letzt« heißt es in dem Gedicht »Die Birke« u. a.: »Von Birken eine Rute,/Gebraucht am rechten Ort,/Befördert oft das Gute/Mehr als das beste Wort« (GA, Bd. IV, S. 300f.). Dass diese Peinlichkeit weder humorig noch satirisch gemeint war, zeigen Äußerungen unseres Dichters, die in die Nähe eines Bekenntnisses führen. In seiner autobiografischen Schrift »Von mir über mich« berichtet er von einem Abenteuer, als er mit einem Spielkameraden kleinere Schießübungen auf dem Acker veranstaltete, wozu er etwas Pulver aus einer Kruke nahm, die in seinem Elternhaus auf dem Speicher stand. Nach Haus gekommen, wurde er vom Vater empfangen. »[E]r ergriff mich am linken Flügel und trieb mich vermittels eines Rohrstockes im Kreise umher, immer um die Kruke herum, wo das Pulver drin war. Wie peinlich mir das war, ließ ich weithin verlautbaren« (GA Bd. IV. S. 206). – In einem Brief an eine gute Bekannte beichtete er ein andermal: »Als Junge kriegt' ich mal Hiebe und *nicht* mit Recht. ›Kann nicht schaden! hieß es. Die sind für Das, was man nicht weiß!‹« (Briefe I, Nr. 272)

Es wird an diesen Stellen deutlich, wie sehr diese Art der Strafe Busch peinlich und nachhaltig berührt hat. Möglicherweise hat sich sogar eine traumatische Situation für ihn daraus ergeben. Aus der Tatsache, dass Busch in seiner Schrift »Was mich betrifft« (GA IV, S. 147) über seinen Vater kaum Nennenswertes berichtet, ließe sich u. U. eine solche Traumatisierung ermitteln. Was einem peinlich ist, verschweigt man.[3] Die Psychoanalyse deutet diese Vorgänge wie folgt:

»Wenn die körperliche Misshandlung des Kindes in eine ritualisierte Form der sadistischen Gewalt eingebettet [...] ist, gleichzeitig dem Kind suggeriert wird, dass diese Erfahrung gut ist und eine besondere Form der stabilen, verlässlichen Beziehung darstellt, für die es dankbar sein müsse, entsteht ein inneres Arbeitsmodell, in dem Bindungserfahrung und Gewalt sehr eng mit Aggression und Sadismus verknüpft werden. [...] Die Erfahrung, von einer Bezugsperson unter Androhung und Ritualisierung von Gewalt abhängig und für diese verfügbar zu sein, wird mit umgekehrten Rollen [...] reinszeniert (Brisch 2006, S. 113).

Es ist nicht wahrscheinlich, dass Busch nun derartige Prozeduren an bestimmten seiner Zeitgenossen (beispielsweise an seinen Neffen) nachvollzogen hätte, wie es für Sadisten offenbar typisch ist. Wenn diese andere peinigen, empfinden sie Zufriedenheit, ja Glück. »Die Hilflosigkeit des anderen vermittelt ihnen ein Machtgefühl, die Verletzlichkeit eines anderen ein Gefühl der Unbesiegbarkeit« (Salter 2006, S. 162). All das ist für Busch nun völlig untypisch, wo er doch schon »persönliche Verhohnhacklungen« verabscheute! (Briefe I, Nr. 656) Und auf die Grausamkeiten in seinen Bildergeschichten angesprochen, soll er, wie oben zitiert, sehr nachdenklich geworden sein!

Nicht ganz abwegig ist aber der Gedanke, dass eine solche Reinszenierung von Busch *auf dem Papier* vorgenommen wurde. Er lässt bestimmte seiner Gestalten leiden, in denen sich Missetaten, Schuld und Strafe darstellen lassen. Hier wird die Strafe, wie angeführt, grausam übertrieben, als ob der Autor sich in Verdacht hätte und darum in jedem Fall Rechenschaft vor sich selber ablegen möchte. Er bestraft sich für seine Missetaten am Ende selbst.

Damit bekäme nun auch eine oft zitierte, aber in ihrer ganzen Tiefe noch gar nicht ausgelotete Bemerkung endlich einen Sinn: »Dass ich meine Sachen [...] lediglich und vor allen Dingen zu meinem rücksichtslosen Pläsir zurecht geschustert, das ist eben manchen Leuten nicht begreiflich zu machen.« So schreibt er 1886 an einen Freund (Briefe I, Nr. 656), eine Mitteilung aus seiner Schrift »Was mich betrifft« energisch wiederholend (GA IV, S. 151). Statt »zum Pläsier« hätte er allerdings besser »aus innerem Zwang« sagen sollen![4]

Aufschlussreich hinsichtlich der hier vorliegenden psychischen Vorgänge ist eine weitere Stelle aus seiner autobiografischen Schrift »Was mich betrifft«. Bekanntlich wurde Busch als Knabe zu seinem Onkel Pastor Kleine gegeben, der ihn offenbar mit viel Güte und Menschlichkeit erzogen hat. Über ihn sagt Busch: »[N]ur ein einziges Mal, wennschon öfters verdient, gab's Hiebe; mit einem trockenen Georginenstengel; weil ich den Dorftrottel geneckt« (GA IV, S. 148).

Die Formulierung »wennschon öfters verdient« lässt auf eine starke Schuldkomponente schließen. Freilich gehört sie hier und da zum Sadisten. Seine Aggression dient ja dazu, sich selbst zu beweisen, dass man sich schuldig fühlen muss.[5] Indessen können wir die bei Wilhelm Busch vorhandenen, nicht zu übersehenden, Schuldgefühle anderen psychischen Komplexen zuweisen (vgl. Pietzcker 2002, S. 99ff.). Viel eher kann man in diesem Strafbedürfnis ein Element des Masochismus erkennen. Sigmund Freud hat schon darauf hingewiesen, dass »ein Sadist [...] immer auch gleichzeitig ein Masochist« ist (S. Freud 2004, S. 62).

Elemente des Masochismus

Unter Masochismus versteht man eine sexuelle Veranlagung, die als erster der Schriftsteller Leopold Ritter von Sacher-Masoch in seinem

Roman »Venus im Pelz« (1869) ausführlich beschrieben hat. »Ich habe zwei Frauenideale. Kann ich mein edles, sonniges, eine Frau, welche mir treu und gütig mein Schicksal teilt, nicht finden, nun dann nur nichts Halbes oder Laues! Dann will ich lieber einem Weibe ohne Tugend, ohne Treue, ohne Erbarmen hingegeben sein ... Kann ich nicht das Glück der Liebe voll und ganz genießen, dann will ich ihre Schmerzen, ihre Qualen auskosten bis zur Neige; dann will ich von dem Weibe, das ich liebe, misshandelt, verraten werden, und je grausamer, um so besser.« [...] *»Der Sklave eines Weibes, eines schönen Weibes zu sein, das ich liebe, das ich anbete!«* »Und das Sie dafür misshandelt!«, unterbrach mich Wanda lachend. »Ja, das mich bindet und peitscht, das mir Fußtritte gibt, während es einem anderen gehört« (Sacher-Masoch 1980, S. 37f., 47).

Dies ist nun keine Definition des Masochismus, lediglich seine Beschreibung. Eine klare Definition des Masochismus ist bis heute nicht möglich. In der tiefenpsychologischen Deutung dieses Phänomens herrscht keine Einheitlichkeit. Freud formulierte in seinen »Drei Abhandlungen zur Sexualtheorie«:

> »Wer Lust daran empfindet, anderen Schmerz in sexueller Relation zu erzeugen, der ist auch befähigt, den Schmerz als Lust zu genießen, der ihm aus sexuellen Beziehungen erwachsen kann. Ein Sadist ist immer gleichzeitig auch Masochist, wenngleich die aktive oder die passive Seite der Perversion bei ihm stärker ausgebildet sein und seine vorwiegend sexuelle Betätigung darstellen kann« (S. Freud 2004, S. 62).

Für Mentzos bilden heute Masochismus und Sadismus ein fundamentales Gegensatzpaar (Mentzos 1984, S. 223). Deleuze stellt die innere Zusammengehörigkeit der beiden Phänomene weit mehr in Frage (Deleuze 1980, S. 169)

Masochismus und Schuldgefühl

Freud führt den Masochismus letztlich auf den Oedipuskomplex und den Versuch seiner Überwindung zurück. D.h. das Kind, das seine Libido anfangs auf die Mutter gerichtet hat, versucht den Platz der Mutter einzunehmen. Dem Vater gegenüber fühlt es sich darum schuldig und erwartet Strafe von ihm. Diese Strafe wird vom Kind als lustvoll empfunden, da sie einen Teil des Schuldgefühls wegnimmt. Dieses Schuldgefühl wächst sich, so Freud, zu einem intensiven Straf*bedürfnis* aus; schließlich will der Masochist »wie ein schlimmes Kind behandelt werden«, was bis zum Kastrationswunsch gehen kann. Der Masochist nimmt also an, er habe etwas verbrochen, das durch eine schmerzhafte Prozedur gesühnt werden kann.[6]

Diese Deutung hat auch heute noch weitgehend Gültigkeit. So formuliert u.a. Wolfgang Wöller, dass von traumatisierten Personen immer wieder Situationen hergestellt werden, die eine Druckentlastung von den Schuldgefühlen mit sich bringen. Solche Situationen verwirklichen sich in physischen wie in psychischen Demütigungen (Wöller 2006, S. 35).

Weitergehende Deutungen dieser Phänomene hat schon Wilhelm Reich zu geben versucht: Hinter dem Masochismus stehe meist eine tiefe Liebesenttäuschung. Liebesforderungen besonders intensiver Art scheinen allen Masochisten eigen. Die vom Kinde erwartete mütterliche Liebe wurde aber nicht oder nur ungenügend befriedigt. Dabei kann das Gefühl einer Nichterfüllung des Liebesanspruchs mehr oder weniger real oder nur fantasiert sein. Es gründet sich oft auch nur auf eine in frühester Kindheit erlebte Angst, alleingelassen zu werden (Reich 2006, S. 300ff.)

Die begleitenden Schuldgefühle finden bei Reich eine andere Herleitung als bei Freud. Mit den andauernden Liebesforderungen an den anderen Menschen quält man gerade den, von dem man Liebe erwartet, wodurch sich zwangsläufig Schuldgefühle einstellen. – Auch die neuere Forschung bringt die Fantasie beim Masochismus ins Spiel. So führt Léon Wurmser die masochistische Fantasie auf den Versuch zurück, frühen traumatischen Erfahrungen einen Sinn zu geben. Es entwickelt sich ein Bedürfnis, das Leiden nun *freiwillig* auf sich zu nehmen, was dann der Besänftigung der Bezugsperson gilt, der gegenüber man sich schuldig fühlt.

Die Angst vor dem Verlust der Liebe eines Elternteils ist stets gekoppelt mit Schuldgefühl: »Der Schmerz ist das Lösegeld für die Schuld« (Wurmser 1993, S. 16, 38ff., 151).

Opfer solcher Traumatisierungen, also z.B. Misshandelte, reinszenieren diese Erlebnisse in monotoner Wiederholung. Diese Wiederholung bildet den unbewussten Versuch, das Leiden zu dosieren und damit in den Griff zu bekommen. Der traumatisierte Zustand wird provoziert, um ihn gleichsam in Regie zu nehmen. Die Unlust wird aufgesucht, um eine noch ärgere zu vermeiden (Wurmser 1993, S. 227., 256ff.). In anderer Formulierung Mentzos: »Leiden und Schmerz sind Opfer, die man im Voraus bringt, um nicht bestraft zu werden. [...] Lieber den Schmerz und das Geschlagenwerden als überhaupt keine Zuwendung« (Mentzos 1984, S. 216f.).

Die hier dargestellten theoretischen Betrachtungen des Phänomens Masochismus sind in der Lage, über einige Syndrome Auskunft zu geben, die wohl auch auf Busch zutreffen. Es lässt sich deutlich zeigen, dass er in bestimmten seiner Werke und sonstigen Äußerungen fast alle die Elemente, wie sie hier als zum Masochismus gehörig aufgeführt wurden, »sein Eigen« nennen darf. Dabei handelt es sich nicht um die distanzierte Position eines Erzählers, sondern um mehr oder weniger offene Eingeständnisse. Folgender Text, den Busch in seiner Prosaschrift »Der Schmetterling« 1895 verfasst und mit unübersehbar autobiografischen Elementen ausgestattet hat, lässt daran wohl kaum noch einen Zweifel.

Peter, der Hauptdarsteller dieser Geschichte, gerät auf seiner Jagd nach einem Schmetterling in die Fänge einer jungen, hübschen Hexe. »Ich fiel direkt in zwei offene Weiberarme und wurde auch umgehend so heftig gedrückt und abgeküsst, dass ich, der so was nicht gewohnt war, in die peinlichste Angst geriet.« – Später wird Peter von der Hexe in einen Hund verwandelt. »Es wurde mir wunderlich zu Mut. Mein Gefühl für dies Teufelsmädchen war nicht mehr Liebe, sondern einfach hundsmäßige Unterwürfigkeit. Ich kroch ihr zu Füßen.« Er muss der Herrin morgens die Pantoffeln bringen und wird traktiert »mit harten Schlägen vermittels der Pantoffeln, die sehr spitze Absätze hatten«. Sodann muss er mit ansehen, wie die hübsche Hexe einen Verehrer empfängt, sich ihm auf den Schoß setzt und ihm die Kleidung öffnet. Am Ende wird dem Hund, alias Peter, mit einem glühenden Eisen gar der Schwanz abgeklemmt (GA, Bd. IV., S. 229, 247ff.).

Abb. 6: Der Schmetterling

Man muss wohl annehmen, dass sich in diesem Text eigenes Empfinden –, eigene Wünsche des Autors widerspiegeln. Analog liest man z.B. in seiner Prosaschrift »Eduards Traum« das Bekenntnis: »Der Schmerz ist positiv! [...] Die Freude ist negativ!« (GA, Bd. IV, S. 190) Und in einem Brief gesteht Busch 1875: »Man leidet eben, weil man da ist« (Briefe I, Nr. 282).

Die Übereinstimmung der Details mit dem Text von Sacher-Masoch, ja mit den neueren Aussagen der Tiefenpsychologie, ist geradezu verblüffend! Es lassen sich noch mehr Indizien finden, die dem Verdacht einer Affinität Buschs zum Masochismus weitere Nahrung geben können: Das oben angesprochene Schuldbewusstsein spielt im Leben des Wilhelm Busch eine bestimmende, ja lähmende Rolle. Ganz gleich, welche Faktoren zur Deutung man hierfür bemüht –, diese Belastung hat Busch ein Leben lang niedergedrückt. Aus der Fülle der diesen Umstand bestätigenden Aussagen sei der berühmte Brief zitiert, den er 1875 an Maria Anderson schrieb: »Das Krähen des Hahns, der der H e l geweiht, ist freilich bedeutungsvoll. Den Dieben und Kranken, den armen Sündern und Gespenstern tönt vor Allen sein mahnender Ruf. Petrus ging hinaus und weinte bitterlich. Ich selber hab ihn oft gehört, wenn ich in der Fremde vom nächtlichen Gelage kam; er rief mir dann ein wohlbekanntes ländliches Haus vor die Seele, das Haus meiner Eltern« (Briefe I, Nr. 271).

Schuldgefühle überfallen ihn zu bestimmten Gelegenheiten, Schuldgefühle belasten ihn permanent seiner Mutter gegenüber. Als Mittvierziger widmet er seiner verstorbenen Mutter ein ergreifendes Gedicht:

> O du, die mir die liebste war,
> Du schläfst nun schon so manches Jahr.
> So manches Jahr, da ich allein,
> Du gutes Herz, gedenk ich dein.
> Gedenk ich dein, von Nacht umhüllt,
> So tritt zu mir dein treues Bild.
> Dein treues Bild, was ich auch tu,
> Es winkt mir ab, es winkt mir zu.
> Und scheint mein Wort dir gar zu kühn,
> Nicht gut mein Tun,
> Du hast mir einst so oft verziehn,
> Verzeih auch nun
> (GA, Bd. II, S. 526).

Man muss sich fragen, was denn die Mutter fortgesetzt verzeihen soll, wo doch der Sohn so Arges nicht verbrochen haben kann. Und selbst im schlimmsten Fall dürfte ein Schuldgefühl nicht so dauerhaft sein und über den Tod der betreffenden Person hinausreichen. Um eine Dauerbelastung eines Schuldgefühls der Mutter gegenüber handelt es sich hier aber zweifellos. Eine Erklärung fände dieser Umstand vielleicht in dem besonderen Verhältnis des Knaben Wilhelm zu seiner Mutter. Man muss wohl annehmen, dass Busch seine Mutter idealisiert hat. Wenn das Verhältnis zwischen Mutter und Kind in irgend einer Weise gestört ist –, wenn sich das Kind von der Mutter nicht voll angenommen fühlt oder sonst wie in seinen Erwartungen getäuscht sieht, zieht es seine natürlichen Empfindungen von der Person ab, die es aus irgend welchen Gründen nicht erreichen kann. Die Mutter rückt für das Kind in die Ferne und wird nur noch als fernes »Objekt« verehrt –, es wird idealisiert (vgl. Pietzcker 1984, S. 30ff.).

Bezeichnend für den Charakter dieses Verhältnisses zur Mutter in »ungreifbarer Form« ist die Formulierung vom »treuen Bild«: »Es winkt mir ab, es winkt mir zu.« In seiner Ambivalenz ist sie typisch für den Zustand der Idealisierung. Es ist gekennzeichnet vom fortgesetzten Versuch des Kindes, irgendwie noch eine Bindung zur geliebten Person herzustellen. Die Abwehr der Mutter, der das Kind zu nahekommt, bewirkt bei ihm, dass es sich schließlich geradezu aufdrängt. Das »verzeih auch nun« könnte sich danach auf diese beständigen Versuche des Knaben Wilhelm beziehen, die wegen ihrer Penetranz stets die gleiche unwillige Reaktion der Mutter hervorrief.[7]

Wurmser beschreibt den Umstand eines fortwährenden Schuldgefühls, obwohl nichts Tadelnswertes vorangegangen ist, als das Phänomen des »Inneren Richters« (Wurmser 1993, S. 111f.) Das, was im Rechtsbereich »Gewissensautonomie« genannt wird und das normalerweise jede Missetat, erst recht jedes Verbrechen, begleitet, kann übermächtig werden und einen Menschen gleichsam in die Irre führen. Busch hat solche Belastungen mehrfach dargestellt. In der frühen Bildergeschichte »Trauriges Resultat einer vernachlässigten Erziehung«, in der ein Mord anfangs noch unentdeckt bleibt, heißt es dann am Ende über den Täter: »Doch für Böckel war's genug,/Dass sein schuldiges Gewissen/Ihn damit zu Boden schlug« (HkGA I, Sp. 68). Immerhin noch ein normaler psychischer Vorgang.

In einer anderen Bildergeschichte, »Die Verwandlung« (HkGA I, Sp. 39ff.), wird das Naschen eines kleinen Jungen, das ihm von der Mutter verboten wurde, mit völlig unangemessen strenger Strafe geahndet. Das Schuldbewusstsein hat sich bei Busch offenbar weiter aufgebaut und dabei das Phänomen des »Inneren Richters« pervertiert. Ein permanentes Schuldbewusstsein wird mit anderen, gar nicht dazu gehörenden, Erscheinungen zusammengebracht, die zur Begründung der verhängten Strafe niemals ausreichen können. Man bezeichnet diesen psychischen Vorgang auch als »Deckaffekt« (Wurmser 2007, S. 40).

Im Alter hat sich bei Busch der »Innere Richter« aber zu einem das ganze Leben belastenden Gespenst erweitert. Als 73-Jähriger schreibt er an eine Freundin, die ihren Sohn allzu früh verlor: »er, der dahin geschieden, ohne sich belastet zu haben mit dem Unrecht und den drückenden Wirrnissen, die ein längeres Leben kaum jemals vermeidet« (Briefe II, Nr. 1522). Und kurz darauf: »Immer schwerer drückt das Gepäck, je älter man wird« (Briefe II, Nr. 1523).

Wie stark Busch dieses Denken mit der Lehre von der Wiedergeburt verwoben und damit gleichsam »legitimiert« hat, geht aus einem Brief hervor, den er im Januar 1900 schrieb: »[A]llen gemeinsam ist das Gewissen, der uralte Wecker – vermuthlich eine warnende Erinnerung an ein früheres Leben, an die schmerzlichen Folgen von dem, was man damals verübt hat. [...] Dies sogenannte *böse* Gewissen sollte eigentlich das *gute* heißen, weil's ehrlich die Wahrheit sagt«[8] (Briefe II, Nr. 1255).

Masochismus und Scham

Im oben zitierten Text von Sacher-Masoch heißt es u.a.: »Das Gefühl, vor einem angebeteten Weibe von dem glücklichen Nebenbuhler misshandelt zu werden, ist nicht zu beschreiben, ich verging vor Scham und Verzweiflung« (Deleuze 1980, S. 136). Dass das Schamgefühl zum Masochisten gehört, ist seit Langem Gegenstand wissenschaftlicher Erörterung (Jacobsen 1978, S. 159f.) Auch hier wird das Trauma einer Zurückweisung mitverantwortlich gemacht. Der, dem eine Zurückweisung widerfahren ist, fühlt sich als Verlierer, als schwach und unwert –, ja als schmutzig. Mit dem (vermeintlich) verlorenen Liebesobjekt kann die Zerstörung der eigenen Identität verbunden sein. Man fühlt sich als Ding, nicht als Subjekt behandelt. Dieses Gefühl kann zu einer dauerhaften Angst vor Objektverlust werden (Wurmser 2007, S. 57f., 142ff.; Wöller 2006, S. 30).

Wie sehr Busch mit diesen inneren Belastungen umging, zeigen seine schriftlichen und zeichnerischen Hinterlassenschaften zahlreich. Noch ein Mal sei die Schießpulveraffäre zitiert: »[Der Vater] trieb mich vermittels eines Rohrstocks im Kreise umher, immer um die Kruke herum, wo das Pulver drin war. Wie peinlich mir das war, ließ ich weithin verlautbaren« (GA IV, S. 206). – Scham spielt auch in seinen Bildergeschichten immer wieder eine große Rolle –, natürlich dann, wenn eine Sache unglücklich ausging. In »Schnurrdiburr« wird der Knabe Eugen dabei erwischt, wie er Nachbars Tochter küsst, und erhält dafür Stockschläge; »tief gekränkt entflieht der Knabe« (GA II, S. 21). – In der Sammlung »Die Haarbeutel« stürzt der angetrunkene Mieter, ein Student, mit fürchterlichem Gepolter nachts die Treppe hinunter und erschreckt seine Wirtin, der er tags zuvor noch einen Antrag gemacht hat: »Beschämt verbirgt er sein Gesicht« (GA III., S. 246).

In seiner Prosa-Erzählung »Der Schmetterling« wird der Ich-Erzähler gelegentlich von anderen verprügelt und blamiert. Von seiner späteren Verwandlung in einen Hund berichtet er mit dem Ausdruck »tiefster Beschämung« (GA IV, S. 236f., 246f.). – Auch in Buschs Gedankenlyrik findet sich Entsprechendes: Das Gedicht »Lass doch das ew'ge Fragen« endet mit der schamhaften Feststellung: »Du fragst so gern nach Fällen,/Wobei ich mich blamiert« (GA II, S. 499).

In seiner autobiografischen Schrift »Was mich betrifft« kramt er in Erinnerungen, die ihm wohl selbst peinlich waren: »Öffne dies rote Türchen. – Ein blühendes Frauenbild. Ernst, innig schaut's dich an. [...] Lass sein. – Pass auf das schwarze Türchen. – Da rumort's hinter. – Halt zu!« (GA IV, S. 153) – Es lassen sich weitere Beispiele für Eingeständnisse der Scham anführen. Es scheint fast so, als ob Busch in Blamagen und Niederlagen, die oft wohl seine eigenen waren, auffallend gern herumwühlte.

Scham bestimmte auch seine Haltung zu seinen eigenen Werken. Es ist bekannt, dass er seine Arbeiten an den Bildergeschichten oder Gedichten vor anderen sorgsam versteckte. Auch über die fertigen Sachen sprach er nicht gern (vgl. O. Nöldeke 1909, S. 23; A. Nöldeke. 1909, S. 98). Über seine Bilder sagte er zu einem Besucher: »Sehen Sie sich das Zeug nicht genauer an; ich bin nicht stolz darauf« (Block 1938, S. 188). Die Haltung eines Menschen, der immer wieder an sich selber zweifelt.

Derartige Gefühle lassen oft genug Abwehrmechanismen im Innern eines Menschen entstehen, mittels derer solche Mindereinschätzungen verdeckt oder überspielt werden sollen. Da wird z.B. ein großartiges Auftreten demonstriert –, ein herrscherliches Benehmen gezeigt, mit dem man »die Szene jederzeit dominiert«. Dieses Phänomen, das der Psychoanalyse als »Grandiosität« bekannt ist (Wurmser 2007, S. 40), war Busch anscheinend gar nicht fremd. Er schildert es an Hand seines »Tobias Knopp«. In den »Abenteuern eines Junggesellen« zeigt sich die Titelgestalt auf einer Kirmes als perfekter

Solotänzer, der vom Publikum bewundert wird. Und so heißt es dort: »Hoch erfreut ist jedermann,/Dass Herr Knopp so tanzen kann./Leider ist es schon vorbei./Und er schreitet stolz und frei/Wiederum zu seinem Tische.«

Abb. 7 und 8: Abenteuer eines Junggesellen

Solche Selbstgefälligkeit darf nicht sein. Knopp wird anschließend von einem Lausbuben schrecklich blamiert und sieht sich dem Amüsement der ganzen Festgesellschaft ausgesetzt. Er entflieht und will unbeobachtet seine zerrissene Kleidung reparieren: »Hier auf dieser Blumenwiese,/Denn geeignet scheint ihm diese,/Kann er sich gemütlich setzen,/Um die Scharte auszuwetzen/Und nach all den Angstgefühlen/Sich ein wenig abzukühlen« (HkGA II, Sp. 631–636).

Die Wortwahl ist verräterisch. Nicht die zerrissene Kleidung stellt die Scharte dar, die es auszuwetzen gilt. Sie kann ja geflickt werden, und damit gut. Auch die Blamage, die einem zugefügt wurde, kann es nicht sein, denn sie kann man so oder so nicht ungeschehen machen. Vielmehr wird es die »grandiose« Selbstdarstellung sein, die ungebührlich erscheint und *gerechterweise* bestraft wurde. Die ganze Angelegenheit war mit Angstgefühlen verbunden, und damit gehört sie in diesem Zusammenhang in tiefere Schichten der Psyche. Die gelegentlich geäußerte Vermutung, dass sich Busch selbst hinter seinem Tobias verberge, rückt hier in den Bereich des Wahrscheinlichen (Rades 1977, S. 36). Eine rein fiktive Gestalt hätte der Autor an dieser Stelle kaum mit so verborgenen seelischen Problemen ausgestattet.

Fäkal-Fantasien

Zum Schamhaften und Selbstabwertenden assoziieren sich Begriffe aus dem analen Bereich: Der Masochist findet sich schmutzig, dreckig, besudelt (Wurmser 2007, S. 141f.). Es ist auffallend, dass Buschs Bildergeschichten und auch seine Briefe dieses Thema immer wieder umspielen, auch dann, wenn es sich im Zusammenhang des Mitgeteilten gar nicht anbietet, z.B. wenn er Briefe an verehrte Frauen schreibt. Peter Gay (1996, S. 518) hat eine Fülle solcher Peinlichkeiten entdeckt und zusammengestellt. Einige Beispiele: Im »Heiligen Antonius« entflieht die Titelfigur nach einem Schäferstündchen mit einer verheirateten Frau vor dem heimkehrenden Ehemann und fällt in den Abort.

Abb. 9: Der Heilige Antonius von Padua

Total besudelt kriecht Antonius nach Haus (HkGA II, Sp. 84f.). – In den »Abenteuern eines Junggesellen« schläft Knopp auf dem Abtritt neben dem Festsaal seiner Gastgeber ein; die Sache endet in einer Katastrophe (HkGA II, Sp. 672ff.). – Die späte Sammlung »Hernach« zeigt einen Raben, der auf einen menschlichen Totenschädel defäziert: »Selbst mancher Weise/Besieht ein leeres Denkgehäuse/Mit Ernst und Bangen. – Der Rabe ist ganz unbefangen« (HkGA III, Sp. 696f.).

In einem Brief schildert Busch einen neunjährigen Jungen in seiner Nachbarschaft: »Sobald die Mistpfütze bis oben mit Jauche gefüllt ist, zieht er seine eignen Stiefel aus und seines Vaters Stiefel an, um darin herum zu patschen. – Muss er sich schneutzen, so schmiert er den Schleim ohne Frage auf den Türdrücker. [...] Ja, sogar aus dem Bedürfnisse des Schiffens weiß sich dieser erfinderische Kopf eine Quelle des Vergnügens zu schaffen. Indem er nämlich den Schlauch vorne zusammenkneift, treibt er so den Strahl mit Heftigkeit bald steil in die Luft, bald in Parabeln und Hyperbeln und allen Curven der höheren Geometrie auf den Schnee, oder in die Astlöcher der Balken und Bretter« (Briefe I, Nr. 37). – Die Reihe der Appetitlichkeiten ließe sich fortsetzen.

Objektverhältnis

Fraglich, ob Buschs Wohlgefallen am Fäkal-Bereich einer masochistischen Disposition geschuldet ist. Es ließe sich vielleicht noch eine andere Deutung finden.

An Eduard von Daelen schreibt Busch: »Da steht z. B. eine Windmühle, oder ein braver Onkel, oder eine freundliche Tante, oder ein heißer Ofen, oder eine Tobackspfeife, oder ein Knabe, der Vieles vorhat; und ein wahrhaft tugendsamer Mensch wär's, der nicht jeden dieser an sich harmlosen *Stoffe* als eine *Quelle* der allerpeinlichsten Conflicte zu benutzen wüsste« (Briefe I, Nr. 641).

Es fällt doch schwer, sich diese harmlosen Stoffe als Quelle allerpeinlichster Konflikte vorzustellen. Tatsächlich zeugt diese Einstellung von einem Denken des Autors, das über sein besonderes »Objektverhältnis« Auskunft gibt. Die Psychoanalyse kennt bei dieser Problematik mehrere Entwicklungsstufen in der Wahrnehmungswelt des Kleinkindes –, in der Aneignung und Fähigkeit, über einen Gegenstand innerlich zu verfügen. Zunächst steht das Subjekt, das Kleinkind, in einer sehr engen Beziehung zum Objekt, das es umgibt; das ist meist die Mutter, – die Mutterbrust, mit der das Kind gestillt wird. Dann erkennt das Kind diese Mutterbrust als Objekt –, lernt sie als *verlässlich* zu verstehen. Schließlich gelangt es in die Phase, wo es das Objekt als etwas von ihm Getrenntes erkennt, das es *verwenden* kann, d. h. das Objekt ist ein Etwas außerhalb des Subjekts; es lebt in einem Bereich eigenen Rechts, in den das Kind allerdings immer wieder eingreifen kann (Winnicott 1974, S. 83, 104, 110).

Die Psychoanalyse nennt diesen Prozess den »Übergang zum Realitätsprinzip«. Es handelt sich dabei um eine der schwierigsten Stufen der kindlichen Entwicklung, bei der es schwerwiegende Fehlentwicklungen geben kann. Erweist sich z. B. das Objekt, also z. B. die Mutterbrust, als unverlässlich, weil sie nicht, wie erwünscht, immer zur Verfügung steht, entstehen schon im frühen kindlichen Stadium Aggressionstendenzen und Zerstörungswünsche. Das Subjekt kann sich nicht lösen vom begehrten Objekt und versucht, es im Geiste zu zerstören, um endlich von ihm loszukommen. »Wenn ich es nicht bekommen kann, soll es auch kein anderer haben!« Allerdings wird das Objekt danach immer wieder hergestellt.[9]

Diese Ambivalenz kennzeichnet eine bestimmte Entwicklungsstörung, die dann eintreten kann, wenn eine »Objektkonstanz« nicht erreicht wird, wenn also die Erwartung des Subjekts (Kleinkind) an das Objekt (Mutter) nicht erfüllt wird. Zerstörung und Wiederherstellung eines Objekts wechseln sich in der Psyche des Gestörten ab. Das kann dazu führen, dass es lebenslang Objekte nicht mehr »normal« begreifen –, normal »besetzen« kann (Kohut 1976, S. 63f.; Wurmser 2007, S. 303f.). Bei so gestörten Kindern ließ sich feststellen, dass ihr Mutterbild auch dann noch positiv, ja schön genannt werden konnte, wenn sich das Kind mehr und mehr von der Mutter abgewandt hatte. Die Mutter wurde als »Bild« empfunden, nicht als Realität (Klein 1972, S. 54). Das Objekt erscheint nicht als das, was es ist.

Die Übertragung dieser Einsicht auf Leben und Werk Wilhelm Buschs fällt nach allem nicht schwer. Die Übereinstimmungen zum eben Gesagten sind geradezu verblüffend. Das oben zitierte Gedicht, das der Mutter gewidmet ist, benutzt ausdrücklich das Wort »Bild«; »Dein treues Bild, was ich auch tu,/Es winkt mir ab, es winkt mir zu.« Auch zeigt diese Formulierung die Ambivalenz, die für Buschs gestörtes Verhältnis zur Mutter typisch ist: Erst innere Entfernung, dann Zuwendung! – In seiner autobiografischen Schrift »Von mir über mich« heißt es: »Kein Ding sieht so aus, wie es ist. Am wenigstens der Mensch« (GA IV, S. 205). Auch dieser Wortlaut beschreibt sein ungewöhnliches Objektverhältnis.

Vielleicht erklärt sich hieraus auch, warum Busch seine Gegenstände in den Bildergeschichten immer wieder Zerstörungen erdulden lässt. Gegenstände sind nicht das, erscheinen nicht als das, was sie sind. Es stecken Geheimnisse in ihnen, die es zu lüften gilt. Busch äußerte einmal: »Jed Ding, und wär's ein irdener Topf, besitzt eine Art von schlauer Verborgenheit, die nur durch Fleiß, List, Talent überwunden wird. Ich denke an A. Brouwer und Teniers. Es ist schwer, der Natur hinter die Schliche zu kommen« (SW, 7. Bd., S. 438).

Diese Aussage korrespondiert mit Buschs Bemerkungen über die flämisch-niederländische Malerei, er habe bei einem Besuch dort ungemein »geestige Töpfe« gesehen (Briefe I, Nr. 261); und er rühmt »diese Unbefangenheit eines guten Gewissens, welches nichts zu vertuschen braucht« (GA IV, S. 208f.). Hat er sich selbst in Verdacht, bei Betrachtung oder Darstellung von Gegenständen etwas zu vertuschen? Sind es die Gegenstände selbst, die ihre innere Wahrheit beständig verbergen, und muss man sie deshalb aufbrechen?

Hans Ries hat in seiner »Historisch-kritischen Ausgabe« (Bd. I., Sp. 1247) darauf hingewiesen, dass Busch – ähnlich Hans Christian Andersen – tote Gegenstände gelegentlich beseelt. Man denke an »Krischan mit der Piepe« (Bd. I., Sp. 294ff.), wo das gesamte Mobiliar einen wahren Hexentanz um den kleinen Krischan aufführt; an den »Sack und die Mäuse« (HkGA, Bd. III, S. 210) oder an die »Die ängstliche Nacht« aus der Sammlung »Die Haarbeutel« (HkGA, Bd. III, Sp. 63ff.), wo der Herr des Hauses einen langen und verzweifelten Kampf gegen die Utensilien seines Zimmers führen muss, bis er endlich schlafen kann. Der Kampf mit den Objekten –, ein sprechendes Bild! Das Objekt zerstören, um hinter seine Geheimnisse zu kommen; der Kampf gegen die Objekte, die mich zerstören wollen.

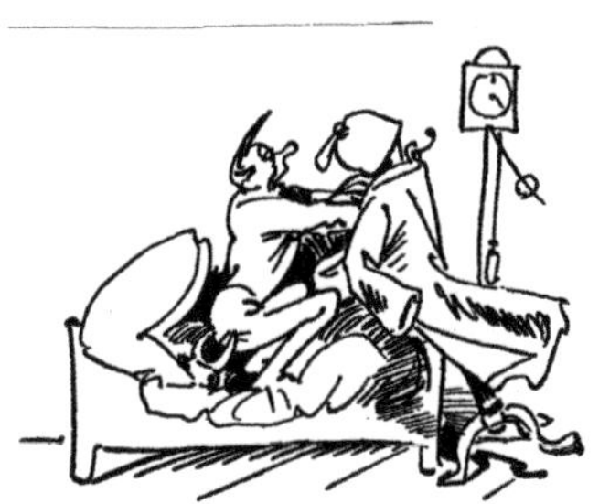

Abb. 10: Die ängstliche Nacht

Nicht Sadismus ist es also, der Busch in seinen Bildergeschichten zu den zahlreichen abstoßenden Katastrophen und Zerstörungen veranlasst, sondern eher ein nicht fertig entwickeltes Verhältnis zur Objektwelt. Auch seine Fäkal-Fantasien könnten mit der nicht bewältigten Lösung vom Objekt zusammenhängen –, eine unvollständig durchlebte *anale* Phase.

Literatur

Block, P. (1938): Beim Einsiedler von Mechtshausen. In: O. Nöldeke: Wilhelm Busch. Ernstes und Heiteres. Berlin 1938.

Bowlby, J. (2006): Bindung und Verlust, Bd. 1: Bindung. Basel.

Brisch, K.H. (2006): Bindungsstörung und Trauma. In: ders.: Bindung und Trauma. Risiken und Schutzfaktoren für die Entwicklung von Kindern. Stuttgart, 2. Aufl.

Deleuze, G. (1980): Sacher-Masoch und der Masochismus. In: Leopold Sacher-Masoch: Venus im Pelz. Frankfurt/M.

Freud, A. (1968): Wege und Irrwege in der Kinderentwicklung. Bern u. Stuttgart, 6. Aufl. 1993.

Freud, S. (2001): Das ökonomische Problem des Masochismus. In: Das Ich und das Es. Frankfurt/M., 9. Aufl.

Freud, S. (2004): Drei Abhandlungen zur Sexualtheorie (1905). Frankfurt/M., 8. Aufl.

Gay, P. (1996): Kult der Gewalt. Aggression im bürgerlichen Zeitalter. München, 2000.

Jacobsen, E. (1978): Das Selbst und die Welt der Objekte. Frankfurt/M., 5. Aufl. 1998.

Klein, M. (1972): Das Seelenleben des Kleinkindes und andere Beiträge zur Psychoanalyse. Reinbek bei Hamburg.

Kohut, H. (1976): Narzissmus. Frankfurt/M.

Lindau, P. (1917): Nur Erinnerungen, Bd. 2. Stuttgart, 2. u. 3. Aufl.

Mentzos, S. (1984): Neurotische Konfliktverarbeitung. Frankfurt/M., 17. Aufl. 2000.

Nöldeke, A. (1909): Der »Einsiedler« von Wiedensahl. In: Wilhelm Busch. Von Hermann, Adolf und Otto Nöldeke. München.
Nöldeke, O. (1909): Lebensgang. In: Wilhelm Busch. Von Hermann, Adolf und Otto Nöldeke. München.
Pietzcker, F. (1984): Wilhelm Busch – Schuld und Strafe in Werk und Leben. München, 2. Aufl.
Pietzcker, F. (2002): Symbol und Wirklichkeit im Werk Wilhelm Buschs. Frankfurt/M.
Rades, P. (1977): Hintergründiges in den Bildergeschichten Wilhelm Buschs. Köln.
Reich, W. (2006): Charakteranalyse. Köln, 8. Aufl.
Röhrich, L. (1955): Die Grausamkeit im Märchen. Rheinisches Jahrbuch für Volkskunde 6, S. 36.
Sacher-Masoch, L. v. (1980): Venus im Pelz. Frankfurt/M. u. Leipzig.
Salter, A. (2006): Dunkle Triebe. München.
Schenda, R. (1988): Volk ohne Buch. Studien zur Sozialgeschichte der populären Lesestoffe 1770–1910. Frankfurt/M., 3. Aufl.
Schury, G. (2007): Ich wollt ich wär ein Eskimo. Berlin.
Winnicott, D.W. (1974): Vom Spiel zur Kreativität. Stuttgart, 10. Aufl. 2002.
Wöller, W. (2006): Trauma und Persönlichkeitsstörung. Stuttgart u. New York.
Wurmser, L. (1993): Das Rätsel des Masochismus. Berlin, Heidelberg, New York.
Wurmser, L. (2007): Die Maske der Scham. Eschborn, 3. Aufl.

Abkürzungsverzeichnis

GA = Wilhelm Busch. Gesamtausgabe in vier Bänden. Hg. v. Friedrich Bohne. Wiesbaden 1968. (2. Auflage 1974)

HkGA = Wilhelm Busch. Die Bildergeschichten. Historisch-kritische Gesamtausgabe. Bearbeitet von Hans Ries. Hannover 2002. (2. überarbeitete Auflage 2007)

SW = Wilhelm Busch. Sämtliche Werke. 8 Bände. Hg. v. Otto Nöldeke. München 1943

Briefe = Wilhelm Busch. Sämtliche Briefe. Kommentierte Ausgabe in zwei Bänden. Hg. v. Friedrich Bohne. Hannover 1968

Anmerkungen

1 Es muss darauf hingewiesen werden, dass die Busch angelasteten Grausamkeiten in seiner Gedanken-Lyrik so gut wie gar nicht vorkommen!
2 Ausführlich zum Thema »Prügeln« neuerdings Gudrun Schury: Ich wollt ich wär ein Eskimo. Berlin 2007, S. 23ff.
3 Dass Busch überdies bis ins reife Alter hinein mit ödipalen Konflikten, konkret mit Kastrationsängsten, zu tun hatte, geht eindeutig aus mehreren Stellen seiner Prosaschrift »Der Schmetterling« hervor, die er 1895 schrieb. Als Hund wird ihm von einer Hexe der Schwanz abgekniffen; als er zum Schluss der Geschichte seinem alten Zuhause zustrebt, sägt ihm ein Arzt den rechten Fuß ab (GA IV, S. 252, 259).
4 Damit wäre auch die immer wieder aufgeworfene Frage erledigt, ob Busch seine Bildergeschichten ironisch-satirisch gemeint habe, oder ob hinter allem wirklich eine erzieherische Absicht stünde.
5 Zum Zusammenhang von Sadismus und Schuldgefühl vgl. Edith Jacobsen: Das Selbst und die Welt der Objekte. Frankfurt/M. 1978 (5. Aufl. 1998), S. 159f. – Léon Wurmser: Das Rätsel des Masochismus. Berlin, Heidelberg, New York 1993, S. 413.
6 Sigmund Freud: Das ökonomische Problem des Masochismus. In: Das Ich und das Es. Fischer Taschenbuch Verlag, Frankfurt/M. 9. Aufl. 2001, S. 301f. – Hierzu zustimmend auch Deleuze: Venus …, a.a.O., S. 212.
7 John Bowlby: Bindung und Verlust. Bd. 1 – Bindung. München, Basel 2006, S. 251f. – Wolfgang Wöller: Trauma und Persönlichkeitsstörung …, a.a.O., S. 103. – Diese Überlegungen dürfen nicht dazu verführen, von den subjektiven Empfindungen des Knaben Wilhelm auf die realen Verhältnisse in seiner Familie zu schließen. Keineswegs soll der Mutter irgend ein Versäumnis in Bezug auf ihre Liebesbezeugungen dem Sohn gegenüber vorgeworfen werden. In unserem Zusammenhang kommt es lediglich auf das innere Erleben ihres Sohnes an.
8 Zu Buschs Glauben an die Wiedergeburt, der sicher auch auf seine Beschäftigung mit Schopenhauer zurückgeht, siehe meine Veröffentlichung: Symbol und Wirklichkeit im Werk Wilhelm Buschs. Frankfurt/M., Berlin 2002, S. 140f.
9 Anna Freud: Wege und Irrwege in der Kinderentwicklung. Bern und Stuttgart 1968 (6. Aufl. 1993), S. 70; Melanie Klein: Das Seelenleben des Kleinkindes und andere Beiträge zur Psychoanalyse. Reinbek bei Hamburg 1972, S. 31f.; Edith Jacobsen: Das Selbst und die Welt der Objekte. Frankfurt/M. 1978, S. 60f., 77, 90f.; D.W. Winnicott: Vom Spiel zur Kreativität. Stuttgart 1974, S. 104.

Zum neuen Biologismus

Thomas Krauß

I. Drei Ismen

Erklärungssysteme, die mit einer einzigen Grundannahme die ganze Welt erklären, hat es immer schon gegeben. Insbesondere in vorvergangener Zeit neigen die Menschen dazu, ihre Realitäts- und zugleich Sinndeutungen mit Hilfe von einfachen Fundamentalhypothesen zu betreiben und fiktive Superinstanzen wie Geister, Götter oder ewige Ideen als Urgründe des Seins zu inthronisieren.

Sehr viel später, im Zeitalter der Aufklärung dann setzt sich die menschliche Vernunft ins rechte Licht, und mit der rationalen Argumentationskultur, die sie nach sich zieht, bekommt die empirische Forschung einen maßgeblichen Stellenwert als akzeptiertes Verfahren der Beweisführung. Bloßer Glaube wird durch Faktenwissen ersetzt. Nur was wissenschaftlich nachweisbar ist, hat jetzt Geltung, ganz gleich, ob die einzelnen Menschen das so glauben können oder nicht.

Deshalb ist es auch ein Skandal, dass gewisse Politiker sich anheischig machen, den Kreationismus mit dem wissenschaftlich Erforschten gleichwertig zu behandeln, wo es um ernsthafte Fragen der Entstehung des Lebens auf Erden geht. Doch der Skandal drückt etwas aus: Indem sie sich zum Monopol entwickelt und sich als ›exakte Wissenschaft‹ immer weiter, bis zur Skurrilität, ausdifferenziert, büßt die Vernunft ihren ursprünglich kritischen Stachel ein, die Menschen durch gesicherte Erkenntnisse aus ihrer wie immer bedingten Unmündigkeit zu führen. Mit ihrer Medaillenkehrseite, dem ›Anderen der Vernunft‹, das sich angewidert oder voller Unverstand von ihr abwendet, weil sie durch zunehmenden Perfektionismus erkaltet, verliert sie den Kommunikationskontakt zu ihrem Adressaten, der doch zugleich ihr Schöpfer ist. Deshalb kann sie sich auch nicht mehr mit ihrer eigenen Pathologie (vgl. Honneth 2007) konfrontieren. Krank wird Vernunft, wo ihre Form der Ratio nunmehr auch Zwecken dient, die jeglicher Vernunft entbehren und die sich, statt mit der Erleuchtungshelle der Aufklärung, mit dem Dunklen der menschlichen Abgründe verschwistern.

Spätestens seit dem Faschismus, der sich mit katastrophalen Folgen dieser kalten, irrationalen Ratio bedient, kann die Vernunft vor sich selbst aber nicht mehr die Augen verschließen. Jetzt wird das aristotelische ›Erkenne Dich selbst‹ innerhalb der Wissenschaften erneut bedeutsam. Es beginnt der Positivismusstreit, der die Vernünftigkeit der Zwecke gegen den blinden Szientismus der *facts and figures* einklagt, es beginnen die Metareflexionen der Wissenschaft zur Struktur ihrer eigenen Paradigmen und ›Revolutionen‹, es wird von Neuem Denken und systemischer Bezogenheit gesprochen. Eine neue Ära scheint heraufzuziehen.

Das hat in den 60er und 70er Jahren des letzten Jahrhunderts seine Blütezeit. Dort wird mit der neuen Vernunftkritik die Vision wiederbelebt, dass die disparaten Wissenschaften, ihre Sprache und ihr Denken ineinander so zu vermitteln sind, dass sie endlich einer allumfassenden, nicht-instrumentellen, selbstreflexiven menschlichen Vernunft dienlich sein können. Technik und Wissenschaft, heißt es, sollen nicht als Ideologie über die Menschen herrschen und sie erneut zu Adepten eines Glaubenssystems machen, selbst wenn es jetzt ›modern‹ darum geht, den Glauben an die wirkliche Wirklichkeit der Fakten gegen den an die bloßen Fiktionen einzusetzen.

Als vorläufig letzter Höhepunkt der wissenschaftlichen Selbstreflexion, die eine zeitgemäße Synopsis der Sichtweisen verheißt, gilt die Erkenntnis von Jürgen Habermas, dass von drei Erkenntnisebenen auszugehen sei, auf denen sich alles Wissen abbildet. Er unterscheidet zwischen einer physikalisch-objektiven, einer normativ-sozialen und einer subjektiven Welt, in die alles eingebettet ist. Auch nach Niklas Luhmann, dem theoretischen Antipoden, sind es jene drei aufeinander bezogenen ›Systeme‹, die füreinander ›Umwelten‹ und damit das Ganze bilden: das biologische, das soziale und das psychische (vgl. Buchholz 1990, S. 28).

Dass die drei Erklärungswelten füreinander ›Umwelten‹ bilden, dürfte aber auch bedeuten, dass eine allein ohne die beiden anderen heuristisch zu kurz greifen und möglicherweise bloß Plattitüden produzieren würde. Anhand der interdisziplinären Erkenntnisse der ›Psychoneuroimmunologie‹ lässt sich das veranschaulichen: Krankheiten des Menschen, die mit der Abwehrkraft des Immunsystems zu tun haben, sind sehr viel besser zu verstehen und dementsprechend nachhaltiger zu heilen, wenn erst gesehen wird, dass es zwischen Psyche und Soma Interdependenzen gibt dergestalt, dass es wesentlich das subjektiv-psychische Moment ist, das die objektiven biochemisch-neuronalen Prozesse beeinflusst, wenn nicht steuert, und in dieser Interaktion das Immunsystem positiv oder negativ beeinflusst. Und wenn man folgerichtig, wie in der amerikanischen Mind-Body-Medizin, davon ausgeht, dass Krankheit immer drei Ursachen hat: eine, die die objektiven biologischen Faktoren wie genetische Dispositionen oder virale Umwelten mit sich bringt, eine, die mit der Persönlichkeitsstruktur und den lebensgeschichtlich relevanten Erlebnisverarbeitungen der Betroffenen zu tun hat und eine soziale, die die Stellung der Kranken in Familie und Gesellschaft und, darüber hinaus, die Verfasstheit der Gesellschaft selbst betrifft, dann wäre sogar von einer Sozio-Psycho-Neuro-Immunologie zu reden.

Für das systemische Denken ist die erkenntnisträchtige Trias Soziologie-Psychologie-Biologie für die Bestimmung menschlicher Belange wie Gesundheit und Krankheit selbstverständlich und nichts Neues. Manche Schulmediziner und Hardcore-Biologen haben allerdings hier intellektuelle Sperren und gehen den Schritt nicht, der sie in den anderen Geist der Hermeneutik führen würde. In den Fällen, wo ihre Abwehrmechanismen hart zuschlagen, drückt sich das darin aus, dass sie dem anderen Paradigma einfach die Wissenschaftlichkeit absprechen, um sie damit, aus ihrer Sicht, der Lächerlichkeit preisgeben zu können. Insbesondere bei der stupenden Abwehr gegen die Psychoanalyse lässt sich das nachverfolgen.

Massive Abwehrmechanismen gegen den jeweils anderen Diskurs richten aber zuweilen auch die Soziologie und die Psychologie auf. Bei der kardinalen Frage nämlich, was die Bestimmung des Menschen angeht, wehren sich in der Regel auch die reflexiven Wissenschaften gegen die offenkundige Bedrohung, die für sie das jeweils andere Paradigma bedeutet. Zumindest zeigt die Vergangenheit derlei Volten, bei denen vernunftgeborene Erkenntnisse, die die Menschheit in ihrer Selbsterkenntnis voranbringen wollen, zu tumben »Ismen« mutieren. Zu einem »Ismus« werden wissenschaftliche Paradigmen, wenn sie sich einkapseln und dann mit jenem Gesunden Menschenverstand amalgamieren, den Hegel seinerzeit schon als krankheitsverdächtig eingestuft hatte. Wenn in den Wissenschaftsreports und den geneigten Nachrichtenmagazinen und sonstigen Foren der brandneuen Geistesprodukte deren Ergebnisse zusammengefasst und auf griffige Formeln reduziert werden, die als Richtigkeitsbeweise ihres Erklärungsmusters immer und immer wieder in die Meinungsbildung eingreifen, um sie zu zementieren, dann hat man es alsbald mit einem vereinseitigten Zeitgeist zu tun, der mit seinem ›bewiesenen Wissen‹ so unerreichbar ist wie der Glaube, der das Nichtbeweisbare anbetet.

Wer die maßgeblichen Erklärungswelten des vereinseitigten Zeitgeistes seit etwa 40 Jahren mitverfolgt, weiß noch, dass in den 60er Jahren bis etwa Mitte der 70er der gebräuchliche »Ismus« der Soziologismus ist. Was Menschen ausmacht, sei einzig und allein *»gesellschaftlich bedingt«,* so der damals moderne Glaubenssatz.

Dem soziologischen Denken sind Psychologie und Biologie als Erklärungsmodelle für den

Menschen höchst verdächtig, ja *›der Mensch‹* in jener Singularform, der an die Singularisierung des ›Juden‹ und des ›Negers‹ im deutschen Faschismus und im übrigen weltweiten Rassismus erinnert, wird als Ideologie entlarvt, die verschleiert, dass es stets nur verschiedene Menschen in verschiedenen Zeitepochen mit verschiedenen Produktions- und Herrschaftsverhältnissen gibt und keinen, der mit einer abstrakter Subsumtionslogik zu fassen wäre. *»Abstraktionen in der Wirklichkeit geltend machen, heißt Wirklichkeit zerstören«,* wird Hegel zitiert. Man setzt alles daran, dass die jüngste Vergangenheit sich nicht wiederholen kann, die Millionen Menschenleben im Namen abstrakter Kategorien wie Macht, Volk, Nation und Schicksalsgemeinschaft zerstört und alles übrige Lebendige in Schutt und Asche hat versinken lassen.

Das soziologische Denken der Nachkriegszeit, sofern es sich nicht an die Naturwissenschaften anlehnt und positivistisch bloß Daten erhebt, die den Status quo verdoppeln, will den Terror der NS-Gesellschaft aufarbeiten und den nachfolgenden Vermeidungsmuff der postfaschistischen Ära abschütteln. Es leistete Kritik an der Gesellschaft, weil es auf eine qualitativ andere hinaus will.

Als der qualitative Umschlag dann nicht eintritt und jene Soziologen Recht behalten, die ohne »Ismus« gegen die ›revolutionären‹ Vereinfacher in ihren Reihen, wenn auch mit unglücklichem Bewusstsein, die Übermacht der objektiven Verhältnisse diagnostizieren, setzt der Paradigmenwechsel von der hauptsächlich soziologischen zur hauptsächlich psychologischen Interpretation der Dinge ein. In Deutschland ist das etwa Mitte der 70er Jahre, als das Rote Jahrzehnt (Koenen 2004) zu Ende geht und mit dem Überschwappen des amerikanischen Kommunikations- und Interaktionsparadigmas in die eingeschliffenen Denkweisen der Zeitgeist sich vermehrt subjektivitätstheoretischen und psychotherapeutischen Fragen zuwendet. Nunmehr ist die Veränderungsfähigkeit oder -resistenz der Welt nicht mehr abhängig von den Instanzen, die objektiv, von außen auf die Menschen ein-, sondern von denen, die subjektiv von innen heraus wirken, heraus auf die sie umgebende soziale Welt genauso wie auf sie selbst. Jetzt sieht es so aus, als ob in seinen psychischen Mechanismen der Mensch durch sich selbst reprimiert würde und nicht mehr von den institutionellen Macht- und Herrschaftsverhältnissen.

Der Glaubenssatz des Psychologismus lautet: Alles ist *»psychisch bedingt«*. Es geht um den subjektiven Faktor. Seine Verinnerlichungen und innermenschlichen Verhärtungen werden zum Gradmesser für die Möglichkeitsbedingungen einer Utopie, die das objektive gesellschaftliche Sein betrifft. Emanzipatorisch daran ist, dass sich mit dem psychologischen Denken die Verkehrsformen der Menschen untereinander auf eine fast kulturrevolutionäre Weise lockern und ihr antizipatorisches Wissen um eine gelungene Kommunikation ganz neue Formen von Beziehungen entstehen lässt, insbesondere solche, die sich an einer qualitativen Ausdehnung des interaktiven Lebensgenusses orientieren: Es gilt die normative Kraft des Kontrafaktischen. Reaktionär daran ist, dass, wo es um die prekäre gesellschaftliche und die nach dem Ende der Studentenrevolte entdeckte ökologische Realität geht, die Subjektivität, die alles lösen könnte, vornehmlich als Hemmschuh der großen Veränderung ins Feld geführt und die über ihn bestimmenden Charaktereigenschaften des Menschen zur Legitimationsinstanz des Immergleichen werden. Terroristisch daran ist, dass jeder des anderen Psychologe wird und distanzlos seine eigenen Neurotizismen mit denen, die er beim anderen entdeckt, in die Wagschale wirft, um sich in der Nabelschau seiner Motive und Triebbestimmtheiten zu suhlen. Richard Senett nennt das ›Die Tyrannei der Intimität‹.

Der wesentliche Konservativismus der menschlichen Psyche, den Sigmund Freud zu Beginn des 20. Jahrhunderts entdeckt hat, kommt im allgemeinen Psychologismus denen zupass, die immer schon ein Interesse am Fortbestand der schlechten Verhältnisse haben. Deshalb wird der Psychologismus gesellschaftlich auch nicht weiter bekämpft. Im Gegenteil: Das dümmliche Politikergerede, dass im Mittelpunkt der Mensch stehe, auf den es ankomme, lässt sich aufs vorzüglichste mit den küchenpsychologischen Weisheiten des veröffentlichten Humanwissens zu einem allgemeinen Glauben an scheinbar ewige, zumindest tief einprogrammierte, zumeist negative Charakterzüge und Wesensmerkmale ›des Menschen‹ verquicken.

Überzeugender als bloß ein dahergeredeter Glaube an das Wesen des Menschen ist freilich ein handfestes wissenschaftliches Wissen darüber. Hier kommt der moderne Biologismus zum Tragen.

II. Biologismus

Die Biologie unterscheidet sich von der Soziologie und der Psychologie darin, dass sie sich als reine Naturwissenschaft objektivistisch und über alle Zweifel erhaben, das heißt: wertfrei präsentieren kann. Der evolutionären Sichtweise der Dinge, die heute von den ›Brights‹ neuaufklärerisch verbreitet wird, ist jeglicher ideologische Zungenschlag abhold, und dort, wo dem Naturalismus, wie dereinst von Herbert Marcuse (1965, S. 17ff.), nachgewiesen wird, dass sein Denken trefflich in Gehirnen von Machthabern gedeiht, die gern Ewiges, etwa Tausendjährige Reiche oder gnadenlose Hierarchien und rassistisch legitimierte Herrschaftskonstellationen als reine Naturgegebenheiten anpreisen, wehrt sich Biologie und Naturwissenschaft damit, dass sie von einem ungewollten Missbrauch ihrer ansonsten für richtig gehaltenen Aussagen spricht, freilich ohne die Sozialpsychologie des folgenschweren Vorgangs zur Kenntnis zu nehmen oder gar anlässlich solcher Missbrauchsmöglichkeiten mit einer kritischen Selbstreflexion ihrer Botschaften zu beginnen.

Auch im eigenen Hause würde die evolutionär ausgerichtete Biologie recht Zweifelhaftes entdecken können, das psychologisch und soziologisch höchst bedeutsam ist, und zwar just bei ihrem Urvater Charles Darwin. So entkräftet Manfred Kappeler die gängige Missbrauchsthese, indem er nachweist, dass sich in den Texten Darwins selbst handfeste Herrschaftsinteressen finden lassen, die überhaupt nicht wertfrei und ›rein wissenschaftlich‹ daherkommen. Er arbeitet in seinem Werk »Der schreckliche Traum vom vollkommenen Menschen« heraus, dass insbesondere der sich an Darwin anschließende Sozialdarwinismus bei Darwin selbst und seinen Zeitgenossen schon angelegt ist, indem dort kulturelle Unterschiede biologisiert und mit dem Zuchtwahlgedanken die Höherentwicklung auch der Menschen in eine bestimmte Richtung gedacht ist, die beredt von »der Blindheit des selbstgefälligen weißen Mannes [Zeugnis ablegt], der in seinem Berufsethos als Naturwissenschaftler von sich selbst glaubt, die Spitze des Fortschritts zu repräsentieren« (Kappeler 2000, S. 80). Manfred Kappeler betont hier, dass keinesfalls die große wissenschaftliche Leistung und Bedeutung der Evolutionstheorie geschmälert werden soll, nämlich die »Erklärung der Naturgeschichte«. Es gibt aber einen inneren Zusammenhang von Evolutionstheorie und Eugenik darin, dass mit der »Anwendung des ›biogenetischen Grundsatzes‹ auf den Homo sapiens« sogenannte entwickelte und unterentwickelte Rassen und Völker rein wissenschaftlich wertfrei hinterrücks einem Werturteil unterzogen und nach Art der schwarzen Pädagogik zum Gegenstand eines heimlichen Lehrplanes werden. »Die Verknüpfung von Evolution, Fortschritt und Rasse, die von Darwin, Huxley, Haeckel und fast allen anderen Naturforschern der Zeit vorgenommen wurden, bereitete den Weg der Evolutionstheorie in den Rassismus und Sozialdarwinismus mit einer gewissen Zwangsläufigkeit vor« (ebd., S. 76; vgl. insgesamt S. 67ff.).

Aus derselben zwangsläufigen Logik schöpfen die meisten naturwissenschaftlich verbrämten Mythen von der ewigen Überlegenheit des einen über den anderen ihre verheerende Kraft: Weil es genetisch oder eben biologisch so festgelegt ist, ist es unhinterfragbar und immer schon so, dass wenige herrschen und das auch sollen und die vielen anderen das hinzunehmen haben. Zu einem »Ismus« wird die biologische Wissenschaft, wo ihr Erklärungsmuster so lange wiederholt wird, bis sich alle einig sind, dass alles tatsächlich und wirklich »*biologisch bedingt*« ist, was den Menschen und sein soziales Miteinander angeht. Das ist heute der Glaubenssatz des Zeitgeistes.

Der moderne Biologismus zeichnet sich dadurch aus, dass er die zweifellos höchst interessanten Forschungsergebnisse aus den neurologischen oder molekularbiologischen Forschungslabors in induktiven Interpretationsschlüssen zu allgemeinen abstrakten Aussagen eindickt, die dann im zweiten Zuge, aus der Metaperspektive des Verallgemeinerten, deduktiv über alle Menschen gegossen werden, um in der Form von anthropologischen Binsenweisheiten die Wahrheit über ›den Menschen als solchen‹ zu verkünden. Die induktiv gewonnenen Schlussfolgerungen, also das logisch Bedingte wird zur Wirkursache, zum Bedingenden. So wie der Dorfpfarrer in der Elbe-Jeetzel-Zeitung im Landkreis Lüchow-Dannenberg aus der Tatsache, dass es Brot gibt, die Existenz eines Bäckers ableitet und aus Brücken und Autos die von Ingenieuren, um sogleich dazu überzugehen, aus der Tatsache der Schöpfung einen Schöpfer abzuleiten, aus dessen Macht und Herrlichkeit sich wiederum *Das Ganze* ergibt, schlussfolgert das biologistische Denken aus der Tatsache, dass Menschen ebenso Gene haben wie Spatzen oder Affen, dass all seine Emanationen wie die anderer Tiere genetisch bestimmt sind. So regrediert das Denken, das uns über uns selbst aufklären will, auf den Glauben an die fundamental biologischen Ursachen unseres Menschseins, und überall kann man hören und lesen, dass es seit jeher stets um den Selektionsvorteil im ewigen Survivalkampf um den Platz der Fittesten geht und dass das alles evolutionsgeschichtlich seit Jahrmillionen so stattfindet und weiter so stattfinden wird.

Dass dieser neue Biologismus den jüngsten Zeitgeist prägt, zeigt sich unter anderem bei Frauenzeitschriften. Wurden früher die Probleme mit den Kleinen psychologisch erörtert und therapeutische Ratschläge eingeholt, etwa, wie man familiendynamisch mit dem Bettnässerphänomen umgehen könne, liest man heute an erster Stelle, was der Arzt dazu zu sagen hat. Nicht mehr werden Ursache und Funktion einer Störung in den Kommunikations- und Interaktionsstilen der Betroffenen gesucht und die Behebung des Problems in den Selbstheilungskräften ihres eigenen Beziehungszusammenhangs gefunden, sondern das Phänomen wird im Organbereich verortet, der der eigenen introspektiven Einflussnahme entzogen scheint und in den allein der naturwissenschaftliche Experte mit seinem Fachwissen Einblick hat und fachgerecht intervenieren kann. Der organische Hintergrund des Menschen, das ist das, womit er seit unvordenklicher Zeit als seinem ewigen, invarianten Erbe umzugehen hat.

Aber nicht nur hier vollzieht sich die neue Wende zum Biologismus, die eine Rolle rückwärts sein dürfte: Die Psychologie selbst verkauft sich an die Biologie, wenn sie an prominenter Stelle[1] Charles Darwin als ihren neuen Star feiert und Freud als seinen Jünger darstellt, der mit ihm im Menschen das ewige Überlebensprogramm seit der Ära des Neandertalers ablaufen sieht. »Evolutionspsychologie« heißt das neue Stichwort. Die fünf wesentlichen »Persönlichkeitsfaktoren«, die man wissenschaftlich im Menschen entdeckt und wie in einem afrikanischen Nationalpark *The Big Five* nennt, seien naturgeschichtlich in seinem Gehirn verankert; und weil es jetzt ›Darwinistische Psychologie‹ ist, die man betreibt, versucht man das evolutionäre Warum herauszufinden, sprich: den Nutzen, den das Ganze für den Selektionsvorteil der Gattung hat. Man fragt hinein, was man heraushören will und denkt nicht einen Moment darüber nach, dass die Fragstellung, die die Antwort bedingt, selber ein Denkprodukt ist, dem ein bestimmtes Erkenntnisinteresse, oder, zumindest, ein psychisch-emotionaler Anlass zugrunde liegt.

Als der Arzt Sigmund Freud in der vorletzten Jahrhundertwende die Psychoanalyse ins Leben rief, ging er davon aus, dass eines fernen Tages psychische Phänomene auf rein naturwissenschaftlich erklärbare, zum Beispiel biochemische, Vorgänge zurückzuführen sein werden. Mittlerweile ist das eingetreten mit noch nicht absehbaren Folgen. Hat man nämlich erst einmal entdeckt, mit welchen Neurotransmittern welche für alle möglichen Lebewesen relevanten Gemütszustände einhergehen und wie deren chemische Zusammensetzung aussieht, ist der Schritt zur Intervention mit Spritze und Pille bekanntermaßen nicht weit. Die Selbstaufklärung des Menschen über seine Handlungsmotive und Sinnzusammenhänge nimmt dann Abschied von der kommunikativen Reflexion und reduziert sich auf medikaltechnologische Korrekturen. Wie so etwas aussieht, erfährt man im Bereich der medizinisch dominierten Psychiatrie, wo versucht wird, seelisches Leiden in lokalisierten Hirnarealen zu beeinflussen und, außer mit den längst vertrauten pharmakologischen Ingredienzen, mit elektronischen Hirnschrittmachern zu lenken oder eben am Ende operativ zu entfernen. Wir erinnern: *Einer flog übers Kuckucksnest*.

Das medizinisch-naturwissenschaftliche Verständnis der Psyche erstreckt sich auf rein organische Zusammenhänge, und so wundert es nicht, wenn man jetzt, wie Psychiater der Harvard Medical School auch Persönlichkeitsmerkmale, zum Beispiel Schüchternheit, ursächlich in relativ festgelegten Hirnprozessen und nicht in sozialen Erfahrungen begründet sieht. Werden Wesensmerkmale auf organische, letztlich genetisch bedingte Ursachen zurückgeführt, ist der wissenschaftliche Weg nicht weit zur Gretchenfrage nach dem Ich des Menschen. Wo steckt es eigentlich? Im Hirn jedenfalls wurde es nicht gefunden, so der renommierte Wissenschaftler Wolf Singer. Aus welchen Elementen setzt es sich zusammen? Gibt es das Ich des Menschen überhaupt? Und wenn ja, verfügt das Ich über die Freiheit des Willens oder ist auch die Subjekthaftigkeit des Menschen der Kausalität von Naturgesetzen unterworfen?

Wer dergestalt an die wesentlichen Fragen menschlicher Selbsterkenntnis herangeht, dass er das Ich in der organischen Trägersubstanz sucht und dort freilich nicht findet, dem sei geweissagt, dass er genauso wenig wie das Ich einen seiner Gedanken wird finden können, auch den vom nicht aufzufindenden Ich im Gehirn nicht, obwohl er es im Magnetresonanztomografen in bestimmten Arealen heftig blitzen sieht, wenn sein Menschen-Ich am Denken ist. Zudem wäre hier darauf hinzuweisen, dass für die Denkprozesse des Biologismus dasselbe gilt wie für diejenigen, über die er seine Entdeckungen macht: »Messergebnisse der funktionellen Magnetresonanztomografie […] können [zwar] Indikatoren psychischer Prozesse [sein, aber:] sie sind nicht die Prozesse selbst« (Kliegl 2007, S. 261). Auf diesen entscheidenden Unterschied weist Reinhold Kliegl hin.

Und zu den unlängst stattgefundenen Diskussionen über die nicht vorhandene Willensfreiheit des Menschen, die von der Biologie postuliert wird, sei hinzugefügt, dass dieser Gedanke wahrlich keine Trouvaille ist. Schon der kritischen Soziologie war klar, dass der Mehrzahl der Menschen aus Gründen keine freie Willensentscheidung möglich ist. Bei Karl Marx wird dieses Motiv sogar dahingehend radikalisiert, dass selbst die Entscheider, als die sich heute die hochbezahlten Manager des gesellschaftlichen Seins gern selbst beweihräuchern, lediglich »Charaktermasken« sind, die dem stummen Zwang der ökonomischen Gesetzmäßigkeiten gehorchen, und seien sie zuweilen persönlich noch so nett (vgl. Sloterdijk 1983, S. 90ff.). Ergänzend zum gesellschaftskritischen Befund wiederholt und vertieft die Psychoanalyse die These vom nicht vorhandenen freien Menschenwillen. Das Ich ist nicht Herr im eigenen Hause, sagt Freud, und geht davon aus, dass es ein gegenüber dem Bewusstsein riesiges Unbewusstes und mächtige subkutane Triebdrücke sind, die unser Wollen steuern. Im Gegensatz zu der soziologisch diagnostizierten Übermacht der objektiven gesellschaftlichen Verhältnisse über die Menschen, die doch von ihnen selbst geschaffen und deshalb, wenn auch: utopisch, eines Tages, zu verändern sind, verlegt die Psychologie die Macht, die dem Menschen die Macht über sich nimmt, in ihn selbst hinein. Seine frühen Traumatisierungen, seine Erlebnisverarbeitungen, seine Verinnerlichungen sind es, die ihn daran hindern, autonom zu werden. Das heißt aber im Umkehrschluss auch: Die Bedingungen der Möglichkeit, sich seiner Heteronomie zu entledigen, sind am Ende genauso in ihm zu suchen und durch Selbstaufklärung und Selbstüberwindung freizulegen. Erst autonome Menschen können sich gegen die schlechten Bedingungen wehren, unter denen sie ihr Leben fristen müssen, sagt die Psychologie. Erst indem sie sich wehren, werden die Menschen autonom, sagt die vom Veränderungswillen inspirierte kritische Soziologie.

Diese beiden Utopien zerstört der Biologismus. Er geht den folgenschweren Schritt, dass er die Unfreiheit des menschlichen Willens aus der Gesellschaftsgeschichte der Menschen und aus der Lebensgeschichte des Einzelnen herausnimmt und in der ›Natur‹ verankert. Jetzt ist es der invariante Bios des Menschen, der ihn daran hindert, endlich Mensch zu werden. Also bleibt er Tier.

Wenn es neuerdings psychologisch so erfrischend heißt: *Wer denken will, muss fühlen*[2], weil die Neurowissenschaft naturwissenschaftlich entdeckt hat, dass allem Denken offenbar emotionale Prozesse vorangehen, die mit Rationalität herzlich wenig zu tun haben, dann wäre doch zuallererst zu fragen, welche Gefühle wohl dem biologistischen Gedanken von der unausweichlichen Unfreiheit des menschlichen Willens vorangehen. Welche neurologischen Mechanismen auf der Basis welcher genetischen Determinanten sind es, die dem Biologisten die Interpretationsrichtung für seine Daten vorgeben? Ob die aufgeklärte Vernunft des Menschen mit ihrer Entdeckung vom Nichtvorhandesein der Vernunft eine intellektuelle Selbstentmündigung begeht, sei allerdings dahingestellt. Schon hat man[3] etwas Neues im Gehirn entdeckt: das Zentrum für Selbstkontrolle: Trotz eines Impulses, der ihn zum Vollzug drängt, kann der Mensch seine Tat zurückhalten. Er kann abwägen und sich entscheiden. Interessant an der dpa-Meldung ist, dass offenbar Impulsivität und Selbstkontrolle in zwei völlig unabhängigen Hirnzentren gesteuert werden. Einen freien Willen des Menschen gibt es möglicherweise also doch. Er ließe sich sogar separat im Gehirn lokalisieren, ergo wäre er real vorhanden. Ist das aber dann »Freiheit«, wenn ein im Gehirn lokalisierbares ›Zentrum für Voraussetzungen der Willensfreiheit‹ verantwortlich ist? Kann es überhaupt Freiheit sein, wenn ein materiell-organisches Substrat da mit im Spiel ist und etwa hirninterne Kausalitäten und naturale Interdependenzen eine Rolle spielen? Wäre die menschliche Willensfreiheit nicht erst unabhängig von biochemischen Vorgängen eine solche? Natürlich nicht! Ohne organischen Hintergrund gäbe es kein menschliches Fühlen, kein menschliches Denken, kein menschliches Wollen und kein wie auch immer menschliches oder unmenschliches Handeln. Die organischen Bedingungen, namentlich die Gehirnprozesse selbst, *ermöglichen* gerade jene Freiheit: Handlungsfreiheit ist immer zugleich »naturbedingte Freiheit«, sofern »der Körper als Leib« jeweils der eigene Körper ›ist‹, [... der ...] bestimmt, was wir können« (Habermas 2004, S. 165). Im Rahmen dieses ›bestimmten Könnens‹ sind *wir* es, die entscheiden, was wir zu tun beabsichtigen.[4]

Eines muss in der ganzen Diskussion festgehalten werden: Die im Labor gewonnenen Rohdaten über ›den Menschen‹ werden erst durch die geistige Leistung der Interpretation, also durch mehr oder weniger vernünftiges *Denken*, zu jenen Aussagen synthetisiert, anhand derer sich dann die DiskutantInnen und geneigten Lesenden ihre Köpfe und Gemüter erhitzen. Nicht die einzelnen disjunkten Entdeckungen der naturwissenschaftlichen Forscher sind das Irritierende, sondern die Engführung ihrer anthropologischen Schlussfolgerungen.

Wichtig an Fragen nach der Autonomie oder dem Vorhandensein eines Ich oder gar des ›Geistes‹, die von den verschiedenen Wissenschaftszweigen mit erwartbar unterschiedlichen Ergebnissen beforscht werden, dürfte als Erstes nicht so sehr die Richtigkeit und Endgültigkeit der jeweiligen interpretatorischen Antwort sein, sondern wichtig sind die handlungsweisenden Folgen der Antwort für die, die sich der jeweiligen Erkenntnis verschrieben haben. An der Reemtsma-Markowitsch-Diskussion[5] lässt sich das zeigen: Nicht-psychologische und nicht-soziologische Erkenntnisse und Erklärungen über menschliche Subjektivität haben notwendig auch nicht-psychologische und nicht-soziologische Handlungsfolgen im Schlepptau. Wo nicht ein soziopsychischer Mensch verantwortlich ist für seine Tun, weil es tieferliegende biologische Determinanten sind, deren transzendentale Programmatik ihm diktiert, was abläuft, müsste konsequent auch eine evolutionsbiologische Rechtssprechung in Kraft treten.

Das war schon immer so, und in der Antipsychiatrie der 70er wurde es bereits diskutiert: Sind es organische Ursachen und nicht soziale, die zu seelischen Äußerungsformen führen, dann wird unweigerlich auch dort, am physischen Ursprungsort angesetzt und interveniert werden. Gemäß der allgemeinen therapeutischen Erkenntnis *similis simibilis curantur*: Gleiches wird mit Gleichem geheilt, wird die Depression dann mit hellem Licht oder vermehrtem Konsum von Fisch, wie man unlängst lesen konnte, das Magengeschwür antibakteriell und die Schizophrenie mit Elektroströmen oder vielleicht eines Tages genetisch bekämpft. Bald ist es so weit: Unlängst erst hat man, so eine weitere dpa-Meldung[6], gentechnisch veränderte Mäuse mit einem Putzzwang hergestellt und hofft damit, entsprechende psychische Erkrankungen, wohl die bekannten zwangsneurotischen Störungen, viel besser verstehen und mit neuen dementsprechenden Therapien behandeln zu können. Vielleicht wird man in der Tat den Mörder eines Tages zu einem gen-therapeutischen Eingriff verurteilen statt ihn einzusperren. Das Unbehagen, das sich bei solch technologischer Therapeutik erneut einstellt, signalisiert das generelle Misstrauen gegenüber einer alles entzaubernden, ›exakten‹ Wissenschaft, die seit ehedem immer schon auf die Naturbeherrschung aus war.

Dass Emotionen körperlichen Ursprungs sind und nicht etwa den Menschen als seelische Sphärenmusik anwehen oder gar Botschaften aus transzendentalen Räumen darstellen, ist auch für eingefleischte Psychologen kein Skandal, sondern gehört zu ihrem Wissensbestand. Psychologie und Physiologie und Neurologie sind zusammenzudenken. Skandalös ist der reduktionistische Umgang mit seelischen Phänomenen, der sie einzig und allein auf biologische Faktoren zurückführt. Skandalös ist der Alleinvertretungsanspruch auf die wissenschaftliche Wahrheit. Noch skandalöser allerdings ist die Unterwerfung derjenigen, die nicht bei ihren Leisten bleiben und ihr differenziertes Wissen an die neue Vereinfachungskultur des *Simplify Your Mind* preisgeben. So ist die Entdeckung der Spiegelneuronen sicher zukunftsweisend, weil sich jetzt eine auch biologische Grundlegung von Ethik und Moral ins Auge fassen lässt. Wenn aber diese dann sogenannten »Dalei-Lama-Neuronen« dazu führen, dass die Psychologie selbst alle möglichen bekannten Phänomene aus ihren komplexen Symbolbildungszusammenhängen und interaktionsdynamischen Einbettungen herausreißt[7] und mittels einer cerebralen Reduktion von Komplexität auf hirninterne Vorgänge oder gar auf die Gene zurückführt, wird es absurd. Es ist hier wie mit allen naturwissenschaftlich entdeckten Ingredienzien menschlicher und zwischenmenschlicher Äußerungsformen: kaum rücken sie ins Bewusstsein, spielen sie eine geradezu ›ursächlich‹-verantwortliche Rolle für das komplexe subjektive Erleben. Das aber dürfte gerade kein bloßes Abbild biochemischer ›Hardwaremechanismen‹ sein, sondern, wenn schon: wesentlich ›softwarebedingtes‹ Resultat symbolvermittelter Interaktionen, zu denen eine intersubjektive Verständigung über die Rolle der Spiegelneuronen und über den biologischen Reduktionismus dazugehören würde.

Die nachzuzeichnende Vormachtstellung dieser einen Wissenschaft, die sich zur einzigen aufspreizen kann, weil die anderen sich ihr unterwerfen, schlägt sich insoweit im Common Sense nieder, als nunmehr alles und jedes, was einstmals gesellschaftlich oder psychisch bedingt war, als ein reiner Naturvorgang gesehen wird. Für die basalen Haltungen der Menschen zu sich selbst und anderen hat das immense Folgen, und wenn nicht die Wahrheiten des Biologismus es sind, so sind doch ihre Handlungsfolgen auf jeden Fall handfest.

III. Sex und Liebe

Wenn man, wie unlängst, den Charakter von Großkonzernen als psychopathisch bezeichnet und solche Institutionen nach ihrer geistigen Gesundheit[8] beurteilt, dann ist das zweifelsohne eine psychologistische und wahrscheinlich falsche Herangehensweise, denn die ökonomischen Zwänge, nach denen dort, bar jeglicher Moralität, gehandelt wird, haben mit Psychologie allenthalben nur so viel zu tun, als das System bestimmte Persönlichkeitsmerkmale bei den individuellen Akteuren favorisiert oder sie gar kultiviert und andere als dysfunktional oder erfolgsmindernd ablehnt. Immerhin geht aber hier das psychologische Denken im Analogieschluss davon aus, dass krankes oder gestörtes Verhalten einer Therapie unterzogen und gegebenenfalls ›geheilt‹ werden kann. Zusammen mit den Globalisierungsgegnern vertritt etwa Heiner Geissler eine solche Position, die er aus der immanenten Ethik des Evangeliums ableitet und die für ihn zu einer weltweiten, gesetzlich zu verankernden Regulierung des ungebremsten Raubtierkapitalismus, wenn nicht zu seiner prinzipiellen Änderung führen müsse.

Ganz anders der Biologismus. Wenn man hier das Verhalten der Wirtschaftskonzerne oder das des militärischen Komplexes als Beweis dafür nimmt, dass alle Lebewesen, beziehungsweise ›Systeme‹ von Lebewesen, sich im ewigen Kampf um die knappen Ressourcen befinden und quasi raubtierhaft um ihren Selektionsvorteil ringen, dann ist eine willentliche und zugleich moralisch motivierte Intervention nicht vorgesehen und auch nicht denkbar. Dass die Wirtschaft »brummt« und zugleich kriminelles Lohndumping und massenhafte Armut auftreten, gehörte, so man es biologisch sähe, zu dem ewigen Bedingungsgefüge im *Survival of the Fittest*, wo es eben nun einmal ›Verlierer‹ geben muss, wenn es ›Gewinner‹ gibt. Dieses tumbe Klischee des Sozialdarwinismus, dass, falsch übersetzt, die Stärksten das Rennen machen, gehört in Teilen zum ideologischen Repertoire just jener Wirtschaftspartei, die das christliche Attac-Mitglied einst als Generalsekretär nach außen vertrat. *To fit* heißt: *passen*, und es könnte sein, dass am Ende die überleben, die sich in ökologische Nischen einpassen und nicht vielleicht die, die alles niederwalzen. Schlimm am ›wirtschaftstheoretischen‹ Biologismus der politökonomischen *Winner* und ihrer bundestagsabgeordneten Claqueure ist, dass sie mental verewigen, was politisch zu verändern wäre und dass sie die Augen davor verschließen, was ganz tief am Grunde allen Übels verleugnet wird, dort, wo stündlich Hunderttausende verhungern müssen, weil das losgelassene Wirtschaftssystem es unhinterfragt so mit sich bringt: dass es nämlich gar keine »knappen Ressourcen« gibt! Der Soziologe und wohl berühmteste Globalisierungskritiker Jean Ziegler hat mehrfach darauf hingewiesen, dass die weltweit produzierten Lebensmittel heute 12 Milliarden Menschen satt kriegen würden, fast doppelt so viel, wie derzeit auf Erden leben.

Das Hauptinteresse der Evolutionsbiologie gilt allerdings nicht der Zementierung der universalen Wirtschaftsdiktatur, das dürfte eher eine politisierte Untervariante des neuen alten »Ismus« sein, sondern das Hauptinteresse gilt, wie bei Charles Darwin, der Bestimmung des Menschen als einem Naturwesen, jedenfalls einem, das aufs Engste an die geltenden Naturgesetzmäßigkeiten gekoppelt ist. Dieser biologische Diskurs über ihr Wesen ergreift die Menschen heute mit rasanter Geschwindigkeit, weil es fast täglich in den Massenmedien verbreitet wird. Das gelingt insbesondere deswegen, weil den Menschen Charles Darwin und die Menschen im allgemeinen und die Macher der Medien zumal, *ein* Thema am allermeisten interessiert, und das ist Sex und Liebe.

»Thema Nr. 1« ist Sexualität und Liebe, so gut wie immer in eins genannt, vor allem für die Evolutionsforscher. Liebe sei eine Illusion, die dem Zwecke der Fortpflanzung diene, soll Schopenhauer gesagt haben; und die unerträgliche These wird von der Biologie bestätigt. Dem aufgeklärten modernen Menschen, der das ohnehin so »weiß«, fällt daher nicht sonderlich auf, dass hier vielleicht die süßen Äpfel der Leidenschaft und die trockenen Pflaumen ihrer wissenschaftlichen Durchleuchtung zur Kategorie »Obst«[9] zusammengeworfen werden, die man als solche nicht ohne Weiteres konsumieren kann, ohne Verdauungsprobleme zu bekommen. So wird im Zeitgeist »Sex«, ohne den biologisch gesehen der Fortbestand der Art nicht wäre, zum Gradmesser für den Fortbestand der realen Liebesbeziehungen, manchmal sogar in Form von gezählten Koitusfrequenzen, und die psychologische Ratgebergilde, die die Liebe zu vereinfachen und bestandssicher zu machen verspricht, bestätigt die Verwechslung von theoretischer Abstraktion und sinnlicher Wirklichkeit, indem sie sich auf erotische Spannungsübungen und sexuelle Kompatibilitätstests kapriziert[10]. Mit der Aussage konfrontiert, Sex sei doch etwas ganz Natürliches, neigt man im Allgemeinen dazu, demütig den Mund zu halten, weil man sich im Kontrast zu dieser Reinheitsthese bei allerlei schmutzig Neurotischem ertappt fühlt, welches ansonsten schuld- und schamhaft die Sexualität kontaminiert. Alle sozialen und historischen Normen, die die Sexualität des Menschen zu dem Kulturprodukt geformt haben, das sie ist, verstummen angesichts der rabiaten Wahrheiten des biologischen Diskurses. Statt Liebe als reale, lebendige Interaktion in dieser Zeit und in dieser Kultur zu begreifen und ihr Zerbröckeln interaktiv aufzuhalten, geht man, wenn nicht zum Psychologen, so doch zum Arzt, auf dass die Ingredienzen, die er verschreibt, chemisch-wundersam verhindern mögen, dass sie verstummt.

Nicht sieht der biologische Reduktionismus, der alles um die Arterhaltung drehen lässt, dass er seinerseits ein menschliches Geistesprodukt ist, wenn auch ein mageres: Solche Gedanken, die die Welt aus einer kleinen Formel erklären wollen, eignen sich dazu, das Denken abzuschalten. Deshalb müssen sie konfrontiert werden mit ihren sozialen und psychischen Hintergründen und mit ihren handlungsleitenden Implikationen.

Die Hinwendung zur Biologie als Sinndeutungsinstrument für Liebesdinge hat wahrscheinlich damit zu tun, dass heute das Zusammenleben der Geschlechter in zweisamen Beziehungen so eminent schwierig geworden ist, so dass sie dort, im Bios, offenbar die absolut gültigen Regeln und Wahrheiten der Liebe finden zu können meinen. Das, was immer und ewig so war und sein wird, das Naturgesetz, passt auch besser zu dem großen Gefühl als die soziologischen und psychologischen Relativierungen. Deshalb entscheidet man sich intuitiv für die ›Richtigkeit‹ des biologischen Diskurses. Denn nicht nur für den attraktiven Menschen da hat man sich seinerzeit ungeheuer intuitiv, im Bruchteil von Sekunden entschieden, zumindest in der Rückschau auf eine dann richtige Entscheidung; nein, auch die Entscheidung für ein passendes Weltbild und Erklärungsmuster geschieht ›aus dem Bauch‹ heraus, weil man ohne viel Worte zutiefst spürt, dass das Gedankengebilde zu einem *passt*.

Würden sie genau hinhören, dürfte ihnen die intuitive innere Botschaft freilich sagen, dass sie die Finger lassen sollten vom biologischen Diskurs, jedenfalls wenn es um die konkreten Liebesdinge geht. Denn ist es nicht gleichermaßen konsequent wie prekär, wenn der Beate-Uhse-Katalog, versteckt in Herrenparfums, jene geruchlosen Pheromone an den Mann bringt, die der biologische Diskurs in Sachen Liebe lobpreist, und Herr B. aus H. nichts Eiligeres zu tun hat, als sich für den nächsten Szene-Kneipen-Besuch mit dem superteuren Lockstoff einzusprühen, der den Sprung in die Liebeskiste mit nahezu jeder Frau ohne emotionalen Einsatz garantiert? So geschehen, als das damals in den späten 70ern aufkam. Dass dann rein überhaupt nichts passierte, hat mit dem Wesen der Liebe zu tun: Bei ihr geht es eben nicht technologisch-naturwissenschaftlich zu. Man kann Nähe und Zuneigung, vielleicht sogar Begierde, nicht rein instrumentell herbeizwingen, selbst wenn die Wissenschaft hundertmal beteuert, dass Leidenschaft ein biochemisches Phänomen sei.

Es kommt vielmehr darauf an, dass die zwischenmenschliche Verzauberung auch wirklich geschieht: Real stattfindende Leidenschaft mag zwar von chemischen Agenzien getragen sein, aber wenn der mit Pheromonen Besprühte sich nicht berauschend verhält, nicht leidenschaftlich interagiert, sondern wie ein Techniker lediglich stumpf auf den Mechanismus lauert, scheint die empathielose Botschaft noch erheblicher abzustrahlen als die naturidentischen Sexlockstoffe der chemischen Industrie die kaschierte Kopulationsabsicht, und dies sogar auf fortpflanzungswillige Weibchen, die nicht umsonst in den einschlägigen Kneipen herumlungern. Typen, die die Liebe naturwissenschaftlich absolvieren wollen, haben nicht kapiert, dass die Naturwissenschaft selbst immer schon amalgamiert ist mit dem Motiv der Naturbeherrschung. Gut, wenn die Natur der Liebe sich nicht so beherrschen lässt wie das instrumentelle Verständnis es ihr überstülpen will. In der Liebe geht es ums Überwältigtsein, nicht ums Funktionieren.

Die Psychologie des erregten Interaktionsgeschehens zwischen Verliebten will die Existenz von Pheromonen, Neurotransmittern und heftigsten nervlichen Gewittern im Echsengehirn keinesfalls leugnen. Im Gegenteil, mit Sigmund Freud begrüßt sie, dass endlich die materiellen Korrelate ihres Diskursgegenstands entdeckt werden. Wogegen sie sich beizeiten zu wenden haben wird, ist, dass mit den neurowissenschaftlichen und biologischen Entdeckungen sich ein Paradigmenwechsel ankündigt, der den ihr eigenen hermeneutischen Diskurs auf die historische Müllhalde zu befördern droht. Dabei hat die Psychologie es gar nicht nötig, sich dem Biologismus so unkritisch zu unterwerfen. Schaut man sich an, was in der zeitgemäßen Liebesforschung[11] fokussiert wird, dann sind es bloß die Agenzien des Geschehens und nicht das Geschehen selbst.

Schon in den 1950er Jahren des letzten Jahrhunderts hat Georges Bataille bitter beklagt, dass die Sexual-Reports von Alfred C. Kinsey, die zwar noch nicht biologisch daherkamen aber bereits empirisch-wissenschaftlich, nichts, aber auch gar nichts vom Eros erfassten, weil sie dem Eigentlichen: der inneren Erfahrung, äußerlich blieben. Für Bataille war es empörend, dass das menschliche Sexualleben wie eine Sache behandelt wird und »wir mit unserer wissenschaftlichen und technischen Mentalität [...] aus der sexuellen Vereinigung eine rein biologische Realität gemacht« (Bataille 1984, S. 218f.) haben. Der Eros entfaltet sich, nach Bataille, als Skandalon, nicht als ›physiologische Verrichtung‹ (Adorno 1951, S. 192). Die Entskandalisierung des Sexus durch die Veröffentlichung von Intimdaten, die im biologischen Denken bis in die letzte Gräfenberg'sche Nervenzelle vorangetrieben wird und Sex zu »etwas Natürlichem« werden lässt, klärt die Menschen zwar über Verhaltenshäufigkeiten und innerkörperliche Zusammenhänge auf, sie leistet aber keine wirkliche Aufklärung, und schon gar nicht führt sie sie aus der Unmündigkeit heraus. Im Gegenteil: Sie führt in neue Unmündigkeit hinein, indem sie suggeriert, die beforschte Wirklichkeit der *Fakten* sei die *Wahrheit* über Liebe und Erotik. Betrachtet man insgesamt, was die sogenannte Liebesforschung hervorgebracht hat, so sieht das nicht anders aus: Fakten, Fakten, Fakten. Dabei weiß jeder Mann und jede Frau, die die Liebe erleben, dass sie mit der Oberfläche der Tatsachen kaum etwas zu tun hat. Bei der Liebe wird noch deutlicher, wohin der biologische Reduktionismus führt. Hier bloß die Gene ins Feld zu führen oder hirnphysiologisch die Neurotransmitter, um das Innenleben dieses wunderbaren Zusammenspiels zu erfassen, ist geradezu ein Sakrileg. Denn diese wissenschaftlichen Erkenntnisse über die Liebe werden ihr immer äußerlich sein. Keinesfalls erfassen sie *ihr inneres Wesen*, das sich nur zwischen den Beteiligten subjektiv und intersubjektiv: als Konzert ihrer geistigen, psychischen und somatischen Potenziale und aus der ins Leben umgesetzten Kraft ihrer gemeinsamen Träume erschließt.

Als intersubjektiver Reigen lässt sich die Liebe am ehesten mit Musik vergleichen. Musik definiert sich als aufeinander bezogenes Klangganzes, das nach rekonstruierbaren Gesetzmäßigkeiten aufgebaut ist. Dieses organisierte Klangganze ist aber keineswegs *ab ovo* vorhanden, sondern es wird *hervorgebracht*. Musik, ein Konzert zumal, wird üblicherweise entworfen: erdacht, komponiert, geschrieben.

Zum Komponieren bedürfen die Komponisten der Noten, und um diese aufzuschreiben, benötigen sie Papier und Tinte. Es macht aber alles in allem schlicht keinen Sinn, die Musik auf die Noten zurückzuführen oder gar auf die Tinte, mit der diese geschrieben wurde, denn die Musik selbst, die *auch* aufgrund der Tinte und *auch* aufgrund des Papiers und *auch* aufgrund der Noten und *auch* aufgrund der Schallwellen im Zusammenhang mit der Beschaffenheit der Instrumente und Stimmbänder möglich ist, hat mit deren »technischen Zutaten« nicht allzu viel zu tun. Zwar sind sie notwendig: Ohne sie würde die Musik nicht erklingen können. Aber in ihren »technischen Zutaten«, das heißt ihrem materialen Substrat, geht die Musik nicht auf. Nicht im geringsten. Ihr Wesentliches besteht aus etwas ganz anderem, nämlich aus der Erfahrung mit ihr, während sie ›aufgeführt‹ wird. Nicht die Tinte und nicht die Noten und nicht die Instrumente sind ›verantwortlich‹ für das, was bei der Musik geschieht. Genauso wenig sind die Gene oder die Neurotransmitter schicksalhaft mit der Liebe verbunden. Sie sind lediglich das, was *backstage* passiert, wenn sie auftritt. Nicht sind sie der hinreichende Auslöser des Geschehens. Der sind die Musiker selbst, die mit Hilfe der Notenblätter aus ihren Instrumenten ein stimmiges Konzert hervorzaubern, das sich gegebenenfalls sogar aus sich selbst heraus weiterentwickelt.

Der Mensch, die Musik, die Liebe: Nichts davon ist bloß der Naturstoff, dem sie entstammen mögen. Weder gehen sie in ihrem *Bios* auf, noch lassen sie sich daraus ableiten und verstehen. Das neuronale Gehirn ist nicht das Bewusstsein, schon gar nicht das Ich, die geschriebene Note nicht der Ton, und die Hormone und die Gene rufen nicht das Glück hervor und schon gar nicht die Liebe. Sondern es sind die zwischenmenschlichen Interaktionen, die sie zu dem machen, was die Beteiligten wechselseitig als Liebe genießen.

Genauso wie die Biologie lediglich die Backstage-Mechanismen von Sex und Liebe erfassen kann, kann sie auch nicht als übergreifende Lehre vom Wesen des Menschen auftreten. Immer und immer wieder wird von den Evolutionisten gesagt, dass ›der Mensch‹ mit einem Körper lebe, der aus dem Paläolithikum stamme. Das mag zutreffen, wenn man nur den organischen Rohstoff nimmt. Deshalb ist es vielleicht ein weiterführender Vorschlag, der sich aus einer Nebenbemerkung Bernulf Kanitscheiders aufdrängt: dass nämlich ›der Mensch‹ *lediglich als somatischer Mensch* evolutionsbiologisch zu fassen ist (Kanitscheider 2007, S. 26).

Und sonst eben nicht. Dort, auf der Ebene des genetisch determinierten Organischen, kann man möglicherweise mit Fug und Recht sagen, dass sein Köper immer noch ein Modell aus der Steinzeit ist und dass es archaische Hardwarebedingungen gibt, die ihn in seinen ältesten Hirnarealen basiliskengleich an urtierhafte Mechanismen bindet. Aber jenseits solcher perspektivischen Naturimmanenz treten, dem Menschen sei Dank, noch andere ›Menschen‹ auf den Plan: Da gibt es das gesellige Tier namens ζῷον πολιτικόν, modern gesprochen: den ›sozialen Menschen‹, der sich mit Affekt- und Impulskontrolle Zivilisation (vgl. Elias 1977) verschafft und vielleicht sogar universell Scham (vgl. Duerr 1995) empfindet, wenn es um die krude Geschlechtlichkeit geht. Und es gibt den ›ökonomischen Menschen‹ und den ›kulturellen Menschen‹ und den ›psychologischen Menschen‹ und den ›ethnologischen‹, es gibt *Homo Faber* und *Homo ludens* und *Homo compensator* und den, der in der Historie lebt und Geschichte macht und Geschichte hat und Geschichten erzählt, alles in allem also einen ›Menschen‹, dessen Hardware durch eine umfangreiche Sozialisation just dieses Bio-Körpers nicht mehr als bloß schieres Ur-Gerüst ist, sondern mit den hinzuwachsenden Perspektiven als eine softwarebedingte Komplexitätsformation imponiert, die eben nicht mehr unmittelbar tierisch zuschlagen muss.

Für diesen solchermaßen nicht-somatischen Menschen allerdings, der nicht unmittelbar, sondern höchst vermittelt handelt, sind nicht die Naturwissenschaften, allen voran die Biologie nicht, sondern die Soziologie, die Ökonomie, die Kulturwissenschaften, die Psychologie, die Ethnologie und die Geschichtswissenschaften zuständig, und das sind allemal mit dem Psychosozialen befasste Wissenschaften die sich genauso wenig auf die Evolutionsbiologie zurückführen lassen wie ihr Sujet, das sie mit ihnen teilt.

Literatur

Adorno, Theodor W. (1951): Minima Moralia. Reflexionen aus dem beschädigten Leben: In: ders. (1980): Gesammelte Schriften 4, Frankfurt/M. (Suhrkamp).

Bataille, Georges (1984): Der Heilige Eros. Darmstadt und Neuwied. (Ullstein 1963) (orig.: 1957: L'Érotisme).

Buchholz, Michael (1990): Die unbewusste Familie. Berlin; Heidelberg; New York (Springer-Verlag).

Duerr, Hans Peter (1995): Der Mythos vom Zivilisationsprozeß, Bd. 3. Obszönität und Gewalt. Frankfurt/M. (Suhrkamp).

Elias, Norbert (1977): Über den Prozeß der Zivilisation. Frankfurt/M. (Suhrkamp).

Habermas, Jürgen (2004): Freiheit und Determinismus (Vortrag bei der Entgegennahme des Kyoto-Preises) In: ders. (2005): Zwischen Naturalismus und Religion. Frankfurt/M. (Suhrkamp), S. 155ff.

Honneth, Axel (2007): Pathologien der Vernunft. Frankfurt/M. (Suhrkamp).

Kanitscheider, Bernulf (2007): Die Materie und ihre Schatten. Naturalistische Wissenschaftsphilosophie. Aschaffenburg (Alibri).

Kappeler, Manfred (2000): Der schreckliche Traum vom vollkommenen Menschen. Marburg (Schüren).

Kliegl, Reinhold (2007): Wieviel Psyche nimmt uns die Biologie? In: reportpsychologie. Fachzeitschrift des BDP, 32. Jg., Juni 2007, 259–262.

Koenen, Gerd (2004): Das rote Jahrzehnt. Unsere kleine deutsche Kulturrevolution. Frankfurt/M. (Fischer Taschenbuch Verlag).

Marcuse, Herbert: Der Kampf gegen den Liberalismus in der totalitären Staatsauffassung. In: ders. (1965): Kultur und Gesellschaft 1. Frankfurt/M. (Suhrkamp), S. 17ff. (Der Aufsatz ist zwischen 1934 und 1938 verfasst worden.)

Sloterdijk, Peter (1983): Kritik der zynischen Vernunft. Frankfurt/M. (Suhrkamp).

Anmerkungen

1 Psychologie Heute, Nr. 9/2007, S. 31

2 Reklametext zu Bas Kasts Buch (2007): Wie der Bauch dem Kopf beim Denken hilft. Die Kraft der Intuition. Frankfurt/M. (S. Fischer).

3 Im Max-Planck-Institut für Kognitions- und Neurowissenschaften in Leipzig (dpa-Meldung am 05.09.2007)
4 Vgl. dazu ausführlich: Jürgen Habermas (2004): Freiheit und Determinismus (Vortrag bei der Entgegennahme des Kyoto-Preises) In: ders. (2005): Zwischen Naturalismus und Religion. Frankfurt/M. (Suhrkamp), S. 155ff.
5 Der Spiegel 31/2007, S. 117ff.
6 05.09.2007 mit Hinweis auf das renommierte Fachjournal »Nature« (Bd. 448, S. 894).
7 Vgl. etwa Wolfgang Hantel-Quitmann (2007): Der Geheimplan der Liebe. Zur Psychologie der Partnerwahl. Freiburg (Herder), S. 74f.
8 Beschreibung des mehrfach preisgekrönten Films »The Corporation« im »Merkheft«, Zweitausendeins, 9/10 2007, S. 10.
9 Zum Thema »Obst« vgl. Odo Marquard (2001): Diäthetik der Sinnerwartung. In: Beatrix Gotthold und Christian Thiel (Hg.) (2001): Denn jeder sucht ein All. Vom Sinn des Lebens. Leipzig (Reclam), S. 235ff.
10 Vgl. z.B. Ulrich Clement (2006): Guter Sex trotz Liebe. Wege aus der verkehrsberuhigten Zone. Berlin (Ullstein).
11 Vgl. z.B. u.a. die Bücher: Bernulf Kanitscheider (Hg.) (1998): Liebe, Lust und Leidenschaft. Sexualität im Spiegel der Wissenschaft. Leipzig (Hirzel); Gabi Mikatta u. Claudia Tebel-Naby (1996): Liebe & Sex. Über die Biochemie leidenschaftlicher Gefühle. Stuttgart (Thieme Verlag); Birgitt Röttger-Rössler u. Eva-Maria Engelen (Hg.) (2006): Tell me about Love. Kultur und Natur der Liebe. Paderborn (mentis); Jean-Didier Vincent (1990): Biologie des Begehrens. Wie Gefühle entstehen. [1986: Biologie des Passions, Éditions Odile Jacob] Reinbek bei Hamburg (Rowohlt).

Prävention in der Kindertageseinrichtung

Thilo Naumann

1. Einleitung

Die Kindertageseinrichtung erscheint als geradezu prädestinierter Ort der Prävention psychischer und psychosozialer Probleme: »Die Entwicklungsgeschichten von Problemverhalten machen sichtbar, wie bedeutsam es ist, dass Prävention sehr früh einsetzt und dass die günstigen Einstiegsfenster bzw. sensiblen Phasen genutzt werden. Die beste Investition in Bezug auf Prävention besteht darin, eine bestmögliche Versorgung von Kindern in den ersten fünf Lebensjahren sicherzustellen und hier vor allem eine lang dauernde und an der positiven Entwicklung höchst interessierte Beziehung zu Bezugspersonen zu ermöglichen« (Fend, zit. nach Schön 2003, S. 171). Doch zugleich fordert schon diese knappe Formulierung eine kritische Diskussion heraus. So kann die Rede von »Problemverhalten« die objektivistische Festschreibung abweichenden Verhaltens, wie etwa Aggression oder Hyperaktivität, nach sich ziehen, ohne die innerpsychischen Prozesse der Kinder und die sozialen Kontexte ihres Aufwachsens zu thematisieren. Aus einer solchen Verhaltensorientierung kann dann ein Präventionsbegriff folgen, der über die kindlichen Bedürfnisse hinweg herrschende Normalitätskonzepte in Form von Verhaltensteuerung und Trainingsprogrammen durchsetzen hilft. Demgegenüber soll Prävention hier aus einer bedürfnisorientierten und gesellschaftskritischen Perspektive diskutiert werden. Zudem muss Prävention das spezifische institutionelle Gefüge, in dem sie stattfinden soll, berücksichtigen. Kindertageseinrichtungen haben den Auftrag der Betreuung, Erziehung und Bildung der Kinder. Insbesondere der Bildungsauftrag rückt derzeit immer stärker in den Blickpunkt, zumeist wird die Bedeutung kindlicher Selbstbildungsprozesse betont. Vor diesem Hintergrund stellt sich die Frage, wie Prävention an einem Bildungsort der frühen Kindheit gelingen kann, ohne bloße Verhaltenssteuerung zu betreiben. In der vorliegenden Arbeit soll deshalb der These nachgegangen werden, dass in Kindertageseinrichtungen mit der alltäglich bedürfnis- und beziehungsorientierten Begleitung von Selbstbildungsprozessen auch die Salutogenese der Kinder gefördert werden kann.

Bevor nun aber die Sinnfälligkeit dieser These geprüft wird, gilt es das Verhältnis von Prävention und Salutogenese zu skizzieren. Der Präventionsbegriff unterscheidet primäre, sekundäre und tertiäre Prävention. Unter primäre Prävention fallen alle Maßnahmen, die Wirkfaktoren, die an der Entstehung psychischer und psychosozialer Probleme beteiligt sind, zu erkennen und abzuwenden trachten. Sekundäre Prävention hingegen zielt auf Früherkennung vorliegender Probleme und adäquate Intervention, um Folgeschäden gering zu halten und Chronifizierungen zu vermeiden. Tertiäre Prävention schließlich greift als therapeutische Maßnahme, wenn schon gesundheitliche und soziale Beeinträchtigungen von Krankheitswert vorliegen (vgl. Romer/Riedesser 2000, S. 185). Aus Präventionsperspektive werden demnach die Belastungen, Beschädigungen und Defizite fokussiert. Demgegenüber bietet sich das salutogenetische Konzept von Antonovsky als Korrektiv an. Dieses betont die Ressourcen, die Gesundheit und glückliche Lebensbewältigung ermöglichen. Wenn diese Ressourcen fehlen, kommt es zur Demoralisierung. Im Falle einer gelingenden Salutogenese aber entsteht Kohärenzsinn, der drei unterscheidbare Ebenen umfasst: Verstehen der je eigenen Situation in sozialen Kontexten; Ressourcen zur Bewältigung lebenspraktischer Fragen; und die Erfahrung des Sinns eigener Bedürfnisse und Interessen unter den gegebenen Lebensbedingungen (vgl. Keupp 2003, S. 30).[1] Beide Zugänge zur Frage der Gesundheit können sich wechselseitig ergänzen, wenn eine gemeinsame Vorstellung kindlicher Entwicklung und etwaiger Probleme zugrunde gelegt wird.

Vor diesem Hintergrund soll Prävention in der Kindertageseinrichtung hier immer auch unter salutogenetischer Perspektive diskutiert werden. Zunächst werden Chancen und Gefahren der Prävention unter den gegenwärtigen gesellschaftlichen Verhältnissen dargelegt. Daraufhin folgt ein Plädoyer für einen psychoanalytisch orientierten Begriff kindlicher Bildung, der um die Bedeutung einer bedürfnisnahen psychischen Entwicklung für das lustvolle und angstfreie Erforschen der kindlichen Welt weiß, und der damit den Zusammenhang von Bildung und Salutogenese begründet. Im nächsten Schritt werden dann die salutogenetischen Potenziale Psychoanalytischer Pädagogik in der Kindertageseinrichtung expliziert. Weil sich aber eine psychoanalytische Haltung der pädagogischen Praxis nicht einfach hinzu addieren lässt, sondern einer konzeptionellen Verankerung bedarf, soll schließlich die Anschlussfähigkeit von Psychoanalytischer Pädagogik und Situationsansatz nachgewiesen werden.

2. Chancen und Gefahren von Prävention in der Kindertageseinrichtung

Chancen von Prävention

»Im Rahmen der Prävention sollen Kindertageseinrichtungen der Entwicklung von Verhaltensauffälligkeiten, psychischen Störungen, Behinderungen und suchtfördernden Einstellungen vorbeugen. Bei Auffälligkeiten – aber auch bei Erziehungsschwierigkeiten der Eltern oder Familienproblemen – sollen sie beratend tätig werden und den Familien Hilfsangebote erschließen. Dazu müssen sie sich mit Beratungsstellen, Ämtern und psychosozialen Diensten vernetzen« (Textor 2006, S. 84). Diese anspruchsvolle Aufgabe enthält eine Dringlichkeit, die zunächst aus der schieren Prävalenz von psychischen Störungen bei Kindern und Jugendlichen resultiert. Denn auch wenn die mediale Berichterstattung über permanent wachsende Prävalenzraten ebenso wie Schwierigkeiten, »subjektive Wirklichkeitskonstruktionen« zu messen, kritisch berücksichtigt werden, zeugt »die mittlere Prävalenz psychischer Auffälligkeiten« von 17,2% von der Not der betroffenen Kinder bzw. ihrer Bezugspersonen (vgl. Göppel 2007, S. 207f.).[2] Überdies wachsen heute alle Kinder unter Bedingungen eines Lebens mit »riskanten Chancen« auf (Keupp 2003, S. 36). Das Ergreifen von Chancen in einer individualisierten, pluralisierten, entgrenzten und gleichwohl durchkapitalisierten Gesellschaft hängt dabei entscheidend von der Verfügung und Aneignung materieller, sozialer und psychischer Ressourcen ab, die zur Teilhabe und zum Gestalten der Gesellschaft befähigen. Umgekehrt werden insbesondere jenen Kindern, die eben kaum über die besagten Ressourcen verfügen, gesellschaftliche Teilhabe und Gestaltung sowie die Anerkennung ihrer Bedürfnisse verweigert, kurzum: Ihnen werden in besonderem Maße die Risiken aufgebürdet (ebd., S. 37ff.).[3]

Die Kindertageseinrichtung ist nun ein besonders geeigneter Ort zur primären und sekundären Prävention psychischer und psychosozialer Probleme und mithin zur Förderung von Resilienz gerade auch der besonders belasteten Kinder (Wustmann 2006, S. 367). Hier kann nicht allein eine große Zahl von Kindern frühzeitig, lang andauernd und intensiv begleitet werden, sondern zudem eine niedrigschwellige Elternarbeit erfolgen (dies. 2004, S. 143).[4] In der Kindertageseinrichtung können Konflikte und Bedürfnisse in Szene gesetzt und korrigierende Erfahrungen gemacht werden, ob nun im Hinblick auf Ressourcenarmut der Familien oder überzogene Leistungserwartungen der Eltern. Über verlässliche Beziehungen, über ein »interactive repair«, vermag sie als Container zu fungieren, der Gefühle und Bedürfnisse hält, um sie den Kindern und Eltern in »verdauter«

und symbolisierter Form verfügbar zu machen (vgl. Steinhardt 2006, S. 10). Ein prägnantes Beispiel für dieses Potenzial bildet der Umgang mit Fragen der geschlechtsspezifischen Entwicklung. Unter der Maßgabe einer geschlechtersensiblen Erziehung sowie einer vielfältigen und offenen Repräsentation von Männlichkeit und Weiblichkeit in der Kindertageseinrichtung, kann sowohl das männliche als auch das weibliche Noch-Nicht-Bewusste (Lorenzer), also Anlehnungsbedürfnisse einerseits sowie selbstbestimmtes Begehren andererseits, den Jungen und Mädchen als Emotion und Anspruch eröffnet werden (vgl. Naumann 2000, S. 172ff.; Schön 2003, S. 170).

Allerdings vollzieht sich geschlechtsspezifische Entwicklung noch immer im Kontext geschlechtshierarchischer Arbeitsteilung und eines hartnäckig polarisierten Symbolsystems der Zweigeschlechtlichkeit, die sich alltäglich im »doing gender« subjektivieren. Dies gilt besonders in der Kindertageseinrichtung. Deshalb macht das Beispiel geschlechtsspezifischer Entwicklung auch deutlich, dass Prävention in der pädagogischen Praxis Selbstreflexion, Beziehungsarbeit, den Blick auf begünstigende oder behindernde Arbeitsbedingungen und nicht zuletzt eine gesellschaftskritische Haltung verlangt, soll Prävention nicht zur blinden Produktion gesellschaftlich-hegemonialer Vorstellungen »normaler« Subjektivität verkommen.

Gefahren von Prävention

Um die Gefahren von Prävention herauszuarbeiten, soll hier nun zunächst eine knappe Skizze zur Kritik der gegenwärtigen gesellschaftlichen Verhältnisse angefertigt werden. Wir leben in einer »Welt der Umbrüche« (Negt 1999), ökonomisch gekennzeichnet durch eine globalisierte, hoch arbeitsteilige Produktion, die mit der zunehmenden Informatisierung die raum-zeitliche Zerlegung der Produktion je nach Standortvorteilen (Out-sourcing, Just-in-time-production) ermöglicht. Die Gesellschaft wird dabei fragmentiert in Kernbelegschaftsangehörige, prekär Beschäftigte und neue Selbständige (Ich-AG, Arbeitskraftunternehmen), Illegalisierte in Bad Jobs und jene von Massenarbeitslosigkeit betroffenen Menschen. Politisch wiederum bildet sich ein »nationaler Wettbewerbsstaat« (Hirsch 1998) heraus. Dieser betreibt Standortpolitik im Wettbewerb um die Ansiedlung weltweit operierenden Kapitals etwa durch Infrastrukturpolitik und Technologieförderung. Weil aber dieser Wettbewerb finanzielle Ressourcen bindet, weil zudem die wachsenden sozialen Verwerfungen den Wohlfahrtsstaat belasten, gelingt die wohlfahrtsstaatliche Integration der Gesellschaft immer schlechter. Der Staat reagiert darauf einerseits mit dem Ausbau der Überwachung, um desintegrierende Tendenzen einzudämmen, und andererseits mit der Transformation einer Solidargemeinschaft zu einem Verhältnis von Prämienzahlern und Wohlfahrtsempfängern. Ethische Fragen des allgemeinen würdevollen Lebens werden somit als ökonomische Rechnung erfolgreicher Marktteilnehmer abgehandelt, die, in einer Verkehrung der Verhältnisse, die benachteiligten Leistungsempfänger zu Profiteuren und Kostenfaktoren der gelungenen individuellen Selbstvermarktung erklärt (Bauman 1995, S. 369). Auf diese Weise wird der Tendenz zu Individualisierung und Pluralisierung strukturell und diskursiv Vorschub geleistet. Diese Tendenz erweitert zweifellos auch die Spielräume für Selbstbestimmung und die Vervielfältigung von Lebensentwürfen jenseits überkommener Zwänge. Zugleich aber befördert die Individualisierung eine Vereinzelung, die Erfolg oder Scheitern als persönliche Leistung oder persönliches Versagen markiert, während die Pluralisierung die Rede von kultureller und geschlechtlicher Vielfalt nach sich zieht, die soziale Ungleichheiten unsichtbar macht. Als hegemoniales Leitbild fungiert dann die Vorstellung einer flexiblen, leistungsfähigen und konsumfreudigen Subjektivität. Doch eine solche Subjektivität verkennt Flexibilität, Mobilität, vielfältigen Konsum und Fitness als bloße Zeichen der Freiheit und erweist sich rückseitig als bestens verwertbar für die warenförmige Konsumtion und Produktion. Unter dem verleugneten Zwang der global verselbständigten Durchkapitalisierung und -rationalisierung werden die Subjekte auf sich selbst zurückgeworfen, und je grenzenloser die reale Ohnmacht zur

Lebensgestaltung schmerzt, desto verzweifelter mobilisieren sie mit den verfügbaren Zeichen von Freiheit und Lust bodenlose Größenfantasien. Die rückseitig quälende narzisstische Leere erfolgreicher Selbstvermarktung, die unweigerliche Ohnmacht und die Deklassierungsängste sowie die unerfüllten Wünsche nach intersubjektiv befriedigenden Beziehungen müssen sich dann verfügbare Abfuhrbahnen suchen. Dabei kommt es einerseits zu »ästhetischer Symptombildung« (Lorenzer), wenn ein diversifizierter Konsum unbegrenzte Entscheidungsfreiheit suggeriert und Bilder von Lust und Nähe die Isolation überspielen (vgl. Zepf 1993, S. 83ff.). Andererseits werden die unbewusst wirkenden Kränkungen und Versagungen an Subalternen ausagiert, als Diffamierung des Scheiterns, oder als erkaltete Exekution betrieblicher Profitinteressen.

In diesem Kontext ist auch die Forderung nach Kompetenzvermittlung und Selbständigkeit der Kinder zu verorten. Diese drohen gleichsam zu einem Abbild der herrschenden Vorstellung von gelingender Individualisierung zu werden: eben selbständig, kompetent und flexibel. Doch ist diese Forderung aufgeladen mit Abwehr, die die mit den Kindern aktualisierten Wünsche nach lustvoller und intersubjektiver Veränderung der Welt, die enttäuschten Sehnsüchte und erlittenen Kränkungen sowie die im erwachsenen Hier und Jetzt wirksamen Zwänge an den Kindern aggressiv bekämpft. Somit verwundert es nicht, wenn die Forderung nach Kompetenz und Selbständigkeit an die Forderung der Unterdrückung kindlicher Bedürfnisse sowohl im Sinne ihrer »Gesellschaftsfähigkeit« als auch zur Eindämmung ihrer »Unersättlichkeit« gekoppelt wird – als Reaktionsbildung und Rationalisierung, die das Unglück der Erwachsenen in einen blinden Machtanspruch verwandelt (vgl. Seifert 1996, S. 176f.).

Diese herrschenden Tendenzen der gesellschaftlichen Verhältnisse wirken nun unvermeidlich und widersprüchlich in die Alltagspraxis mit Kindern sowohl in Familien als auch in Kindertageseinrichtungen hinein. In den Familien zeigt sich die Flexibilisierung und Individualisierung als alltägliche Hektik, als geschlechtshierarchische Arbeitsteilung und Doppelbelastung durch Familie und Beruf, als Armut, Arbeitssuche oder Angst vor Deklassierung. Eben diese Belastung soll die Familie mit Liebe, Nähe und eigener Gestaltungsfähigkeit kompensieren, doch zugleich droht sie, durch diese Spannung auch überlastet zu werden. Denn häufig fehlen die gemeinsamen Zeiten und Räume für bedürfnisorientierte Begegnungen. Scham- und Schuldgefühle gegenüber den eigenen Ansprüchen oder jenen der Kinder, des Partners oder Arbeitgebers drehen an der Schraube des Zwangs zum alltäglichen Funktionieren. Und nicht zuletzt muss der Sinn der Familie angesichts der schwindenden Selbstverständlichkeit der traditionalen Familie eigenständig rekonstruiert werden. Hier lassen sich vier Tendenzen analytisch unterscheiden. Einige Familien kehren trotzig zu überkommenen Familienformen zurück. Andere füllen die Sinnlücke durch den Konsum kultur- und freizeitindustrieller Angebote. Zunehmend bleibt die Leere in Form von Beziehungslosigkeit, Verwaltung oder Vernachlässigung der Kinder schlicht bestehen. Manche Familien aber nutzen die gewachsenen Spielräume in Empathie und Kooperation.

Die Kinder geraten in diesem Kontext in eine höchst ambivalente Lage. Sie sind einerseits Objekte des elterlichen Bedürfnisses nach Sinn, Liebe und Macht, andererseits aber werden sie entlang der Arbeitsrhythmen synchronisiert und unterlaufen die elterlichen Regenerationsbedürfnisse und Selbstverwirklichungsansprüche. Sie machen somit extreme Mittelpunkts- und/oder Entwertungserfahrungen, werden herbeigesehnt und weggewünscht, und drohen durch Überfürsorglichkeit, Willfährigkeit, Leistungsdruck oder Vernachlässigung immer auch in ihrer Funktion als narzisstische Objekte ihrer Eltern fixiert zu werden (vgl. Naumann 2000, S. 169ff.).

Vor diesem Hintergrund könnte die Kindertageseinrichtung als Ort des Kontakts sowie als Entwicklungsraum für alle Beteiligten dienen. Doch die Kindertageseinrichtungen sind ebenfalls von den derzeitigen gesellschaftlichen Tendenzen, von Erwartungen der Bevölkerungs-, Arbeitsmarkt-, Finanz- und Sozialpolitik sowie der Wirtschaft überdeterminiert (vgl. Textor 2006, S. 81ff.). Diese Überdeterminierung lässt sich anhand verschiedener Entwicklungen verdeutlichen. So wird die Soziale Arbeit in

Kindertageseinrichtungen betriebswirtschaftlichen Modellen »Neuer Steuerung« unterworfen, die auf die ökonomische Effektivität humaner Dienstleistungen zielen (z. B. Esch et al. 2006), ohne zu reflektieren, dass Kindertageseinrichtungen und Grundschulen, jene Bildungsorte also, die am wenigstens selektieren, ohnehin die geringsten finanziellen Mittel erhalten, und dass jahrelange Empathie und dialogische Beziehungen sich weder messen noch kaufen lassen (Textor 2006, S. 86). Des Weiteren scheint sich in der Kindheitsforschung eine (sozial-)konstruktivistische Position als Leitparadigma durchzusetzen. Dabei sind die Hinweise auf Weltaneignung durch subjektive Wirklichkeitskonstruktionen bzw. auf die Konstruiertheit von »Kindheit« überhaupt durchaus hilfreich, weil damit die Naturalisierung von Kindheit überwunden werden kann. Doch allzu leicht gerät die Rede von sozialen Konstrukten zur »Killerphrase«, die alle Versuche abschmettert, die Eigenlogik kindlicher Entwicklungsprozesse etwa im Sinne einer »Hermeneutik des Leibes« (Lorenzer) kritisch zu benennen und emanzipatorische Korrekturen der Sozialen Arbeit mit Kindern zu fordern. So führt der Konstruktivismus eine entwicklungstheoretische Lücke mit sich, die in der pädagogischen Praxis von beliebigen oder eben hegemonialen Normen gefüllt werden kann (vgl. Göppel 2007, S. 46 u. 65). Es ist daher kein Zufall, dass bspw. in der Debatte um kindliche Bildung und Resilienz eine Normierung von Kindheit vorgenommen wird, die der schlichten Projektion aktueller Subjektivitätsformen auf Kindheit zu entspringen scheint. Im hessischen Bildungsplan etwa ist häufig von Ko-Konstruktion die Rede, letztlich aber wird das Kind als eine Summe von Kompetenzen vorgestellt, die durch die Instruktionen der Erwachsenen gestiftet werden sollen (vgl. Schäfer 2006, S. 72). Und auch in der Resilienzforschung existiert keine Scheu, »Anpassung« und »Funktionieren« der Kinder als Ausdruck einer gesunden Entwicklung zu verstehen (bspw. Wustmann 2004, S. 151). Dementsprechend werden zur Prävention zumeist Trainingsprogramme wie »Kinder brauchen Optimismus«, »Bleib locker«, »FAUSTLOS« oder, für Eltern, »Freiheit in Grenzen« und »Starke Eltern – starke Kinder« aufgelegt, die tendenziell abweichendes Verhalten vor dem Hintergrund eines »fiktiven bzw. sozial konstruierten Normalzustands« (Schubarth) personalisieren und verbalistisch zu beheben suchen, ohne innerpsychische Prozesse oder soziale Kontexte der Kinder zu berücksichtigen (Schön 2003, S. 177). Zugespitzt formuliert, drohen Mündigkeit und Bedürfnisorientierung in einem stabilen dialogischen Raum immer mehr von angepasster Selbständigkeit und Kompetenzvermittlung durch eine unhinterfragbare Autorität als pädagogische Leitlinien verdrängt zu werden.

Diese hier skizzierten Tendenzen übersetzen sich in Kindertageseinrichtungen in pädagogische Praxis. Einerseits geraten Kindertageseinrichtungen durch zusätzliche Erwartungen (bspw. Qualitätsentwicklung, Sprachförderung und eben auch Präventionsprogramme) zunehmend unter Druck, obgleich ohnehin schon eine unzureichende materielle und personelle Ausstattung, schlechte Bezahlung und mangelhafte Ausbildung der Erzieher zu konstatieren ist. Andererseits herrscht häufig eine behavioristische und kognitivistische Haltung vor, in der Verhalten gesteuert und Empfinden gelernt werden soll (Figdor 2006a, S. 106). Wenn aber das Affektive und die Bedürfnisse der Kinder keinen integrierten Platz in den pädagogischen Beziehungen erhalten (Textor 2006, S. 94), sondern vielmehr die mehr oder minder wohlgemeinte Disziplinierung der Kinder im Sinne erwünschten Verhaltens im Vordergrund steht, werden nicht allein Bildung und Prävention erschwert, sondern schlimmstenfalls sogar pathogene Entwicklungen in Gang gesetzt (Figdor 2006a, S. 119). Weder die familialen noch die institutionell-disziplinären Konflikte können bearbeitet werden, dem Kind erscheinen stattdessen die eigenen verpönten Bedürfnisse, Gefühle oder Fantasien als bedrohlich – »was es vor die Wahl stellt, solche bedrohlichen Selbstanteile abzuwehren oder auf eine gute Beziehung, in welcher sich das Kind vorwiegend geliebt erleben kann, zu verzichten« (ebd., S. 109). Verschärft wird dieses Dilemma noch, wenn die Kindergruppe als homogene Gruppe organisiert und imaginiert wird. Die Kinder werden entweder zur Anpassung an vorgegebene Gruppennormen und mithin zur Verleugnung bedeutsamer Aspekte ihrer Individualität gezwungen oder aber ihnen droht der Ausschluss aus der Gruppe (vgl. Brandes 2007, S. 6). Die Kindertageseinrichtung kann dann nicht als Entwicklungsraum genutzt werden, vielmehr erstarren alle Beteiligten in »Abwehrbündnissen« (Bosse).

Vor diesem Hintergrund »ist zu hinterfragen, inwieweit Kindertagesbetreuung heute fremdbestimmt ist: Spielen die kindlichen Bedürfnisse, die altersgemäße Bildung, Erziehung und Betreuung von (Klein-)Kindern die entscheidende Rolle oder die ›Bedürfnisse‹ von Wirtschaft, Kirchen und Politik« (Textor 2006, S. 85)? Wenn dies zutrifft, ist es umso bedeutsamer, den Zusammenhang von Bildung, Bedürfnis und Gesundheit herauszuarbeiten – im Sinne der Salutogenese der Kinder und als fachliche Begründung bildungspolitischer Intervention.

3. Bildung, Bedürfnis und Gesundheit

Bildung, emphatisch begriffen, ist notwendig mehr als die Ansammlung von Kompetenzen oder die Anhäufung vorgegebenen Wissens (vgl. Schäfer 2005, S. 16ff.). Mit Negt gesprochen kann Bildung nicht instrumentell vermittelt werden, sondern zielt zuallererst auf die Entwicklung von Eigensinn (vgl. Keupp 2003, S. 40). Adorno formuliert noch deutlicher, dass Bildung sich erst in einer »Erziehung zum Widerspruch und zum Widerstand« gegen beschädigende Lebensumstände entfalten kann (Adorno 1971, S. 145). Bildung meint also die tief einsozialisierte Fähigkeit, an der Gesellschaft teilzuhaben, ihre Gestaltung im Sinne eigener und allgemeiner Bedürfnisse vorzunehmen und fantasievoll über das Bestehende hinauszudenken.

In der aktuellen pädagogischen Debatte wird zurecht betont, dass Kinder nicht gebildet werden können, sondern kindliche Bildung immer als Selbstbildung zu verstehen ist. Die Bedingung für Selbstbildungsprozesse ist gleichwohl die Erziehung als Verantwortung der Erwachsenen, den Kindern einerseits Zeit, Raum und Material, andererseits verlässliche und dialogische Beziehungen zur Verfügung zu stellen (Laewen 2002, S. 72). Die Bildungsziele der Kinder und die Erziehungsziele der Erwachsenen entwickeln sich dabei bestenfalls in einem wechselseitigen Prozess (ebd., S. 78). Gerd Schäfer begreift diesen Zusammenhang als Wechselspiel von Selbstbildung und Verständigung, von subjektiven und sozialen Konstruktionsprozessen. Während Verständigung die sprachliche, szenische und emotionale Einigung darüber meint, was für zwei oder mehrere Individuen bedeutsam ist, vollzieht sich Selbstbildung als innere Dynamik der Bewertung, Verarbeitung und Verinnerlichung der Interaktionserfahrungen (Schäfer 2005a, S. 52ff.).

Um nun aber Selbstbildungsprozesse adäquat pädagogisch zu begleiten, ist es unabdingbar, die Eigenlogik kindlicher Entwicklungsprozesse zu berücksichtigen. »Frühkindliche Bildung scheint in den ersten Lebensjahren vornehmlich ›ästhetische Bildung‹ zu sein, also Bildung des Handelns und Denkens mit Hilfe der Sinne, des Körpers, der Emotionen und der daraus entstehenden repräsentativen Welt« (ders. 2006, S. 65). Diese Besonderheit kindlicher Bildung zeigt sich prägnant an der Bedeutung des Spiels. Von der frühesten Nachahmung über Mitziehen, Imitation bis hin zu Als-ob- und Regel-Spielen dient das Spiel der Entwicklung der Affektregulierung und der Erkundung von Wirklichkeit. Es bietet einen »intermediären Raum« (Winnicott), in dem kindliche Themen in Szene gesetzt sowie Fantasie und Wirklichkeit abgeglichen werden können. »Weil die Kinder die Gesetze der Wirklichkeit noch nicht kennen, weil für sie aber auch wichtig ist, ihre eigenen Wünsche und Hoffnungen in die Wirklichkeit hineinzutragen, um ein Leben zu leben, das als sinnvoll und erfüllt erlebt werden kann, brauchen sie einen Spielraum, in dem sie ausprobieren können, wie viel Wunschwelt die Wirklichkeit verträgt und wie viel Wirklichkeit notwendig ist, damit die Wünsche nicht nur Fantasie bleiben. Kinder brauchen Spiel, um Utopie und Wirklichkeit miteinander zu versöhnen« (Schäfer 2005b, S. 108). Freilich ist auch beim Spiel die Bedeutung der Kindergruppe nicht zu überschätzen. Die Gruppe selbst bietet den Kindern einen Übergangsraum, in dem sie fantasievoll ihre familialen Konstellationen, persönlichen Dramen oder auch Geschlechterverhältnisse spielerisch in Szene setzen, in dem sie sich emotional und intellektuell dezentrieren können, und der somit Lust- und Erkenntnisgewinn sowie erweiterte Handlungsspielräume eröffnet (vgl. Brandes 2007, S. 7f.).

Aus diesem Grund brauchen Kinder möglichst wenig Instruktion oder Unterricht, sondern eine anregungsreiche Umwelt, eine stabile Kindergruppe sowie bedeutsame Erwachsene, die ihnen die Resonanz und Sicherheit bieten, die sie zur Welterforschung benötigen (vgl. Schäfer 2006, S. 65). Aus Sicht der Hirnforschung formuliert Wolf Singer: »Es sollte demnach ausreichen und wäre wohl die optimale Strategie, sorgfältig darauf zu achten, wofür sich das Kind jeweils interessiert, wonach es verlangt und wodurch es glücklich wird« (zit. nach Göppel 2007, S. 66).

Ist damit der pädagogische Rahmen beschrieben, der die langfristige Entwicklung der Kinder ermöglichen will, vermag eine psychoanalytische Perspektive zu akzentuieren, was in diesem Rahmen als psychische Gesundheit verstanden werden kann (vgl. Figdor 2006a, S. 103). Dabei ist der Unterschied von pädagogischen und therapeutischen Prozessen zu berücksichtigen, insofern schon institutionell verschiedene Ziele vorgegeben sind. Während Therapie die Heilung leidvoller Beschädigungen, also vor allem innere Restrukturierung anvisiert, zielt pädagogische Praxis auf Bildung als Erforschung und Gestaltung der Welt. Gleichwohl können Therapie und Pädagogik unter der Maßgabe eines psychoanalytischen Verständnisses kindlicher Entwicklung gleichermaßen auf das Wechselspiel innerer und äußerer Verhältnisse rekurrieren, das in einem dialogischen Prozess eben beides, Gesundheit und Bildung, eröffnet. Es stellt sich somit die salutogenetisch bedeutsame Frage, wie soziale Erfahrungen eine mehr oder minder resiliente psychische Struktur produzieren und welche psychischen Strukturen die differenzierte und möglichst lustvolle Erforschung der Welt ermöglichen. In diesem Kontext verdeutlicht die Säuglingsforschung, wie schon im frühen »affect attunement« (Stern), im Spiegeln und Markieren von Affekten, die Affektregulierung sowie eine erste Differenzierung zwischen Kind und Bezugsperson gestiftet wird, um somit die Grundlage zur Mentalisierung zu schaffen, also zur »Reflexion über sich selbst und den Anderen als getrennte Person mit eigenen Gedanken, Gefühlen und Absichten« (Lüpke 2006, S. 172f.). Diese Erfahrung von Getrenntheit ist freilich kein Selbstzweck, sondern öffnet erst den differenzierten Zugang zu eigenen Bedürfnissen und Emotionen, das Gespür für wechselseitige menschliche Abhängigkeit sowie das Bestreben, gemeinsam befriedigende Lebensverhältnisse herzustellen. In Rekurs auf die Weiterentwicklung der materialistischen Sozialisationstheorie durch Siegfried Zepf kann dieser für Bildung und Gesundheit gleichermaßen essenzielle Zusammenhang als gelingende Balance von Narzissmus und Luststreben beschrieben werden (Zepf 1997).[5] Einerseits entstehen in der kindlichen Entwicklung lustbestimmte Interaktionsformen als innere Repräsentanzen von Interaktionserfahrungen, die auf die Bedeutung der Bezugspersonen für die Lustgewinnung verweisen. Weil aber diese Anderen unweigerlich auch Lust versagen, Kränkungen zufügen und Angst auslösen können, entstehen andererseits narzisstische Interaktionsformen, die der Sicherheit und Unlustvermeidung dienen. Wenn die lustbestimmten und narzisstischen Interaktionsformen in einem Verhältnis wechselseitiger Ergänzung stehen, kann von einer gesunden Entwicklung gesprochen werden. Die narzisstischen Interaktionsformen bilden demnach die Voraussetzung, lustvolle Beziehungen anzustreben – ohne Angst vor Kränkung, Gewalt, Versagung oder Verschlingung. Ein solcher Narzissmus begründet darüber hinaus die Fähigkeit, selbstbewusst die Bedingungen befriedigender Interaktionen zu schaffen und Intersubjektivität (Benjamin) zu verwirklichen: die wechselseitige Anerkennung des je anderen als zwar getrenntes, aber geliebtes und liebendes Subjekt, gleichsam als gelingende Mentalisierung (vgl. Naumann 2002, S. 108f.).

Diese Balance zwischen Narzissmus und Objektstreben kann indes auch scheitern, wenn nämlich die psychische Entwicklung unter das Diktat narzisstischer Unlustvermeidung gerät. Wesentlich ist die traumatische Erfahrung, dass die begehrten Anderen eine unabhängige Existenz haben, während zugleich die kindlichen Fähigkeiten, diese Anderen zu lustvollen, wechselseitigen Interaktionen zu bewegen, als ungenügend erlebt werden. Es entstehen dabei der Abwehr geschuldete Fantasien eigener Allmacht oder der unbegrenzten Macht Anderer. Die Menschen werden dann nicht als eigenständige Subjekte, sondern als narzisstische Objekte wahrgenommen, die zur Vermeidung narzisstischer Kränkungen benutzt werden. Damit aber wird Empathie verunmöglicht, und es breiten sich Aggressionen nach innen oder außen aus. Unter dem Diktat der Unlustvermeidung werden die Welt, ihre Menschen und Dinge, übermäßig auf ihre Bedeutung für die fragile narzisstische Homöostase hin taxiert (vgl. Mentzos 1989, S. 187).

Am Beispiel einer polarisierten Entwicklung von Geschlechtsidentität in der Kindheit lässt sich dieses Dilemma veranschaulichen. Wenn Mädchen und Jungen in den ersten Lebensmonaten ein Mindestmaß an Bindung erleben, explorieren sie dann bestenfalls lustvoll und mit grandiosen Gefühlen nach und nach ihre Welt, gewinnen ihre erste Autonomie. Mitte/Ende des zweiten Lebensjahrs kommt es dann zur Koinzidenz von Spracheinführung und Wiederannäherungskrise (Mahler), die für die Formung der Geschlechtsidentität von zentraler Bedeutung ist. Die Kinder realisieren ihre existenzielle Abhängigkeit von den Eltern und versuchen diese zu verleugnen, um ihre frühen Omnipotenzfantasien vor Kränkungen zu schützen. Zugleich nutzen die Kinder hierfür die ihnen nun zunehmend verfügbare Sprache, einerseits in Form des heftigen »Nein« in der alltagssprachlich sogenannten »Trotzphase«, andererseits in Form geschlechtlicher Sprachsymbole von Männlichkeit und Weiblichkeit (vgl. Rohde-Dachser 1992, S. 225). Weil aber Nähe und Bindung eher weiblich codiert sind (in Gestalt der anwesenden Mutter) und Autonomie eher männlich codiert (in Gestalt des scheinbar unabhängigen Vaters), kommt es zu einer ersten Verhärtung der Geschlechtsidentität. Während Mädchen sich mit der Mutter identifizieren, Nähe zulassen können, sich aber von »männlicher« Autonomie verabschieden müssen, nutzen Jungen die Identifikation mit dem Vater, um ihre Autonomie zu behaupten, müssen dafür aber den »weiblichen« Wunsch nach Nähe aufgeben, woraufhin dieser nur mehr als Verachtung und Idealisierung von Weiblichkeit wiederkehrt (Benjamin 1990, S. 74ff.). Wird auf diese Weise präödipal die Polarisierung der Geschlechter schon vorbereitet, drohen die Geschlechtsidentitäten in der genitalen Phase hartnäckig fixiert zu werden (Benjamin 1993, S. 75f.). Drastisch formuliert, geraten die Symbole Männlichkeit und Weiblichkeit, Mädchen und Junge, zu gleichsam kollektiven Sprachschablonen, während männlich überbetonte Autonomie und weiblich angepasste Fürsorglichkeit als Verhaltensklischees daherkommen. Die Wahrnehmungs-, Empfindungs- und Handlungsfähigkeit der Kinder wird dadurch nach innen und außen beschnitten.[6]

Vor diesem Hintergrund wird deutlich, dass das Welterforschen der Kinder aus ihrer Interaktionserfahrung entspringt und entweder Unlust und mithin Abwehr drohender Kränkungen evoziert, oder ob es gelingt, Menschen und Dinge narzisstisch und libidinös zu besetzen (vgl. Figdor 2006a, S. 105; Gerspach 2006, S. 91). Mit dieser Unterscheidung von eingeschränktem oder lustvollem Welterforschen kann auch die salutogenetische Differenzierung von Demoralisierung und Kohärenzsinn psychodynamisch begründet werden.

Die Kindertageseinrichtung sollte den Kindern in diesem Kontext zunächst Container sein, der ihre Affekte hält und sie in nachholender Spiegelung und Markierung als Emotion zurückgibt. Sie sollte den (nachholenden) Aufbau guter innerer Objekte und Ich-stärkende Identifizierungen ermöglichen. Sie sollte zur Milderung narzisstischer Kränkungen in der Wiederannäherungskrise oder in ödipalen Konflikten sowie zu einigermaßen angst- und aggressionsfreien Vorstellungen von Geschlechterdifferenzen beitragen. Sie sollte die Kinder zu innerer und äußerer Triangulierung befähigen und damit zu differenzierterer Affektregulierung und adäquater Problemlösung. Und sie sollte die Bildung eines freundlichen Über-Ich unterstützen (vgl. Figdor 2006a, S. 104; Leuzinger-Bohleber et al. 2006, S. 243).[7]

Kurzum: Wenn die Gefühle der Kinder im

Spannungsfeld von Lust und Angst, Macht und Ohnmacht, ebenso wie ihre »Entwicklungsbedürfnisse« (Figdor 2006b) nach Geborgenheit, Zuversicht, Bindung und Autonomie wahrgenommen und befriedigt werden, entsteht die emotionale Sicherheit, die es den Kindern erlaubt, sich neugierig mit Wissenslust dem Welterforschen zuzuwenden. Bildung in diesem Sinne ist ein Kohärenz stiftender Beitrag zur Salutogenese, insofern es gelingt, »den Lebensbedingungen einen subjektiven Sinn zu geben und sie mit den eigenen Wünschen und Bedürfnissen in Einklang zu bringen« (Keupp 2003, S. 30).

4. Psychoanalytische Pädagogik als Beitrag zur Prävention

Die Psychoanalytische Pädagogik orientiert sich, wie schon angedeutet wurde, an der langfristigen Entwicklung der Kinder und richtet ihren Fokus auf psychische Gesundheit. Überdies eröffnet sie der Arbeit in Kindertageseinrichtungen einen Zugang zum Verständnis kindlicher Entwicklungsprozesse, ohne diese aus ihrem Kontext von Interaktion, Institution und Gesellschaft herauszulösen. Im Folgenden werden nun zunächst Grundzüge der Psychoanalytischen Pädagogik rekapituliert, um dann ihre präventiven Potenziale herauszuarbeiten.

Grundzüge Psychoanalytischer Pädagogik

Als Leitbegriffe der Psychoanalytischen Pädagogik können Arbeitsbündnis, Optimalstrukturierung und Szenisches Verstehen gelten (Trescher 2001). Das Arbeitsbündnis eröffnet im Wissen um entwicklungspsychologische Erkenntnisse und Übertragungsvorgänge die Möglichkeit, Bedürfnisse, Themen und Konflikte der Kinder wahrzunehmen, um sich so in der pädagogischen Beziehung als »Hilfs-Ich« zur Verfügung zu stellen und eine nachholende Entwicklung in Gang zu setzen. Im »fördernden Dialog« (Leber), im Containen und Symbolisieren der kindlichen Themen, im Ermöglichen von Regression im Dienste des Ich oder durch milde Traumatisierung kann das Kind die verlässliche Interaktion mit dem Hilfs-Ich verinnerlichen. Die Optimalstrukturierung zielt auf die Überprüfung bzw. Veränderung des pädagogischen Settings im Hinblick auf Konzept, Personal, Raum, Ausstattung etc. bis hin zur gesellschaftlichen Funktion der Kindertageseinrichtung. Erkenntnisleitende Frage ist hier, ob die Institution ein tragfähiges Arbeitsbündnis begünstigt oder Re-Traumatisierung verursacht bzw. institutionell begründete Konflikte bei den Kindern resp. in der Gruppe heraufbeschwört. Das Szenische Verstehen (Lorenzer) schließlich ist die Methode, um Arbeitsbündnis und Optimalstrukturierung zu verwirklichen. Einerseits können die real in Szene gesetzten pädagogischen Situationen und Beziehungen, also auch die Reinszenierungen früher Konflikte, durch die Wahrnehmung von Übertragungs- und Gegenübertragungsprozessen verstanden werden. Andererseits ermöglicht das Szenische Verstehen Erkenntnisse über institutionelle und gesellschaftliche Faktoren, die die Szenen mit konstellieren.

Präventive Potenziale Psychoanalytischer Pädagogik

Grundlage der Prävention durch Psychoanalytische Pädagogik ist zweifellos eine fundierte theoretische Aus- und Fortbildung der pädagogischen Bezugspersonen. Entgegen der derzeitigen Tendenz in der Erzieherausbildung, psychoanalytische Entwicklungspsychologie als starres Formelwissen von psychischem Apparat und psychosexuellen Phasen zu lehren, muss ein interdisziplinärer und lebendiger Zugang zu kindlichen Entwicklungsprozessen eröffnet werden. In diesem Sinne sind zunächst sozialisationstheoretische und zeitdiagnostische Kenntnisse nötig, um im Wissen um die Wechselwirkung von Gesellschaft, Institution, Interaktion und Subjekt sowie deren aktueller Erscheinungsform vorschnelle infantilistische, familialistische oder pädagogische Verkürzungen zu vermeiden (vgl. Lorenzer 1980, S. 320). Sodann sind bildungstheoretische Kenntnisse erforderlich, die das Zusammenspiel von Selbstbildung und Verständigung berücksichtigen. Dadurch wird die fachlich begründete Widerständigkeit gegen Instruktionslernen und verhaltensorientierte Trainingsprogramme in der pädagogischen Praxis gestützt. Nicht zuletzt sind neben den modernen Klassikern der psychoanalytischen Entwicklungspsychologie (bspw. Mahler, Kohut und Winnicott) auch die Gruppenanalyse (Foulkes) sowie die Erkenntnisse der Säuglings-, Bindungs- und Resilienzforschung von außerordentlicher Bedeutung, weil sie für die Themen, Phasen und etwaigen Schwierigkeiten kindlicher Entwicklung, insbesondere im Gruppenkontext, sensibilisieren.

Vor diesem theoretischen Hintergrund lassen sich dann auch pädagogische und organisatorische Maßnahmen begründen, die die affektive Entwicklung der Kinder schon strukturell sichern helfen, also noch im Vorfeld »Szenischen Verstehens« (Figdor 2006a, S. 109). Als exemplarisch für eine solche strukturell verankerte Entwicklungsbegleitung kann der Umgang mit Trennung gelten. Helmuth Figdor differenziert hier drei Schwerpunkte:

1. Der Kindertageseinrichtung kann durch einen interessierten, vorbereiteten und vor allem freundlichen Empfang neuer Kinder in der Gruppe sowie durch einen »Mentor« das Bedrohlich-Fremde genommen werden.
2. Die Verlustängste der morgendlichen Trennung können durch konkrete Bilder zum Tagesablauf von Kind und primärer Bezugsperson sowie die Vorstellung der Wiedervereinigung und gemeinsamer nachmittäglicher Unternehmungen gemildert werden.
3. Die Konstanz der guten Objekte kann aufrechterhalten werden, wenn die primäre Bezugsperson den Tag und die Trennung in Form symbolischer Repräsentation »überlebt«. Diese symbolische Präsenz erleichtert den Kindern die innere und äußere Triangulierung von Objektbeziehungen hin zu neuen Arten des Selbsterlebens und Welterforschens (ebd., S. 110ff.).

Über die Schaffung einer trennungssensiblen Struktur hinaus, sollte die Kindertageseinrichtung Räume und Zeiten bereitstellen, in denen die Kinder nicht nur die üblicherweise geschätzten prosozialen, sondern alle ihre Emotionen und Bedürfnisse verbal und szenisch zum Ausdruck bringen und mit anderen kommunizieren können (ebd., S. 114f.) – hier könnte, neben Stuhlkreisen, Zeichnen und Theater, besonders eine sinnverstehende Psychomotorik ihre Potenziale entfalten. Nicht zuletzt ist die Bedeutung der Partizipation von Kindern pädagogisch nicht hoch genug einzuschätzen. »Das sukzessive Entwickeln eines sozialen Regelsystems, das dem Kind nicht autoritär aufgesetzt, sondern in einem emotional tragenden, sicheren Beziehungsgefüge zusammen mit dem Kind ›ausgehandelt‹ und dem Entwicklungsalter entsprechend gemeinsam ›gelernt‹ und ›reflektiert‹ wird, ist die Voraussetzung für Internalisierungsprozesse, die nicht durch eine Unterwerfung, sondern durch eine Stabilisierung von Selbst und Autonomie gekennzeichnet sind« (Leuzinger-Bohleber et al. 2006, S. 243). Im Hinblick auf die Personal- und Organisationsentwicklung sollte vor allem dem »Konstanzprinzip« gefolgt werden, also dem Anspruch der Kinder auf einen verlässlichen und kontinuierlich verfügbaren Entwicklungsraum (Trescher 2001, S. 185). Dieser Entwicklungsraum aber ist von den Kindern nur dann umfassend nutzbar, wenn sie ihre Kindergruppe und ihre Bezugspersonen über Jahre als solche erleben, die ihrerseits von der Einrichtung gehalten werden, ihre Gefühle und Bedürfnisse äußern und die Entwicklung der gemeinsamen Institution mitbestimmen können. Schließlich sollte die Kindertageseinrichtung allen Kindern Interaktionserfahrungen mit Männern und Frauen, mit Menschen, Materialien und Symbolen eröffnen, die die Repräsentation und Bearbeitung ihrer lebensweltlich bedeutsamen Themen sexueller, sozialer und kultureller Identität ermöglichen (vgl. Figdor 2006a, S. 117).

Diese strukturellen Aspekte können ihre salutogenetische Wirkung besonders dann entfalten, wenn die Bezugspersonen eine Haltung einnehmen, die ihnen einen psychoanalytisch orientierten Dialog im Kontext einer Bildungseinrichtung für Kinder zu führen erlaubt. Wesentlich ist hier die Haltefunktion von verlässlichen, empathischen und zugewandten Bezugspersonen, die den Kindern die Sicherheit und

Geborgenheit erlebbar machen, von der aus die Kinder erst die Nachentwicklung ihrer inneren Regulationssysteme sowie die Exploration ihrer Welt wagen können (vgl. Leuzinger-Bohleber et al. 2006, S. 243). Zugleich aber ist die Praxis in der Kindertageseinrichtung notwendig von Einschränkungen und Frustrationen begleitet, die als Bildungsthemen oder milde Traumatisierung der Entwicklung der Kinder dienen können oder auch den Zwängen des institutionellen Settings entspringen. Dabei besteht die Gefahr, dass die pädagogische Illusion, ein guter Pädagoge dürfe die Kinder niemals frustrieren, entweder durch Willfährigkeit den spontanen kindlichen Wünschen gegenüber ausagiert oder durch Bestrafen kindlichen Widerstandes ins Gegenteil verkehrt wird – wodurch jedenfalls der Kontakt zum Kind verloren geht. Um dieser Gefahr zu begegnen, bietet sich die Haltung der »verantworteten Schuld« an, eine Haltung, die die Schuld infolge der den Kindern zugemuteten Einschränkungen und Frustrationen nicht verleugnet, sondern in der Identifikation mit dem Kind Wiedergutmachungsimpulsen zu folgen erlaubt, die den empathischen Kontakt zum Kind retten oder auch den Blick auf einschränkende Arbeitsbedingungen schärfen (Figdor 2006a, S. 120ff.). Des Weiteren verweist die alltägliche Praxis in der Kindertageseinrichtung unweigerlich über das einzelne Kind hinaus auf die Gruppendynamik. Damit Selbstbildungsprozesse von und in Kindergruppen entstehen können, ist eine gleichsam gruppenanalytische Haltung in der Gruppenleitung hilfreich, die ihre Aufgabe nicht in der direktiven Steuerung von Gruppenprozessen, sondern in der Förderung von Interaktion und Kommunikation zwischen den Kindern, in der Ausgestaltung und Integration von Heterogenität im gemeinsamen Gruppenzusammenhang erblickt (Brandes 2007, S. 12). Nicht zuletzt braucht eine gelingende dialogische Haltung aufseiten der Bezugspersonen die Bereitschaft und Fähigkeit zur Selbstreflexion, zur Bearbeitung der je eigenen Konflikt- und Übertragungsneigungen, zu einem inneren »Gespräch« zwischen den verschiedenen Persönlichkeitsanteilen (vgl. Martin 2001, S. 119). Selbstreflexion ist die Bedingung dafür, als Bezugsperson nicht die eigene Übertragungsbereitschaft und Bedürftigkeit am Kind auszuagieren, sondern abstinent zu bleiben, damit das Kind die Bezugsperson zur Inszenierung und Bearbeitung seiner Konflikte und Bedürfnisse verwenden kann (vgl. Trescher 2001, S. 183). Zugleich eröffnet diese Abstinenz die Differenzierung von Erleben und Reflexion der pädagogischen Praxis und somit das Szenische Verstehen der Übertragung des Kindes und der eigenen Gegenübertragung als Voraussetzung eines stabilen Arbeits- bzw. Entwicklungsbündnisses (ebd., S. 193). Insgesamt kann also festgehalten werden, dass fundierte theoretische Kenntnisse, ein entwicklungsförderndes Setting, eine selbstreflexive Haltung und Szenisches Verstehen die Gestaltung von dialogischen Beziehungen eröffnen und zugleich Selbstbildungsprozesse und Salutogenese unterstützen.

Allerdings kann eine solche »Interaktionserziehung« (Schön) nur gelingen, wenn die pädagogischen Bezugspersonen selbst von der Institution gehalten werden, wenn Bildung und Gesundheit auch der Pädagoginnen strukturell gesichert sind. Neben Partizipation, Personalschlüssel, Entlohnung, ausreichender Zeit für Vor- und Nachbereitung sowie für Elterngespräche etc. ist hier die regelmäßige Supervision von besonderer Wichtigkeit. Dabei gilt es freilich zu beachten, dass Supervision durchaus zu einem Kontrollinstrument verkommen kann, das mit diagnostischer Fallarbeit und Interventionsplanung schlicht der funktionalistischen Kreislaufglättung unhinterfragter institutioneller Ziele dient (vgl. Figdor 2006a, S. 100). Eingedenk dieser Gefahr ist aber besonders gruppenanalytische Supervision unerlässlich als Entwicklungsraum für die Bezugspersonen, in dem, ausgehend von der pädagogischen Praxis, kind- und gruppenspezifische, persönliche und institutionelle Konflikte gespiegelt und markiert werden können (vgl. Volhard 2002, S. 30), und der somit der institutionellen Triangulierung durch die Einführung eines »exzentrischen Standpunktes« dient (Trescher 2001, S. 193ff.).

Nicht zuletzt ist die Elternarbeit von entscheidender Bedeutung für die Salutogenese der Kinder. In der Erziehungspartnerschaft zwischen Eltern und Bezugspersonen können letztere wichtige Information über die Familienkultur und Lebenswelt der Kinder erhalten. Umgekehrt kann die Kindertageseinrichtung die Eltern zur Partizipation einladen und ihnen ihre pädagogischen Kenntnisse etwa zum Zusammenhang von Bildung und Bedürfnis nahebringen. In der Vernetzung mit Frühförderstellen, Kinderärztinnen und Kinder- und Jugendlichen-Psychotherapeutinnen, die freilich anschlussfähige Vorstellungen kindlicher Entwicklung aufweisen müssen, vermag die Kindertageseinrichtung überdies den Kontakt der Eltern zu Institutionen tertiärer Prävention herzustellen. Diese Aufgaben und Potenziale der Elternarbeit verdichten sich in einer gelingenden Elternberatung. Diese gedeiht allerdings nur, wenn sie einerseits ressourcenorientiert auf die Erweiterung alltäglicher Gestaltungsspielräume zielt, andererseits aber auch Beziehungs- und Erziehungsfragen thematisiert. Häufig wird jedoch in der Beratung Widerstand der Eltern ausgelöst, weil die Elternschaft frühe Konflikte aktualisiert und nicht selten von mehr oder minder unbewusster Aggression dem Kind gegenüber unterlegt ist (Figdor 2006b, S. 143f.). Erst wenn den Bezugspersonen die Identifikation mit dem Kind und den Eltern gelingt, wenn also auch die Konflikte und Nöte der Eltern in die Wahrnehmung rücken dürfen, kann eine moralisierende Zurückweisung oder auftrumpfende Beschämung der Eltern vermieden werden und stattdessen die »helfende, unterstützende und daher stärkende« Seite pädagogischer Autorität hervortreten und angenommen werden (ebd., S. 144ff.). Auch die Elternarbeit kann ihre salutogenetische Wirkung nur in dialogischen, prozess- und lebensweltorientierten Beziehungen entfalten.

5. Psychoanalytische Pädagogik im Situationsansatz

Psychoanalytische Pädagogik lässt sich nicht in jedem pädagogischen Setting implementieren, sie kann nicht additiv beliebigen pädagogischen Ansätzen hinzugefügt werden. Vielmehr muss die Anschlussfähigkeit theoretisch nachgewiesen werden, um in der Praxis ihre Wirkung entfalten zu können. In diesem Kontext sind pädagogische Ansätze, die letztlich auf Instruktionslernen setzen, ebenso wenig geeignet wie solche, die eine transhistorische oder gar »kosmische« Natur des Kindes behaupten (wie etwa die Waldorf-Pädagogik). Demgegenüber kann Psychoanalytische Pädagogik kindzentrierte Ansätze ergänzen, die auf Selbstbildung, dialogische Beziehungen und Partizipation setzen und die die gesellschaftlichen und historischen Kontexte der pädagogischen Praxis reflektieren. Neben der Reggio- und Freinet-Pädagogik ist hier insbesondere der Situationsansatz zu nennen. Weil der Situationsansatz in einer Vielzahl bundesdeutscher Kindertageseinrichtungen zum Einsatz kommt, weil er überdies als einziger Ansatz auf der Höhe der sozialpädagogischen Fachdebatte gelten kann, soll hier nun der Versuch unternommen werden, die Anschlussfähigkeit von Psychoanalytischer Pädagogik und Situationsansatz nachzuweisen.

Zur Anschlussfähigkeit von Situationsansatz und Psychoanalytischer Pädagogik

Der Situationsansatz wird in der Psychoanalytischen Pädagogik erstaunlich selten rezipiert, von wenigen Ausnahmen abgesehen (bspw. Messer/Nagel 1998, S. 229; Gerspach 2006, S. 110f.). Dies verwundert schon deshalb, weil auch der Situationsansatz eine institutionenkritische Haltung verlangt (Haberkorn/Götte 2006, S. 398) und zumindest in seinen Wurzeln Anfang der 1970er Jahre durchaus auf psychoanalytische Erkenntnisse rekurrierte – obgleich dieses Rhizom heute geleugnet wird, ohne die hinterbliebene entwicklungspsychologische Lücke zu füllen (Rieber 2001, S. 159ff.). Im Folgenden soll nun gezeigt werden, dass die zentralen Begriffe des Situationsansatzes eine weitgehende Kompatibilität mit den Grundsätzen Psychoanalytischer Pädagogik aufweisen.

Der Situationsansatz basiert auf der Wahrnehmung von »Schlüsselsituationen«, in denen die »generativen Themen« (Freire) zum Ausdruck kommen, Themen also, die sich aus den konkreten Lebensvollzügen der Kinder ergeben und Ausgangspunkte einer emanzipatorischen pädagogischen Praxis darstellen (vgl. Preissing et al. 2001, S. 50). Geleitet wird die Praxis von den grundlegenden Entwicklungszielen Autonomie, Solidarität und Kompetenz (ebd., S. 8). Der Situationsansatz bewahrt somit den Zusammenhang von Selbstbestimmung, wechselseitiger Abhängigkeit und Weltgestaltung. Schon hier kann die Psychoanalytische Pädagogik den Situationsansatz sinnvoll ergänzen, wenn nämlich die lebensweltlichen Themen um entwicklungsspezifische Themen einzelner Kinder oder der Gruppe (Trennung, Lust und Angst, Autonomie und Abhängigkeit etc.) erweitert werden. Des Weiteren ist die Praxis im Situationsansatz eingebettet in fünf theoretische Dimensionen: Bildung, Lebensweltorientierung, Partizipation, Differenz und Gleichheit sowie die Einheit von Form und Inhalt. Auch hier muss die strukturelle Anschlussfähigkeit begründet werden.

Bildung wird im Situationsansatz konsequent als Selbstbildung verstanden, die von den generativen Themen der Kinder ihren Ausgang nimmt und sich in einem dialogischen Prozess entfalten kann. Dem liegt das Bild eines intrinsisch motivierten Kindes zugrunde, das es in seiner Subjektivität anzuerkennen gilt (Preissing et al. 2001, S. 52). Hier können die emotionalen und interaktionalen Dimensionen der Selbstbildung mit Hilfe der Psychoanalytischen Pädagogik genauer fokussiert werden.

Lebensweltorientierung im Situationsansatz meint nicht allein die alltäglichen Praktiken, Kontakte, Wege und Räume inner- und außerhalb der Kindertageseinrichtung, sondern immer auch den Blick auf gesellschaftliche Zwänge und vor allem die Erweiterung der Selbst- und Weltdeutungsfähigkeiten der Kinder und Familien in emanzipatorischer Absicht (vgl. Thiersch 1992, S. 23). Die dialogische Arbeit an Selbst- und Weltdeutungen wiederum kann durch Szenisches Verstehen entscheidend vertieft werden. Einerseits vermittelt das Szenische Verstehen ein Erfahrungswissen darüber, dass Übertragung früherer Erfahrungen auf gegenwärtige Beziehungen als »Universalie der Praxisstruktur« und Widerstand gegen schmerzhafte Einsichten als »Universalie der Erkenntnisstruktur« gelten kann (Niemeyer, zit. nach Martin 2001, S. 127). Andererseits eröffnet es die Aufmerksamkeit auch für Ungesagtes und Szenisches und mithin für die Sinnhaftigkeit jeder Mitteilung der Kinder und ihrer Eltern.

Partizipation im Situationsansatz meint allgemein die Teilhabe aller Beteiligten (also Kinder, Eltern und Bezugspersonen) in der Kindertageseinrichtung an Aushandlungs- und Gestaltungsprozessen. Im Hinblick auf die Kinder bedeutet dies unter anderem die selbstverständliche Partizipation an der Gestaltung der Räume, der gemeinsamen Regeln und des gemeinsamen Alltags (Kinderparlament, Kinderkonferenzen etc.) (vgl. Preissing et al. 2001, S. 55ff.). Aus der Perspektive Psychoanalytischer Pädagogik kann dafür sensibilisiert werden, dass diese alltäglichen Erfahrungen eigener Gestaltungsfähigkeit die kindliche Selbstwirksamkeit stabilisieren und sich auch auf den Ausdruck von Emotionen und Bedürfnissen sowie ihre Materialisierung in der gemeinsamen Praxis erstrecken sollten.

Das Verhältnis von Differenz und Gleichheit soll im Situationsansatz ausbalanciert werden. Differenzen der Herkunft, des Geschlechts, der Kultur etc. müssen anerkannt, aber zugleich immer dann überwunden werden, wenn sie Ungleichheitsverhältnisse zementieren (vgl. ebd., S. 58). In diesem Sinne reflektiert der Situationsansatz aktuelle soziale, interkulturelle und Geschlechterverhältnisse. Hier kann mit der Psychoanalytischen Pädagogik Spaltungsprozessen, projektiven Identifizierungen oder »Pseudo-Wir-Bildungen« (Mentzos 2002, S. 130) begegnet werden, die die Wahrnehmungs- und Handlungsfähigkeit der Kinder und der Gruppe nach innen und außen beschneiden. Überdies strebt der Situationsansatz eine große Altersmischung der Kindergruppe an. Auch dabei kann die Psychoanalytische Pädagogik den Blick dafür öffnen, dass die Altersmischung nicht allein progressive Identifikationsprozesse kleinerer mit größeren Kindern eröffnet, sondern umgekehrt größeren Kindern, neben dem Erleben von eigener Fürsorglichkeit und Autonomie, auch Regressionen im Dienste des Ich eröffnet.

Schließlich fordert der Situationsansatz die dialektische Einheit von Inhalt und Form. Im Wissen um die Wechselwirkung von institutionellem Setting und pädagogischer Beziehungspraxis sollen der institutionelle Rahmen, die Personal- und Organisationsentwicklung, die Finanzplanung, Vernetzung u.Ä., die pädagogische Arbeit gewährleisten und zugleich widerspiegeln (vgl. Preissing et al. 2001, S. 60ff.). Auf diese Weise wird die Entwicklung von Autonomie, Kompetenz und Solidarität sowie die Entfaltung einer demokratischen Kultur in der gesamten Einrichtung gewährleistet. Dabei weist der Situationsansatz eine ausgeprägte Kompatibilität mit dem Prinzip der Optimalstrukturierung auf, die allerdings zusätzlich die gesellschaftliche Funktion der Kindertageseinrichtung sowie die Sicherung von Entwicklungsbündnissen berücksichtigt.

Insgesamt ist mit dem hier erbrachten Nachweis der Anschlussfähigkeit von Psychoanalytischer Pädagogik und Situationsansatz die Möglichkeit eröffnet, dass Psychoanalytische Pädagogik nicht als von außen oktroyierte Maßnahme Widerstand in Kindertageseinrichtungen auslöst, sondern ihre salutogenetischen Potenziale im bewährten und breit praktizierten pädagogischen Rahmen des Situationsansatzes entfalten kann.

6. Resümee

Die Kindertageseinrichtung ist ein Ort der Betreuung, Erziehung und vor allem Bildung der Kinder, sie ermöglicht kindliche Selbstbildung im erzieherischen Rahmen verlässlicher, empathischer und dialogischer Beziehungen, vielfältiger Materialen und anregungsreicher Räume. Selbstbildung kann zugleich als Angelpunkt der Prävention psychischer und psychosozialer Probleme in der Kindertageseinrichtung gelten, weil gelingende kindliche Bildung im Wechselspiel der Verinnerlichung ausreichend guter Interaktionserfahrungen und dem bedürfnisorientierten Welterforschen und -gestalten salutogenetische Wirkung hat. Diese Wirkung wiederum entfaltet sich entscheidend durch eine prozessorientierte Beziehungsarbeit, in der die Gefühle und Bedürfnisse der Kinder gehalten und in symbolisierter Form verfügbar gemacht werden. Um eine solche Beziehungsarbeit zu gewährleisten, sollte Psychoanalytische Pädagogik konzeptionell in der Kindertageseinrichtung verankert werden. Damit wird nicht nur Bildung und Gesundheit der Kinder gefördert, sondern ebenfalls das Wohlbefinden der Bezugspersonen in der pädagogischen Praxis gesichert. Mit der Aufmerksamkeit für Gefühle und Bedürfnisse kann überdies ein lebendiger Alltag in der Kindertageseinrichtung gelingen. Prävention in diesem Sinne verlangt selbstverständlich auch das diagnostische und zugleich empathische Wissen um Entwicklungsschwierigkeiten, zielt aber salutogenetisch vor allem auf eine alltäglich integrierte, den Kindern und Eltern zugewandte, neugierige und mit »fruchtbaren Irritationen« (Lorenzer) rechnende Praxisforschung.

Zudem eröffnet die Psychoanalytische Pädagogik den fachlich begründeten Widerspruch gegen die herrschenden Tendenzen der Präventionsdebatte. So ist es schon ein gleichsam präventiver Akt, wenn es gelingt, die Objektivierung abweichenden Verhaltens sowie die Verbreitung von verhaltensorientierten Trainingsprogrammen zu kritisieren und zurückzudrängen. Demgegenüber kann die Kindertageseinrichtung gegen ihre Zurichtung als bloße Dienstleistungsmaschine zur Produktion funktionierender Kinder verteidigt werden, und es können bildungspolitische Korrekturen eingefordert werden: ein besserer Personalschlüssel, angemessene materielle Anerkennung der anspruchsvollen Arbeit, gesicherte Räume und Zeiten zur (Selbst-)Reflexion und nicht zuletzt die überfällige Reformierung der Aus- und Weiterbildung pädagogischer Fachkräfte. Ohne eine gesellschaftskritische Haltung und ohne die besagten Korrekturen sind Bildung und Gesundheit als egalitär geltende Entwicklungsziele nicht zu haben.

Literatur

Adorno, Theodor W. (1971): Erziehung zur Mündigkeit. Frankfurt/Main (Suhrkamp).

Bauman, Zygmunt (1995): Postmoderne Ethik. Hamburg (HIS Verlagsgesellschaft).

Benjamin, Jessica (1990): Die Fesseln der Liebe. Psychoanalyse, Feminismus und das Problem der Macht. Basel; Frankfurt/Main (Stroemfeld/Roter Stern).

Benjamin, Jessica (1993): Phantasie und Geschlecht:

psychoanalytische Studien über Idealisierung, Anerkennung und Differenz. Basel; Frankfurt/Main (Stroemfeld/Roter Stern).

Brandes, Holger (2005): Gruppenmatrix und Theorie des Unbewussten. In: Gruppenanalyse 1/2005.

Brandes, Holger (2007): Selbstbildungsprozesse von und in Kindergruppen. Unveröffentlichtes Manuskript zum am 20. Oktober 2007 gehaltenen Vortrag am Institut für Gruppenanalyse Heidelberg.

Butler, Judith (2001): Psyche der Macht. Das Subjekt der Unterwerfung. Frankfurt/Main (Suhrkamp).

Dörr, Margret (2003): »Gefühlssymbole«? – Facetten des Symbolbegriffs im Kontext der Bildung der Gefühle. In: Dörr, Margret; Göppel, Rolf (Hg.) (2003).

Dörr, Margret; Göppel, Rolf (Hg.) (2003): Bildung der Gefühle. Innovation? Illusion? Intrusion?. Gießen (Psychosozial-Verlag).

Esch, Karin; Klaudy, Elke Katharina; Micheel, Brigitte & Stöbe-Blossey, Sybille (2006): Qualitätskonzepte in der Kindertagesbetreuung. Ein Überblick. Wiesbaden (VS-Verlag).

Figdor, Helmuth (2006a): Psychoanalytische Pädagogik und Kindergarten: Die Arbeit mit der ganzen Gruppe. In: Steinhardt, Kornelia; Büttner, Christian & Müller, Burkhard (Hg.) (2006).

Figdor, Helmuth (2006b): Praxis der psychoanalytischen Pädagogik I. Vorträge und Aufsätze. Gießen (Psychosozial-Verlag).

Gerspach, Manfred (2006): Elementarpädagogik. Eine Einführung. Stuttgart (Kohlhammer).

Göppel, Rolf (2007): Aufwachsen heute. Veränderungen der Kindheit – Probleme des Jugendalters. Stuttgart (Kohlhammer).

Haberkorn, Rita; Götte, Rose (2006): Situationsansatz. In: Pousset, Raimund (Hg.) (2006).

Hirsch, Joachim (1998): Vom Sicherheitsstaat zum nationalen Wettbewerbsstaat. Berlin (ID-Archiv).

Kempfer, Jaqueline (2005): Prävention in Kindergarten und Vorschule. In: Kerner, H.-J.; Marks, E. (Hg.) (2005): Internetdokumentation Deutscher Präventionstag. Hannover / www.praeventionstag.de/content/10_praev/doku/kempfer/index_10_kempfer.html (letzter Zugriff am 20.08.2007).

Keupp, Heiner (2003): Identitätsbildung in der Netzwerkgesellschaft: Welche Ressourcen werden benötigt und wie können sie gefördert werden. In: Finger-Trescher, Urte; Krebs, Heinz (Hg.) (2003): Bindungsstörungen und Entwicklungschancen. Gießen (Psychosozial-Verlag).

Laewen, H.-J. (2002): Bildung und Erziehung in Kindertageseinrichtungen. In: Laewen, H.-J.; Andres, B. (Hg.) (2002): Bildung und Erziehung in der frühen Kindheit. Bausteine zum Bildungsauftrag von Kindertageseinrichtungen. Weinheim; Basel; Berlin (Beltz).

Leuzinger-Bohleber et al. (2006): Die Frankfurter Präventionsstudie. Zur psychischen und psychosozialen Integration von verhaltensauffälligen Kindern (insbesondere von ADHS) im Kindergartenalter – ein Arbeitsbericht. In: Leuzinger-Bohleber, Marianne; Brandl, Yvonne & Hüther, Gerald (Hg.) (2006).

Leuzinger-Bohleber, Marianne; Brandl, Yvonne & Hüther, Gerald (Hg.) (2006): ADHS – Frühprävention statt Medikalisierung. Theorie, Forschung, Kontroversen. Göttingen (Vandenhoeck & Ruprecht).

Lorenzer, Alfred (1980): Die Sozialität der Natur und die Natürlichkeit des Sozialen. In: Görlich, Bernard (Hg.) (1980): Der Stachel Freud. Beiträge und Dokumente zur Kulturismus-Kritik. Frankfurt/Main (Suhrkamp).

Lorenzer, Alfred (1988): Das Konzil der Buchhalter. Die Zerstörung der Sinnlichkeit. Eine Religionskritik. Frankfurt/Main (Fischer).

Lüpke, Hans von (2006): Der Dialog in Bewegung und der entgleiste Dialog. Beiträge aus Säuglingsforschung und Neurobiologie. In: Leuzinger-Bohleber, Marianne; Brandl, Yvonne & Hüther, Gerald (Hg.) (2006).

Martin, Ernst (2001): Sozialpädagogische Berufsethik. Auf der Suche nach dem richtigen Handeln. Weinheim; München (Juventa).

Mentzos, Stavros (1989): Neurotische Konfliktverarbeitung. Einführung in die psychoanalytische Neurosenlehre unter Berücksichtigung neuer Perspektiven. Frankfurt/Main (Fischer).

Mentzos, Stavros (2002): Der Krieg und seine psychosozialen Funktionen. Göttingen (Vandenhoeck & Ruprecht).

Messer, Helene; Nagel, Gudrun (1998): Mittlerinnen zwischen den Welten – Interkulturelles Lernen in der Beratung von Erzieherinnen. In: Büttner, Christian et al. (Hg.) (1998): Brücken und Zäune. Interkulturelle Pädagogik zwischen Fremdem und Eigenem. Gießen (Psychosozial-Verlag).

Naumann, Thilo (2000): Das umkämpfte Subjekt. Subjektivität, Hegemonie und Emanzipation im Postfordismus. Tübingen (edition diskord).

Naumann, Thilo (2002): Subjektivität in der Postmoderne. Theoretische und zeitdiagnostische Überlegungen der kritischen Theorie des Subjekts. In: psychosozial 87.

Negt, Oskar (1999): Kindheit und Schule in einer Welt der Umbrüche. Göttingen (Steidl).

Pousset, Raimund (Hg.) (2006): Handwörterbuch für Erzieherinnen. Weinheim; Basel (Beltz).

Preissing, Christa et al. (2001): Qualität im Situationsansatz. Konzeptionelle Grundsätze, Qualitätskriterien und Theoretische Dimensionen. Institut für den Situationsansatz – Berlin (Eigenverlag).

Rieber, Dorothea (2002): Der Kultur der Kinder auf der Spur. Ein Vergleich von Reggio-Pädagogik und Situationsansatz. Freiburg (Lambertus).

Rohde-Dachser, Christa (1992): Expedition in den dunklen Kontinent. Weiblichkeit im Diskurs der Psychoanalyse. Berlin; Heidelberg; New York (Springer).

Romer, Georg; Riedesser, Peter (2000): Perspektiven der Prävention sexuellen Missbrauchs. In: Finger-Trescher, Urte; Krebs, Heinz (Hg.) (2000): Misshandlung, Vernachlässigung und sexuelle Gewalt in Erziehungsverhältnissen. Gießen (Psychosozial-Verlag).

Schäfer, Gerd E. (Hg.) (2005): Bildung beginnt mit der Geburt. Ein offener Bildungsplan für Kindertageseinrichtungen in Nordrhein-Westfalen. Weinheim; Basel (Beltz).

Schäfer, Gerd E. (2005a): Was ist frühkindliche Bildung? In: Schäfer, Gerd E. (Hg.) (2005).

Schäfer, Gerd E. (2005b): Aufgaben frühkindlicher Bildung. In: Schäfer, Gerd E. (Hg.) (2005).

Schäfer, Gerd E. (2006): Die Bildungsdiskussion in der Pädagogik der frühen Kindheit. In: Steinhardt, Kornelia; Büttner, Christian & Müller, Burkhard (Hg.) (2006).

Schön, Bärbel (2003): Bildung der Gefühle durch Programme der Gewaltprävention? Einige Anmerkungen. In: Dörr, Margret; Göppel, Rolf (Hg.) (2003).

Seifert, Monika (1996): Kann die Kinderladenbewegung einen allgemeinen Beitrag zur Frage von Möglichkeiten kindlicher Autonomie leisten? (1977). In: Beutler, Kurt; Horster, Detlef (Hg.) (1996): Pädagogik und Ethik. Stuttgart (Reclam).

Steinhardt, Kornelia (2006): Kinder zwischen drei und sechs – eine »neue« Herausforderung für die Psychoanalytische Pädagogik? In: Steinhardt, Kornelia; Büttner, Christian & Müller, Burkhard (Hg.) (2006).

Steinhardt, Kornelia; Büttner, Christian & Müller, Burkhard (Hg.) (2006): Kinder zwischen drei und sechs. Bildungsprozesse und Psychoanalytische Pädagogik im Vorschulalter. Gießen (Psychosozial-Verlag).

Textor, Martin R. (2006): Die Vergesellschaftung der Kleinkindheit: Kindertageseinrichtungen im Spannungsfeld kontroverser Erwartungen. In: Steinhardt, Kornelia; Büttner, Christian & Müller, Burkhard (Hg.) (2006).

Thiersch, Hans (1992): Lebensweltorientierte Soziale Arbeit. Aufgaben der Praxis im sozialen Wandel. Weinheim (Juventa).

Trescher, Hans-Georg (2001): Handlungstheoretische Aspekte der Psychoanalytischen Pädagogik. In: Muck, Mario; Trescher, Hans-Georg (Hg.) (2001): Grundlagen der Psychoanalytischen Pädagogik. Gießen (Psychosozial-Verlag).

Volhard, Cornelia (2002): Spiegelphänomene in der gruppenanalytischen Supervision. In: Gruppenanalyse 1/2002.

Wustmann, Corina (2004): Resilienz. Widerstandsfähigkeit von Kindern in Tageseinrichtungen fördern. Weinheim; Basel (Beltz).

Wustmann, Corina (2006): Resilienz. In: Pousset, Raimund (Hg.) (2006).

Zepf, Siegfried (1993): Bemerkungen zur gesellschaftlichen Produktion und Funktion zeichenregulierten Verhaltens. In: Zepf, Siegfried (Hg.) (1993): Die Erkundung des Irrationalen: Bausteine einer analytischen Sozialpsychologie nebst einiger Kulturanalysen. Göttingen (Vandenhoeck & Ruprecht).

Zepf, Siegfried (1997): Lust und Narzissmus. Göttingen (Vandenhoeck & Ruprecht).

Anmerkungen

1 Das Konzept der Resilienz wiederum fußt auf salutogenetischen Annahmen, richtet sich aber vor allem auf die Widerstandsfähigkeit von Kindern angesichts belastender, krisenhafter Lebensumstände (vgl. Wustmann 2004, S. 22). Resilienz gründet auf personalen und sozialen Ressourcen, auf Schutzfaktoren, die die Wirkmacht von Risikofaktoren einzudämmen vermögen. Zugleich wird betont, dass Resilienz kein Zustand ist, sondern ein multidimensionales, kontextabhängiges und prozessorientiertes Phänomen (ebd., S. 32f.).

2 Göppel rekurriert hier u.a. auf: Die Reutlinger Studie von Bittner/Thalmann (1970); die Marburger Studie von Remschmidt/Walter (1990); die PAK-KIP-Studie von Döpfner/Lehmkuhl/Poustka et al. (1997) und das HBSC-Jugendgesundheitssurvey von Hurrelmann et al. (2003) (Göppel 2007, S. 192ff.).

3 So ergab eine Studie des Instituts für Sozialarbeit und Sozialpädagogik, dass 15% der Kinder in Armut leben und dass diese Kinder häufig unter Sprach- und Spielstörungen leiden, Kontakt- und Lernschwierigkeiten sowie gesundheitliche Probleme aufweisen (vgl. Keupp 2003, S. 37). Zugleich zeigt die Perry-Preschool-Study, die mit der intensiven Begleitung von Kindern und Eltern die Eigenaktivität der Kinder fördern wollte, nicht nur die volkswirtschaftlich günstige Kosten-Nutzen-Relation von Prävention, sondern vor allem die nachhaltige Wirkung im Hinblick auf Bildung, höhere materielle Sicherheit und geringere Delinquenz im Erwachsenenalter (vgl. Kempfer 2005, S. 4ff.).

4 Die besagte Perry-Studie kann auch als Beleg dafür gelesen werden, dass insbesondere die intensive Elternarbeit nachhaltige Erfolge der Prävention ermöglicht. So konnte eine unterstützende Familienatmosphäre entstehen, in der die Eltern proaktive Beziehungen zu den Lehrern herstellen und die Entwicklung ihrer Kinder besser begleiten konnten (Kempfer 2005, S. 7f.).

5 Die materialistische Sozialisationstheorie konzeptualisiert Psychoanalyse als kritische Sozialwissenschaft. Sie will zeigen, dass die Psyche als sozial bewirkte Erscheinungsform menschlicher Sinnlichkeit zu verstehen ist. Lorenzer begreift in diesem Sinne die psychische Entwicklung als Einsozialisierung von organismischen, sinnlich-symbolischen und sprachsymbolischen Interaktionsformen (z.B. Lorenzer 1988). Im Falle einer gelingenden Entwicklung dienen die Interaktionsformen, Gefühle und Sprache, als

»selbstproduzierte Erkenntnismittel der Praxis« (Dörr 2003, S. 92), im Falle einer scheiternden Entwicklung entstehen Verhaltensklischees und Sprachschablonen. Das Unbewusste kann dabei als subjektivierte Erscheinungsform gesellschaftlicher Widersprüche gelten. Die materialistische Sozialisationstheorie kann hier freilich nicht umfassend dargelegt werden (dazu etwa Zepf 1997; Naumann 2000), es soll aber betont werden, dass sie einen ebenso sozialisationstheoretischen wie gesellschaftskritischen Rahmen bietet, in den auch Erkenntnisse der Säuglings-, Hirn- und Bindungsforschung integriert werden können (vgl. Brandes 2005).

6 Mit Judith Butler gesprochen, erzeugen männliche und weibliche Identifizierungen eine Melancholie, verleugnete Trauer also, die aus den Verwerfungen homosexuellen Begehrens resultiert (Butler 2001, S. 131).

7 Dieser hier dargelegte Zusammenhang von Bildung und Gesundheit gilt in besonderem Maße für die frühe Kindheit. In den Worten von Manfred Gerspach: »Erst müssen die Kinder leben lernen und sich mit ihren Gefühlen befreunden, ehe sie den schulischen Themen begegnen. Dazu benötigen sie Bindungsfähigkeit, die Fähigkeit zur unverzerrten, von Idealisierungen befreiten Personwahrnehmung, die Fähigkeit, ambivalente Gefühlseinstellungen zu nahe stehenden Personen auszuhalten, die Fähigkeit, kindliche Beziehungsformen durch reifere und gleichberechtigtere zu ersetzen, und schließlich die Fähigkeit, Konflikte angst- und schuldfrei auszutragen« (Gerspach 2006, S. 109).

Überlegungen zur Begleitung von Heilprozessen

Joachim Armbrust

I. Über Gesundheit

Gesundheit im Sinne der Weltgesundheitsorganisation (WHO)

Positiv orientierte und umfassende biopsychosoziale Gesundheitsdefinition

> »Gesundheit ist ein Zustand vollständigen körperlichen, psychischen und sozialen Wohlbefindens und nicht nur das Freisein von Beschwerden und Krankheit.«

> »Gesundheitsförderung zielt auf einen Prozess, allen Menschen ein höheres Maß an Selbstbestimmung über ihre Gesundheit zu ermöglichen und sie damit zur Stärkung ihrer Gesundheit zu befähigen. [...] Gesundheit steht für ein positives Konzept, das in gleicher Weise die Bedeutung sozialer und individueller Ressourcen für die Gesundheit betont wie die körperlichen Fähigkeiten.«

Unser Gesundheitsverständnis

- Gesundheit ist ganzheitlich zu betrachten, also mit körperlichen, psychischen und sozialen Komponenten versehen.
- Die einzelnen Elemente von Prävention und Protektion stehen in einer starken Interdependenz zueinander und können daher nicht einzeln die gewünschte Wirksamkeit entfalten.
- Unser Gesundheitsverständnis muss in das gesamte soziale, ökologische und infrastrukturelle Umweltgeschehen eingebettet sein.
- Überzeugendes Gesundheitsverständnis setzt auf Selbstbestimmung, Emanzipation und Persönlichkeitsentfaltung des Individuums.

Unser Gesundheitswesen ist reformbedürftig

Eine Lösung aktueller Gesundheits- und Krankheitsfragen kann auf Dauer nur gelingen, wenn die Vielzahl der heute bekannten Determinanten von Gesundheit berücksichtigt wird. Die pathogenethische Frage: »Was macht Menschen krank?«, muss ergänzt werden durch die salutogenetische Frage: »Was hält Menschen gesund?«

Es bedarf im Allgemeinen einer gewissen Aktivität, Energie, Stimmung, Wachheit oder Konzentriertheit des Einzelnen, um gesundheitsgerecht zu handeln. Ein Mensch sollte davon überzeugt sein, kompetent genug zu sein, um selbstwirksam handeln zu können (Selbstwirksamkeit, Kompetenzerwartung). Hierin können unsere Gesundheitssysteme den Einzelnen unterstützen oder behindern.

Gesundheit, Krankheit und Krankheitsbewältigung werden durch ein komplexes Zusammenwirken von physischen, psychischen und sozialen Faktoren.

Gesundheit bzw. Krankheit wird als Prozess verstanden, der durch menschliches Verhalten und die ihn umgebenden Lebensverhältnisse beeinflusst wird. Demnach muss man gesundheitsbezogenes Verhalten in seiner lebensgeschichtlichen Entstehung sehen und gesundheitsschützende Lebensverhältnisse mit einer aufeinander abgestimmten Verhaltens- und Verhältnisprävention fördern.

Körperlichkeit ist eine zentrale Dimension menschlichen Lebens, insbesondere im Hinblick auf Gesundheit und Krankheit.

In der Körperhaltung drückt sich Selbstbewusstsein aus.

Die sinnliche Wahrnehmung des eigenen

Körpers sowie der Verhältnisse der eigenen Person zur sozialen und dinglichen Umwelt ist eine weitere wichtige Grundlage für den Bestand von Gesundheit. Eine entwickelte und differenzierte Selbst- und Körpererfahrung, auch eine Selbst- und Körperwahrnehmungsfähigkeit, sind wichtige gesundheitsfördernde Faktoren.

Eine weit entwickelte Wahrnehmungsfähigkeit auf allen Sinnesebenen ermöglicht es, die natürlichen Biorhythmen im kognitiven wie im körperlichen Leistungsbereich wahrzunehmen und zu berücksichtigen. Sie ermöglicht es, positive Körpergefühle als Beitrag zum Wohlbefinden zu erleben und körperliche Veränderungen wie Befindlichkeitsstörungen oder erste Krankheitssymptome frühzeitig wahrzunehmen.

Gesundheitsressourcen stehen uns zur Verfügung, sie müssen aber als Zusammenhänge und Synergismen gesehen werden:

- soziale Dimension: Mitwelt – Familie, Nachbarn, soziales Netz (nicht soziale Hängematte)
- ökologische Dimension: Umwelt – natürliche Lebens- Umwelt, Wohn- und Infrastruktur
- individuelle Dimension: Eigenwelt – Intelligenz, Erfahrung,

Kreativität, Motivation

- transzendente Dimension: Überwelt – Vertrauen, Glaube, Perspektive.

Bewusste Lebensgestaltung schließt nicht nur den ganzen Menschen ein, sondern auch die persönliche Umgebung, menschliche Bindungen, das soziale Gefüge und die Natur: Wie ernähren wir uns, wie gestalten wir unsere Umgebung, wie erziehen wir unsere Kinder (und uns selbst!), welche Bedeutung nimmt unsere Arbeit ein, welche Qualität haben unsere Beziehungen?

Die Entwicklung einer gesundheitsförderlichen Lebensweise setzt ausreichende Kenntnisse zu den Bereichen Ernährung, Bewegung, Entspannung, Stress- und Konfliktbewältigung, Abhängigkeit und Sucht, Sexualität, Hygiene, Kenntnisse zur Vorbeugung von Unfällen und Krankheiten, zur Selbstbehandlung banaler Krankheiten sowie zu den verschiedenen professionellen Angeboten der Vorbeugung, Beratung und Therapie voraus.

Das Gesundheitskonzept eines Menschen bestimmt, ob und wann Symptome wahrgenommen, wie sie erklärt und welche Folgen erwartet werden. Wann und aus welchen Gründen ein Mensch sich subjektiv als krank oder gesund betrachtet und fühlt, hängt von seinem Wissen um gesundheitsrelevante Verhaltensweisen, insbesondere aber auch von seinen Erwartungen hinsichtlich der Effektivität und der persönlichen Verfügbarkeit gesundheitsbezogenen Verhaltens ab.

II. Über das Entwicklungspotenzial von Krankheit und begleitete Wege der Heilung

Jede Krankheit tritt ungebeten im Leben des Menschen auf. Mit dem Ernst der Erkrankung wird vieles klein und bedeutungslos. Die Krankheit verweist auf das innerste Wesen des Menschen, auf seine Individualität. Aus vielen einsamen Situationen des Lebens hebt sich die Einsamkeit eines Schwerkranken in besonderer Weise heraus. Krankheit ist nicht nur ein Störfall im Betrieb des Organismus. Bei der Vielfalt der Faktoren, die an einer Krankheit beteiligt sind, ist das Erleben des Menschen ein wesentlicher Aspekt. Es gibt kaum ein Krankheitsbild, an dem das Seelische nicht einen unübersehbaren Anteil hat – als ruhelose Anspannung, als Sorge, als nicht gelöstes Problem. *Krankheit ist daher immer auch ein Appell an den werdenden, sich entwickelnden Menschen.*

Das Entwicklungspotenzial der Krankheit anzunehmen, ist oft der erste Schritt zur Genesung und der Aktivierung der Selbstheilungskräfte.

Heilung hat im ursprünglichen Sinn die Bedeutung von (wieder) »ganz sein«, d.h. im Einklang mit sich und dem Leben sein. Heilung muss nicht immer zur medizinischen Genesung führen. Sie kann auch entstehen im Annehmen von Krankheit oder Tod. Heil wird, wer in Liebe zu sich stehen kann, wenn es um den letzten Schritt geht, wer ihn annimmt und das Unvermeidliche zulassen kann.

Leid entsteht oftmals auch durch Ablehnung, durch Erwartungen und (Ver-)Urteilen. Wir können dann vor lauter Wolken, das Strahlen, das hinter allem liegt nicht mehr sehen.

Die Heilung beginnt im Annehmen von dem, was gerade da ist.

Annehmen bedeutet nicht, Gefühle von Verletztsein, Wut, Angst etc. zu unterdrücken oder etwas unter den Teppich zu kehren. Die Essenz des Annehmens ist es, nicht gegen das zu kämpfen, was sowieso schon gerade da ist. Wenn der P. etwas Unumkehrbares unter den Teppich kehrt, verschwindet es deshalb noch lange nicht. Ja, im Gegenteil, es meldet sich mit umso lauterer Stimme zurück.

Wenn es um unser Aussehen, unsere Gesundheit, unsere persönliche Entwicklung, um unsere Beziehungen geht, halten wir oft an Wunschvorstellungen fest, anstatt das Gegebene anzunehmen. Wie wir aber im tiefsten Inneren spüren, führt dies zu unnötigen Komplikationen.

Sich die Erkrankung übel nehmen, das wäre wie wenn der kranke Mensch einem Wegweiser die Schuld gibt für die Richtung, die er anzeigt, und dafür, dass er ihn damit darauf aufmerksam macht, wenn er in die falsche Richtung fährt.

Im normalen Leben mit dem Auto auf der Straße wird er den Hinweis für eine Korrektur seiner Fahrtrichtung nutzen.

Annehmen heißt nicht, dass der kranke Mensch alles dauerhaft so lassen muss, wie es ist. Auf einer Reise nimmt er seinen momentanen Standort auch nur als Ausgangspunkt und bewegt sich dann von dort aus auf sein Ziel zu. Zum Annehmen gehört auch zu lernen Ja statt Nein zu sagen. Deswegen braucht der kranke Mensch nicht alles mit sich machen zu lassen. Es geht um das Ja sagen zu dem, was er will, statt sich darauf zu konzentrieren, was er alles nicht will. Beim Nein verbraucht er seine Kraft im Kampf gegen etwas, was er gar nicht will. Beim Ja setzt er sie effektiv für das ein, was er will. Der kranke Mensch braucht die Dunkelheit nicht zu bekämpfen. Er soll einfach das Licht anmachen!

Ein weiterer wichtiger Schritt zur Heilung ist es zu vergeben und zu verzeihen: Wir haben immer die Wahlmöglichkeit, wie wir auf etwas reagieren. Je nachdem aus welchem Blickwinkel wir die Situation betrachten, erleben wir ganz unterschiedliche Gefühle. Ist es dem Kranken wichtiger sich aufzuregen und zu leiden oder zu verzeihen und frei und glücklich zu sein?

Erkennt ein Mensch die Tragweite einer Erkrankung in ihrer ganzen Dimension, auch in ihrer persönlichen und sozialen Reichweite an, und stuft Krankheit nicht nur als ärgerlichen Reparaturanlass ein, besteht die Chance einer Neubesinnung. Der definitive Einbruch der Krankheit in den Lebensplan kann so zur notwendigen, auch gesundheitsförderlichen Modifikation der bisher als stabil angesehenen Lebensweise führen. In diesem Sinne kann zeitlich begrenzte Krankheit eine wichtige Determinante von Gesundheit im weiteren Lebenslauf sein.

Um Sorgen und Nöte zu erfahren, braucht es die Bereitschaft zum Hinhören. Der kranke Mensch hat vielleicht einen schweren Weg vor sich. Hier ist eine treue Begleitung wichtig. Wenn der kranke Mensch spürt, dass BegleiterInnen mit Geduld und Einfühlungsvermögen an ihn herantreten, entsteht Vertrauen, das nötig ist, um einen bestmöglichen Therapieverlauf zu gewährleisten.

BegleiterInnen sollten in einem gewissen Maß Echtheit, Einfühlung, die Fähigkeit zum Mitgefühl, menschliche Wärme, Achtsamkeit eigenen wie fremden Empfindungen und Bedürfnissen gegenüber sowie die Fähigkeit zur Zuwendung mitbringen.

Manchmal ist Stärkung von Selbstsicherheit und Selbstverantwortlichkeit im Umgang mit dem medizinischen System notwendig, um die Mündigkeit des einzelnen Patienten zu fördern.

Lebensqualität im Sinn von »Leben mit der Krankheit« wird wesentlich von einer vertrauensvollen BegleiterInnen-PatientIn-Beziehung bestimmt.

Man kann allgemein sagen, dass die Erkrankung zu allen Zeiten die Fähigkeit eines Systems, mit Belastungen fertig zu werden, auf eine harte Probe stellt.

Diese Fähigkeit ist, wie wir wissen, abhängig von Faktoren wie persönliche Biografie und Krankheitserfahrung, Persönlichkeitsstruktur, die Fähigkeit, Hilfe bei anderen zu suchen und anzunehmen, sowie das Vorhandensein von äußeren Angeboten an Hilfe und Stütze. Emotionale und soziale Unterstützung kann eine soziale Isolation verhindern.

Im Schatten der Schulmedizin haben sich eine Vielzahl von alternativen Denk- und Heilweisen entwickelt, die am bestehenden wissenschaftlichen Denken und der daraus resultierenden medizinischen Praxis erhebliche Bedenken haben. Ihnen allen gemeinsam ist ein ganzheitlicher Anspruch bzw. ein energetisches Denken. Insbesondere das reine Behandeln von Symptomen, meist auch noch durch unterdrückende Medikamente, wird als nicht wirklich heilsam angesehen, da es selten die Ursache angeht – und die kann schließlich auf sehr unterschiedliche Ebenen liegen.

Grundsätzlich sieht diese Denkrichtung den Mensch ganzheitlich, d. h. als Einheit aus Körper, Seele und Geist. Das beinhaltet feinstoffliche und energetische Aspekte, die heute von der Wissenschaft noch nicht anerkannt sind. Ganz wichtig sind dabei auch die psychischen bzw. psychosomatischen Hintergründe eines Krankheitsgeschehens.

Die ganzheitliche Medizin zeigt uns, wie wir unseren Alltag mit Kopf, Herz und Händen gestalten: Wie wir lernen können, die Signale des eigenen Körpers ebenso achtsam wahrzunehmen wie seelisch-geistige Vorgänge, verantwortungsvoll mit Natur und Umwelt umzugehen, unser Denken, Fühlen und Wollen zu schulen und anzuwenden. All dies sind Voraussetzungen für Lebensqualität, für gelebte Qualität.

Sie ergänzt das Wissen über körperliche Vorgänge um die Kenntnis der seelischen und geistigen Kräfte, die ebenfalls im Menschen wirken. Der Patient wird nicht als mechanisch funktionierende Zusammensetzung lebloser Moleküle betrachtet, sondern in seiner Ganzheit von Körper, Lebenskraft, Seele und Geist wahrgenommen und behandelt.

Aufklärung sollte immer im Dialog stattfinden, in einem Prozess des wechselseitigen Aufeinander-Eingehens. Damit wird auch deutlich, dass es kein allgemeingültiges Rezept für »die Aufklärung des Patienten« gibt. Inter- und intrapersonelle Faktoren sowie Aspekte der situativen Gegebenheiten beeinflussen jeweils die Art und Weise des Aufklärungsgespräches. Die »Wahrheit am Krankenbett« erschöpft sich keinesfalls nur in der Information über eine Diagnose. Ziel des begleitenden Vorgehens sollte sein, mit dem Patienten so zu kommunizieren, dass dieser seinen Zustand verstehen und für ihn bedeutsame Fragen, zum Beispiel über Ursachen und Prognose, formulieren kann. Zur Verarbeitung des Gehörten, zur Auseinandersetzung mit vielleicht unangenehmen Tatsachen und nicht zuletzt zum Einlassen auf die eigenen Gefühle brauchen Patienten Zeit – oft mehr Zeit als es die klinische Situation erlaubt.

Schon während der stattfindenden diagnostischen Maßnahmen sollte der Umgang mit der möglichen Diagnose die Grundlage für eine vertrauensvolle, tragfähige Therapiebeziehung bilden. Mit dem Aufklärungsgespräch werden für den Patienten die Weichen für seinen Umgang mit der eigenen Krankheit und für die Akzeptanz der Krankheit und der oft belastenden Therapiemaßnahmen gestellt. Eine von innerlicher Überzeugung getragene Entscheidung des Patienten für bestimmte therapeutische Maßnahmen fördert seine ›Compliance‹ bezüglich der Therapie und auch seine Möglichkeiten der subjektiven Krankheitsbewältigung. Die Initiative für eine offene Kommunikation über Diagnose und Therapie liegt in besonderer Weise beim Arzt. Er ist als Fachmann mit seiner medizinischen Kompetenz gefragt, soll dem Patienten als Laien den Hintergrund der Krankheit erhellen, sowie die Möglichkeiten der Behandlung oder zumindest der Besserung seines Zustandes erläutern. Keinesfalls sollte er mit Angst und Druck arbeiten, sondern die Entscheidungsautonomie beim Patienten lassen. Dort wo dieser dazu nicht in der Lage ist, ist der vertrauensvolle Begleiter/die vertrauensvolle Begleiterin aufgefordert, dazu beizutragen, dass dies möglich wird.

Die Kenntnis der Prognose eines Leidens ist eine wichtige Voraussetzung für die Führung eines Aufklärungsgespräches.

Die Behandlung des Leidens kann Heilung erbringen.

Die Behandlung des Leidens kann nur das Fortschreiten der Erkrankung verlangsamen.

Der Patient muss eine Vorstellung von dem künftigen Verlauf seiner Erkrankung entwickeln können. Nicht nur zur Gestaltung seiner sozialen

Beziehungen und ökonomischer Absicherungen muss die Tatsache der Begrenztheit der Zeit nach bestem Wissen und Gewissen mitgeteilt werden. Dies ist häufig schwierig, da die Abschätzung der individuellen Prognose nur mit größeren Unsicherheiten gelingt, und der Arzt ja nicht über hellseherische Fähigkeiten verfügt.

Ist der Schweregrad der Krankheit einmal mitgeteilt, und die Behandlung beginnt und zeigt Erfolge, so treten in dieser Situation die Fakten des initialen Aufklärungsgespräches zur Prognose wieder in den Hintergrund. Dieser Prozess der Verarbeitung oder Verdrängung ist von Hoffnung getrieben.

III. Persönliche Ressourcen, die Heilprozesse positiv unterstützen

Persönlich hilfreiche Ressourcen sind im Glücksfall von Geburt an in den Schoß gelegt, manchmal über das Vorleben der Eltern von Anbeginn vermittelt, in der Regel aber, stellt man sie zunächst als Ziele zur Selbstvervollkommnung vor die eigene Seele und übt sich in Selbsterziehung. Dabei hat jede Zeit ihre ganz eigene Anforderung und greift entsprechend auf ganz unterschiedliche Ressourcen zurück. Für uns Menschen am Anfang des 21. Jahrhunderts ist es hilfreich, Ressourcen wie folgt zu entwickeln oder zu pflegen:

Selbstsicherheit und Selbstvertrauen, gepaart mit interpersonalem Vertrauen und Vertrauen in die Zukunft; selbstwirksam handeln können; Selbstbehauptungs-, Liebes-, Kontakt- und Kommunikationsfähigkeit; Selbstreflexion; Selbstkompetenz und Autonomie; differenzierte Selbstwahrnehmung; großes Verhaltensrepertoire; Glauben an sich selbst; Akzeptanz eigener Stärken und Schwächen; ein positives Selbsterleben; eine weitreichende emotionale Stabilität; seelisch-körperliches Wohlbefinden; persönliche Unabhängigkeit; Gefühle ansprechen und ausleben zu können; die eigenen Bedürfnisse artikulieren können; Raum für eigene Entscheidungen und Selbsttätigkeit; Wertschätzung sich selbst und anderen gegenüber; Rollenflexibilität; Netz sozialer Beziehungen; befriedigte elementare menschliche Bedürfnisse nach Sozialkontakten; zuverlässige zwischenmenschliche Beziehungen mit hoher Qualität der Beziehungsinhalte; die Fähigkeit, auf andere Menschen zu zugehen; weitreichende Kommunikationskompetenzen; Erfahrungsräume für Initiative, Kreativität, Selbstverantwortung, Gruppenerlebnisse und solidarische Konfliktlösungen; helfendes, unterstützendes und rücksichtsvolles Verhalten gegenüber anderen Menschen; Mobilisierung sozialer Unterstützung im Freundes- oder Familienkreis und im professionellen System; Hilfe nicht nur mobilisieren, sondern auch annehmen zu können; eine hohe Zahl spezifischer Ziele und Fähigkeiten sowie Erinnerungen aus der eigenen Lebensgeschichte; Übernahme von Verantwortung; eigenständige und unverwechselbare, einzigartige und unaustauschbare Form der Selbstentfaltung; sich für die eigene Lebensführung selbst verantwortlich wissen; sich als Quelle der eigenen Handlungen und Urteile begreifen; Herstellen von Lebenszusammenhängen; normative Orientierung; eigene Kapazität für Wertorientierungen; selbst Entscheidungen treffen können; positive Perspektiven im Denken und Handeln entwickeln und anstreben bzw. erreichen können; sich dem Streben des Menschen nach Reifung und Entfaltung seiner Anlagen verpflichtet fühlen; Entwicklungsmöglichkeiten sehen und haben; Offenheit für Veränderungen und Lebensaufgaben; Handeln muss auch an eigenen Gütemaßstäben orientiert werden können; Selbstbestimmung und der Selbstverwirklichung im Rahmen des unabwendbar Vorgegebenen; Chancen zur Umorientierung und Neuentscheidung in jeder Lebensphase ermöglichen eine gesunde Persönlichkeitsentwicklung; hinreichende Handlungs-, Entscheidungs- und Kontrollspielräume; aktiver problemzentrierter Umgang mit stressreichen Konfliktsituationen, mit Aggressionen und Gewalt; das grundsätzliche Gefühl zu haben, wichtige Ereignisse im Leben selbst beeinflussen und die eigene Umwelt mitgestalten zu können; Bewältigung von Leistungsanforderungen; Belastungen problembezogen bewältigen zu können; für die Konsequenzen eigenen Handelns einstehen können.

Ein gutes Gespür für die Widersprüchlichkeiten und die physischen, psychischen, sozialen und geistigen Dimensionen des Lebens hilft, einen bewussten, angemessenen und auch gelassenen Umgang mit der Umwelt und den eigenen Gefühlen und Stimmungen zu entwickeln.

Die Bereitschaft zur Übernahme von Verantwortung für die eigene Gesundheit kann nur gelingen, wenn ein Mensch davon überzeugt ist, dass das Leben Sinn hat.

Sinnvolle Lern-, Arbeits- und Freizeitziele tragen zu einem lebenswerten Leben bei. Persönliche Ziele zu setzen und zu verfolgen, sich einer Sache verpflichten und engagiert handeln zu können, sind Merkmale, die sich als schützende Faktoren für Gesundheit erwiesen haben.

In unserer schnelllebigen und anforderungsreichen Zeit ist ein ausgewogenes Verhältnis von Anspannung und Entspannung, von Anforderungen und Freiräumen, von Arbeit und Freizeit eine wichtige Voraussetzung für psychisches Wohlbefinden und Gesundheit.

IV. Künftiges Gesundheitswesen

Im Zentrum eines zukünftigen Gesundheitswesens steht der *mündige Mensch*, der sich mit seinen Krankheiten auseinandersetzen muss und will. Er muss innerlich und äußerlich am Gesundungsprozess mitwirken, er muss mit den Folgen der Krankheit und der Behandlung leben und an den sozialen Vorgängen in dem ihn betreffenden Gesundheitswesen aktiv teilnehmen können. Nur der Patient kann die Verantwortung für sich und seine Gesundheit übernehmen. Er muss die Möglichkeit haben sich an seinem Erleben entlang *für individuelle Heilungs- und Gesundungswege entscheiden* zu können. Das eingrenzende, starre Ordnungsprinzip allgemeiner gesetzlicher Regelungen steht der *individuellen Differenzierung* diametral entgegen und ist eigentlich nicht mehr praktikabel.

Es ist Aufgabe des Staates, diese Entwicklung zu mehr gelebter Verantwortung zuzulassen oder zu ermöglichen und damit gleichzeitig auch die Intimität des Gesundungsprozesses zu gewährleisten.

Gegen (schul-)medizinischen Dogmatismus und *für die Integration ganzheitlicher Therapiemethoden*.

Vom Patienten wird viel zu oft nur vom zu Versorgenden und viel zu selten vom autonom Handelnden gesprochen.

Wir stehen für Eigenverantwortung in Bezug auf die eigene Gesundheit, wir wollen helfen die Rahmenbedingungen zu schaffen, die zur Mobilisierung der Selbstheilungskräfte des Menschen beitragen, die aber auch aktiv auffordern, sich individuellen Gesundungswegen zu stellen.

Wir sehen es als wichtig an, Menschen in ihrer persönlichen Entfaltung von Lebenssinn zu unterstützen, die Auseinandersetzung mit Sinnfragen im Zusammenhang von Krankheit, Sterben und Tod zu unterstützen. Orientiert sich eine Person bewusst an einem Lebenssinn, erlebt sie eher Selbstachtung, Ich-Stärke, Kreativität, positive mitmenschliche Beziehungen und somit auch eine erhöhte Lebensqualität mit einer besseren ›Immunität‹ gegenüber physischen und psychischen Störungen. Wer sich engagiert für einen Lebenssinn einsetzt, der über die eigene Person und über persönliches Glücksstreben hinausweist, verwirklicht ›Selbst-Transzendenz‹, eine wichtige Bestimmung des Menschseins.

Rezensionen

Marianne Leuzinger-Bohleber, Wolfgang Mertens, Martha Koukkou (1998): Erinnerung von Wirklichkeiten. Psychoanalyse und Neurowissenschaften im Dialog. Bd. 1: »Bestandsaufnahme« und Bd. 2 »Folgerungen für die psychoanalytische Praxis«. Stuttgart (Verlag Internationale Psychoanalyse), Bd. 1: 571 Seiten, Bd. 2: 328 Seiten, Gesamtpreis: 39,80 €

Von den beiden Psychoanalytikern Lotte Köhler und Wolfgang Mertens wurde zu Beginn der 1990er Jahre ein Forschungsprojekt initiiert unter der Fragestellung, inwieweit in der Psychoanalyse noch gebräuchliche Erklärungsmodelle mit dem damaligen Stand der Erkenntnisse von Nachbarwissenschaften der Psychoanalyse vereinbar seien.

Für ein interdisziplinäres Diskussionsforum mit dem Fokus auf Gedächtnistheorien konnten sowohl die Psychiaterin und Neurophysiologin Prof. M. Koukkou-Lehmann als auch die Psychologin und Psychoanalytikerin Prof. M. Leuzinger-Bohleber gewonnen werden. Mit insgesamt 15 bekannten Persönlichkeiten wurde die Arbeit im Oktober 1992 aufgenommen und umfasste innerhalb der nächsten fünf Jahre zehn Wochenenden.

Jedes der in diesem »Interdisziplinären Gedächtnis-Workshop« vertretenen Felder – Neurophysiologie, Biologie, Emotions- und Kognitionsforschung, Literaturwissenschaft sowie Psychoanalyse – hat seine eigenen Traditionen, Begrifflichkeiten und eigene Methoden. In der Gruppe mussten Begriffsklärungen gegenseitig verständlich gemacht werden und vom anderen in Erwägung gezogen werden, um dann noch ohne allzu große gegenseitige Vorbehalte und Überlegenheitsansprüche miteinander und voneinander lernen zu können.

Dieser Weg der Verständigung untereinander hat die Toleranz aller Teilnehmer und Teilnehmerinnen auf eine harte Probe gestellt, denn neben der grundsätzlichen Aufgeschlossenheit für den interdisziplinären Dialog hatte doch jeder sein Modell im Kopf. Sich auf die Begriffswelt der jeweilig anderen »Fakultät« einzulassen, sie zu verstehen und einzuordnen war eine Herausforderung für alle Beteiligten.

Allein für das Gelingen dieses Experiments auf der Kommunikationsebene haben die Forumsteilnehmer unseren besonderen Dank verdient. Das Resultat ihrer fachlichen Auseinandersetzungen zum Thema Gedächtnis – beleuchtet unter unterschiedlichen wissenschaftlichen Ausgangspunkten – erscheint mir als ein weiterer wichtiger Brückenschlag zwischen den Geistes- und Naturwissenschaften, wie es bereits dem international führenden Evolutionsforscher E.O. Wilson in seinem Buch *Die Einheit des Wissens* (1998) vorschwebte.

Die Forschungsergebnisse des interdisziplinären Gedächtnis-Workshops wurden 1998 in zwei Bänden veröffentlicht: Band 1: »Bestandsaufnahme« und Band 2: »Folgerungen für die psychoanalytische Praxis«. Ich beziehe mich im Folgenden überwiegend auf Band 2.

Besonders möchte ich zunächst auf die Einleitungskapitel von Dieter Bürgin für beide Buchbände verweisen. Sie sind gut lesbare Zusammenfassungen der jeweiligen Buchkapitel, für die unterschiedliche Fachbereichsvertreter verantwortlich zeichnen. Dass dabei auch Konzepte referiert werden – wie das MEME-Konzept von R. Dawkins 1979, das sowohl für geisteswissenschaftlich orientierte Leser neu und schwer verdaulich ist, als auch heute in Fachkreisen als »zu einfach« keine Verwendung mehr findet –, mindert den Informationsgehalt der als guten Ein- und Überblick zu wertenden Kapitelzusammenfassungen unwesentlich.

Auch das letzte Buchkapitel des ersten Bandes möchte ich psychotherapeutischen Lesern dringend empfehlen. Es ist betitelt mit »Wo bleibt das Gedächtnis? Psychoanalyse und Embodied Cognitive Science im Dialog« und referiert den Paradigmenwechsel der klassischen psychoanalytischen Konzeptualisierung von »Gedächtnis als gespeicherte Informationen, die abgerufen werden«. Gedächtnis wird nunmehr unter Berücksichtigung neurophysiologischen Wissens aufgefasst als »Funktion des gesamten Organismus, als komplexen dynamischen, rekategorisierenden und interaktiven Prozess, der immer auf aktuellen sensomotorisch-affektiven Erfahrungen basiert und sich im Verhalten des Organismus manifestiert«. Diese neueren Erkenntnisse aus der Gedächtnisforschung unterstützen damit die klinisch-psychoanalytische Entdeckung der letzten Jahrzehnte, dass therapeutische Veränderungen nicht allein durch das Aufdecken frühinfantiler Traumatisierungen d.h. durch reine Erkenntnis im Kopf des Analysanden zustande kommen, sondern dass das Durcharbeiten in der Übertragungsbeziehung zum Analytiker – d.h. in einer spezifischen, rekategorisierenden System-Umwelt-Interaktion – das Entscheidende ist. Das neue Paradigma wird bezeichnet als »Embodied Cognitive Science«: Gedächtnis kann nur im Bezug auf den Körper verstanden werden.

Im Band 2 »Folgerungen für die psychoanalytische Praxis« wurden Träume – Initialtraum sowie der Abschlusstraum der fünfjährigen Analyse eines Patienten mit transvestitischen Neigungen – als klinischer Kristallisationspunkt der Workshop-Debatten gewählt.

Der größte Konsens unter den verschiedenen Forschergruppen der letzten Jahrzehnte über die Funktion unseres Träumens ist die Annahme, dass Träume der Festigung von wichtigen Gedächtnisinhalten dienen. Dabei werden allerlei andere Gehirnregionen mit erregt, weil die externe Kontrolle durch unsere Sinneseindrücke während des Schlafes gehemmt wird. Man kann davon ausgehen, dass diese vielfältigen Erregungsmuster nicht zufällig entstehen, sondern vom Träumer abhängig sind. Insofern erklärt sich mir der Konsens aller Workshop-Teilnehmer, Träume als Hinweisgeber für bedeutsame Veränderungen im Patienten zu wählen und daran die Gemeinsamkeiten sowie die Unterschiede der psychoanalytischen wie auch neurowissenschaftlichen Theoriengebäude aus Band 1 in diesem zweiten Band darzustellen.

Aus diesem Band möchte ich exemplarisch zwei Kapitel besonders hervor heben. Für den Kliniker sehr konkret ist das Kapitel von Marianne Leuzinger-Bohleber »Nachträgliches Verstehen eines Psychoanalyse-Prozesses«. Hier werden gut verstehbar analytische Zuordnungen der Beziehungsstrukturen im manifesten Traum und in der Übertragung ausgeleuchtet, beschrieben in Abhängigkeit der verschiedenen psychoanalytischen Theorien (Objektbeziehungstheorie, Selbstpsychologie und Strukturmodell) und verglichen mit der entwicklungspsychologischen Perspektive sowie dem Dialog mit den Neurowissenschaften. Nachvollziehbar dargestellt ist die Schlussfolgerung der Autorin zu einer veränderten klinisch-psychoanalytischen Wahrnehmung des Therapieprozesses als »Nachentwicklung im Sinne einer Re-Integration traumatischer Erfahrungen«.

Das Kapitel von Martha Koukkou und Dieter Lehmann »Pathogenese der Neurose und der Wirkungsweg der psychoanalytischen Behandlung aus der Sicht des ›Zustandswechsel-Modells‹ der Hirnfunktionen« zeigt die Annäherung der lange unvereinbar erschienenen Positionen von Psychoanalyse und Neurophysiologie auf. Orientiert an ihrer Theorie des »Zustandswechsel-Modells« wird die analytische Technik zugeordnet als »geniale Möglichkeit, dass sie diese dynamischen Prozesse des Gehirns spezifisch und wiederholt in einem gut definierten analytischen Setting benutzt, um die Reorganisation der Biografie eines Analysanden zu erreichen«.

Zusammenfassend ist kein in sich konsistentes Werk entstanden; vielmehr gibt es den Eindruck aller zur damaligen Zeit am Workshop mitarbeitenden Forschungsrichtungen wider. Es entsteht kein geschlossenes Gesamtbild, was weder von den Teilnehmern behauptet noch realistischerweise erwartbar gewesen wäre.

Inhaltlich anregend für Kliniker ist das Buch, weil verschiedenste Blickwinkel praxisnah anhand der unterschiedlichen psychoanalytischen Theoriengebäude und ihrer Theoretiker im interdisziplinären Workshop dargelegt werden und die neurowissenschaftlichen Ergebnisse weitere Modelle liefern. Andererseits war für mich der Eindruck irritierend, es müsse die eigene Daseinsberechtigung der verschiedenen Theorieansätze über die spezifische Prozessverlaufsinterpretation nachgewiesen werden.

Umso wichtiger erscheint mir die grundlegende inhaltliche Erkenntnis für Lehre und Praxis der Psychoanalyse, dass das Durcharbeiten in der Übertragungsbeziehung zum Analytiker auf dem Boden der sensomotorisch-affektiven Erfahrungen in der therapeutischen Interaktion entscheidend für psychotherapeutische Veränderungen im Verhalten des Patienten ist.

Auf der Ebene der Annäherung der Psychoanalyse an die scientific community der naturwissenschaftlichen Nachbarwissenschaften ist m. E. ein großer Schritt gemacht worden, der insbesondere uns Psychotherapeuten und Analytiker anregen könnte, unsere Perspektive über interdisziplinären Austausch zu erweitern.

Anita Diehn-Driessler

Jan Assmann (1999): Das kulturelle Gedächtnis. Schrift, Erinnerung und politische Identität in frühen Hochkulturen. München (Beck), 344 Seiten, 12,90 €

Die Gedächtnisforschung befindet sich seit den 1980er Jahren in einem stürmischen Aufschwung. Dabei steht die Erforschung des individuellen Gedächtnisses im Vordergrund, für die sich aus der Verbindung von Kognitionspsychologie und Neurobiologie wichtige neue Erkenntnisse und Untersuchungsmethoden ergeben haben. Weniger Aufmerksamkeit findet in der interessierten Öffentlichkeit der Aufschwung, der sich parallel zum Boom der individualpsychologischen Gedächtnisforschung in der Forschung zum kollektiven Gedächtnis vollzogen und einen interdisziplinären Dialog der Sozial- und Kulturwissenschaften in Gang gebracht hat. Für diese relativ junge Forschungsrichtung war und ist das Buch von Jan Assmann zum kulturellen Gedächtnis ein wegweisender Beitrag. Assmann benennt in seinem Vorwort drei Hauptgründe für das neue kulturwissenschaftliche Interesse am Gedächtnisthema: 1. die Umwälzung in der Speicherung von Gedächtnisinhalten durch die neuen elektronischen Medien, die als »kulturelle Revolution [...] an Bedeutung der Erfindung des Buchdrucks und vorher der der Schrift gleichkommt« (S. 11); 2. den Verlust der Selbstverständlichkeit der eigenen kulturellen Tradition infolge der Globalisierung und der Schwächung des Nationalstaats; 3. die Frage nach den angemessenen Formen der Erinnerung an »die schwersten Verbrechen und Katastrophen in den Annalen der Menschheitsgeschichte« (ebd.), wenn die Generation der Opfer und Zeitzeugen dieser Verbrechen ausstirbt und damit »die lebendige Erinnerung vom Untergang bedroht« (ebd.) ist.

Eine psychoanalytisch und gruppenanalytisch gebildete Leserschaft, für die das Sprechen im Zentrum ihrer professionellen Praxis steht, mag es auf den ersten Blick als Einseitigkeit befremden, dass Jan Assmann die Schrift ins Zentrum seiner kulturwissenschaftlichen Theorie kollektiver Erinnerung rückt. Dies hängt sicher auch damit zusammen, dass der Autor als Altertumswissenschaftler und Ägyptologe auf den Kulturraum spezialisiert ist, in dem sich der Übergang von schriftlosen zu Schriftkulturen vollzieht. In seiner Untersuchung finden aber auch die nichtschriftlichen Formen kollektiver Überlieferung und Erinnerung eine Würdigung und der Übergang zur Schriftkultur stellt für Assmann einen besonders eindrucksvollen Beleg für eine allgemeinere These dar: Die sozialen Medien des kollektiven Gedächtnisses und ihre historische Entwicklung sind für das Verständnis der Funktionsweise und Entwicklung von Gruppen und Gesellschaften von grundlegender Bedeutung. Assmann fasst daher die Schrift auch keineswegs als bloß technisches Medium der externen Speicherung von Gedächtnisinhalten auf, sondern verbindet die Etablierung der Schriftkultur eng mit neuen Formen sozialer, kultureller und religiöser Zugehörigkeit und einschneidenden Veränderungen der politischen Ordnung. In einer Zeit, in der ein virulenter religiöser Fundamentalismus sich in seinen verschiedenen Spielarten durch die Berufung auf

›Heilige Schriften‹ zu legitimieren versucht, erscheint die Untersuchung des kulturgeschichtlichen Kontextes, in dem mit der Etablierung der Schriftkultur erstmals ›Heilige Schriften‹ als Fundament des kollektiven Gedächtnisses entstehen, über den Kreis der Wissenschaftler hinaus, die sich schwerpunktmäßig mit Texten beschäftigen, von überraschender Aktualität.

Das Buch gliedert sich nach einer Einleitung, die in einem ersten Zugriff die zentralen theoretischen Gesichtspunkte des Autors expliziert, in einen ersten Teil »Theoretische Grundlagen« und einen zweiten Teil »Fallstudien«. In der Einleitung führt der Autor zunächst den Grundbegriff der konnektiven Struktur ein, die Menschen in der Sozialdimension und Zeitdimension zu Gruppen und Gesellschaften und damit zu kollektiven Subjekten verbindet, indem sie ihnen eine gemeinsame »symbolische Sinnwelt« zur Verfügung stellt. In dieser »symbolischen Sinnwelt« sind der Aspekt der Erinnerung und Erzählung, die sich auf eine gemeinsame Vergangenheit beziehen, und der Aspekt der normativen Orientierung für die Gegenwart und Zukunft untrennbar ineinander verschränkt. Es »ist die konnektive Struktur eines gemeinsamen Wissens- und Selbstbilds« (S. 16f.), die es den Einzelnen ermöglicht, »wir« sagen zu können« (ebd.). Jede konnektive Struktur steht im Spannungsfeld von Wiederholung und Vergegenwärtigung. Es ist eine Grundthese des Autors, dass in Gesellschaften, in denen die kollektive Erinnerung primär durch gemeinsame Riten vermittelt wird, der Aspekt der Wiederholung dominiert. Gesellschaften dagegen, in denen sich eine Schriftkultur etabliert und zum zentralen Träger der kollektiven Erinnerung wird, akzentuieren den Aspekt der Vergegenwärtigung. In der konnektiven Struktur findet damit ein allmählicher Übergang von der »rituellen Kohärenz« zur »textuellen Kohärenz« statt. An die Stelle von »Nachahmung und Bewahrung« treten »Auslegung und Erinnerung« (S. 18). Mit dem Begriff der konnektiven Struktur setzt sich Assmann bewusst in Gegensatz zu der dem Alltagsbewusstsein, aber auch vielen Gedächtnisforschern vertrauten Vorstellung vom Gedächtnis als einem reinen »Innenphänomen, lokalisiert im Gehirn des Individuums, ein Thema der Gehirnphysiologie, Neurologie und Psychologie, aber nicht der historischen Kulturwissenschaften« (S. 19). Für ihn ist das menschliche Gedächtnis nur in einer Dialektik von sozialer Externalisierung und individueller Verinnerlichung zu begreifen. Er spricht von der »Außendimension des Gedächtnisses« und unterscheidet vier Aspekte dieser Außendimension: 1. das »mimetische Gedächtnis«, das auf externe Handlungsmodelle angewiesen ist und Nachahmung ermöglicht; 2. das »Gedächtnis der Dinge«, worunter Assmann die von Menschen geschaffenen Gebrauchsgegenstände versteht, in denen sich ihre Geschichte, ihre Bedürfnisse und Lebensweise manifestieren; 3. das »kommunikative Gedächtnis«: »Bewußtsein und Gedächtnis bauen sich im Einzelnen nur kraft seiner Teilnahme« (S. 20f.) an kommunikativen Interaktionen und der Einführung in eine Sprachgemeinschaft auf; schließlich die »Überlieferung des Sinns: das kulturelle Gedächtnis« (S. 21), das die vorher genannten Aspekte integriert, sich von ihnen vor allem aber durch die »Zerdehnung der Kommunikationssituation« zwischen der ursprünglichen Mitteilung und ihrer jeweiligen Rezeption unterscheidet. Hier bietet die Schrift revolutionär neue Möglichkeiten. »Erst mit der Schrift [...] bildet sich ein Gedächtnis aus, das [...] den Bereich der [unmittelbaren, d. V.] Kommunikation ebenso überschreitet wie das individuelle Gedächtnis den des Bewusstseins« (S. 23). Karl Jaspers hat im Hinblick auf das Zeitalter, in dem sich die Weltreligionen konstituieren und Philosophie und Wissenschaften ihren Anfang nehmen, von einer ›Achsenzeit‹ gesprochen. Bei der Erklärung dieser epochalen Wende konkurrieren geistesgeschichtliche Untersuchungsansätze mit mediengeschichtlichen Forschungsansätzen, die im Übergang zur Schrift die entscheidende Triebkraft der Umwälzungen sehen. Assmann möchte mit seinem gedächtnistheoretischen Ansatz, der Schriftkultur auf kollektive Erinnerung und Identität bezieht, über die Konfrontation dieser Ansätze hinauskommen.

Der erste grundlagentheoretische Hauptteil beginnt mit einem Kapitel zur ›Erinnerungskultur‹. Assmann stellt die Erinnerungskultur der auf die Steigerung der individuellen Erinnerungsfähigkeit bezogenen ›Gedächtniskunst‹ gegenüber, die als ein Teilgebiet der antiken und mittelalterlichen Rhetorik lange Zeit eine sehr einflussreiche Tradition bildete: »Bei der Erinnerungskultur dagegen handelt es sich um die Einhaltung einer sozialen Verpflichtung. Sie ist auf die Gruppe bezogen. Hier geht es um die Frage: ›Was dürfen wir nicht vergessen?‹ Zu jeder Gruppe gehört, mehr oder weniger explizit, mehr oder weniger zentral, eine solche Frage. [...] Erinnerungskultur hat es mit ›Gedächtnis, das Gemeinschaft stiftet‹ [P. Nora, d. V.], zu tun« (S. 30). Sie ist im Unterschied zur Gedächtniskunst ein universales Phänomen. Die Erinnerungskultur bildet sich insbesondere in der Konfrontation mit dem Tod heraus, die die Frage nach der Kontinuität der Gemeinschaft im Wechsel der Generationen auf zugespitzte Weise stellt. Assmann spricht im Hinblick auf diese Konfrontation von »der »Urszene« der Erinnerungskultur« (S. 33).

Es gehört zu den großen Verdiensten des vorliegenden Buches, dass es im deutschen Sprachraum dem vielleicht wichtigsten sozial- und kulturwissenschaftlichen Beitrag zur Gedächtnisforschung des 20. Jahrhunderts die gebührende Aufmerksamkeit verschafft hat: dem Werk des französischen Soziologen Maurice Halbwachs. Assmann beginnt die Ausarbeitung seiner Theorie der Erinnerungskultur mit einer ausführlichen Würdigung dieses Beitrags. Er stimmt mit Halbwachs darin überein, dass das individuelle Gedächtnis sich in der Teilnahme an kommunikativer Interaktion aufbaut und auf soziale Bezugsrahmen der Erinnerung angewiesen ist. Es ist abhängig von der Eingebundenheit der Individuen »in mannigfaltige soziale Gruppen, von der Familie bis zur Religions- und Nationsgemeinschaft« (S. 37). Assmann übernimmt von Halbwachs »eine Konzeption der Vergangenheit, die man ›sozial-konstruktivistisch‹ nennen kann« (S. 47). Konstruktivistisch ist diese Konzeption, weil sich für sie Erinnerung immer nur vom Standpunkt der Gegenwart aus vollzieht und von den in ihr geltenden Perspektiven und Selektionskriterien bestimmt wird. Sozial-konstruktivistisch ist sie, weil die Erinnerung immer gruppenspezifisch ist und sich auf eine bestimmte kollektive Identität bezieht. Assmann verdankt Halbwachs nicht zuletzt die Einsicht, dass für die kollektive Erinnerung die Verankerung in einer gemeinsamen Zeitordnung und in einem gemeinsam belebten Raum basal ist. Zugleich kritisiert er Halbwachs, weil dieser die Bedeutung der Externalisierung und damit der Speichermedien für die persönliche und kollektive Erinnerung noch unterschätzt habe, und gibt wichtige Denkanstöße für eine Korrektur dieser Unterschätzung, indem er die Schrift ins Zentrum seiner Untersuchung stellt. Er lässt bei seiner Kritik allerdings Halbwachs' Bindung an die Durkheim-Schule und deren Subjekttheorie außer Acht, und das führt bei ihm zu deutlichen Unsicherheiten und Unschärfen, wenn es um die Abgrenzung und Zuordnung von individuellem und kollektivem Gedächtnis geht. Einerseits verteidigt er den Begriff des kollektiven Gedächtnisses gegen Kritiker, die Halbwachs bloße ›Individualmetaphorik‹ vorwerfen. Andererseits kommt er selbst nicht über die bloße Entgegensetzung von Individuum und Gruppe hinaus, wenn er gegen Halbwachs an einer Stelle die Rede vom ›Gruppengedächtnis‹ für irreführend hält – »Subjekt von Gedächtnis und Erinnerung bleibt immer der einzelne Mensch« (S. 36) – und an anderer Stelle die These vertritt, »daß das Gruppengedächtnis keine neuronale Basis hat« (S. 89), als könnten die symbolischen Formen der kollektiven Erinnerung ohne eine solche Basis von den Individuen hervorgebracht und weitergegeben werden.

Im Anschluss an die Darstellung der wegweisenden Einsichten von Halbwachs erläutert Assmann seine grundlegende Unterscheidung von kommunikativem und kulturellem Gedächtnis. »Das kommunikative Gedächtnis umfasst Erinnerungen, die sich auf die rezente Vergangenheit beziehen. Es sind dies Erinnerungen, die der Mensch mit seinen Zeitgenossen teilt. Der typische Fall ist das Generationen-Gedächtnis« (S. 50). Diese Erinnerungen werden in der alltäglichen Interaktion und Kommunikation aktiviert und bearbeitet. Das kulturelle Gedächtnis bewahrt dagegen Erinnerungen, die sich auf die Konstitution der Gemeinschaft und der sie prägenden Lebens- und Wissensformen beziehen. Es überliefert fundierende Geschichten, die erzählt werden, »um eine Gegenwart vom Ursprung her zu erhellen« (S. 52). Der

Mythos ist das Paradigma für solche fundierenden Geschichten. Das kulturelle Gedächtnis hat eine Affinität zum Sakralen. Während das kommunikative Gedächtnis prinzipiell allen Mitgliedern der Gruppe verfügbar ist, bedarf das »kulturelle Gedächtnis immer spezieller Träger, die dem Alltag und seinen Anforderungen in gewissem Maße enthoben sind. Das Problem der Bewahrung der Erinnerung im Wechsel der Generationen stellt sich in erster Linie für das kulturelle Gedächtnis. Es arbeitet daher »stets – auch in schriftlosen Gesellschaften – mit festen Objektivationen sprachlicher und nichtsprachlicher Art: in Gestalt von Ritualen, Tänzen, Mythen, Mustern, Kleidung, Schmuck, Tätowierung, Wegen, Malen, Landschaften usw., Zeichensystemen aller Art, die man aufgrund ihrer mnemotechnischen (Erinnerung und Identität) stützenden Funktion dem Gesamtbegriff der ›Memoria‹ zuordnen darf« (S. 52).

Mit der Unterscheidung von kommunikativem und kulturellem Gedächtnis gelingt Assmann eine wichtige Differenzierung im Begriff des kollektiven Gedächtnisses, der bei Halbwachs nicht zuletzt aufgrund des fragmentarischen Charakters seines Spätwerks zu unbestimmt bleibt. Ob dabei allerdings die gewählte Terminologie glücklich ist und nicht zu fatalen Missverständnissen Anlass gibt, steht freilich auf einem anderen Blatt. Zweifellos ist auch das »kulturelle Gedächtnis« kommunikativ vermittelt. Umgekehrt impliziert die Ausgrenzung des »kommunikativen Gedächtnisses« aus der Sphäre der Kultur einen geisteswissenschaftlich verengten Kulturbegriff, der im Widerspruch steht zu Assmanns Offenheit für sozialwissenschaftliche und medientheoretische Forschungsansätze und in der Gegenüberstellung zum Alltag die unselige von Norbert Elias exemplarisch untersuchte spezifisch deutsche Entgegensetzung von Zivilisation und Kultur reaktualisiert. Assmann betont die analytische Funktion der Unterscheidung. Dass beide »in der Realität einer geschichtlichen Kultur sich vielfältig durchdringen« (S. 51), steht für ihn außer Frage. Da er sich in seinen Analysen aber fast ausschließlich auf das »kulturelle Gedächtnis« konzentriert, bleibt diese Durchdringung bei ihm weitgehend ausgeklammert.

Assmann wendet sich zunächst dem kulturellen Gedächtnis in schriftlosen Kulturen zu, dessen primäre Organisationsformen für ihn der Ritus und das Fest sind. Im Ritus und Fest wird der Gemeinschaftsbezug der Erinnerung in der zeremoniell geregelten Zusammenkunft aller Gruppenmitglieder sinnlich-konkret erfahrbar. Es handelt sich um »Formen feierlicher Selbstvergegenwärtigung und Selbstvergewisserung der Gruppe« (S. 59). Dabei kann es darum gehen, die Übereinstimmung von Vergangenheit und Gegenwart hervorzuheben und die Geschichtlichkeit der Gruppe soweit als möglich auszublenden; es kann aber auch darum gehen, den Kontrast zwischen Vergangenheit und Gegenwart und damit die Vergänglichkeit des Bestehenden zu betonen. Assmann spricht von »Quietiven und Inzentiven der geschichtlichen Erinnerung« (S. 67) oder im Anschluß an Lévi-Strauss von der »heißen« und »kalten« Erinnerung. Assmann stellt die Auseinandersetzung um diese Grundoptionen des kulturellen Gedächtnisses in den Kontext von Herrschaft und sozialem Konflikt. Bei der »kalten« Erinnerung gehen Herrschaft und kulturelles Gedächtnis eine Allianz ein, die den Status quo retrospektiv legitimieren und prospektiv verewigen soll. Umgekehrt haben die Beherrschten ein Interesse an einer »heißen« Erinnerung. »Die Linearisierung der Geschichte ist eher ein Unterschicht-Syndrom« (S. 72) und ermöglicht eine »Erinnerung als Widerstand« (S. 83). Gegen diese Form der »heißen« Erinnerung gibt es umgekehrt eine Allianz von Herrschaft und Vergessen. Die Erzählungen von der Vergangenheit, in denen sich das kulturelle Gedächtnis manifestiert, dienen als Fundament der Kontinuität oder als Motor der Entwicklung. In keinem Fall aber geht es um eine Vergangenheit an sich, sondern um Selbstbilder und Handlungsanleitungen für die Gegenwart. Unter diesem Gesichtspunkt hält Assmann die strikte Trennung von Mythos und Geschichte für fragwürdig und bezeichnet die orientierende Kraft des kulturellen Gedächtnisses als »Mythomotorik«.

Im zweiten Kapitel rekonstruiert der Autor die Folgen der Schriftkultur für das kulturelle Gedächtnis, den Übergang von der rituellen zur textuellen Kohärenz. Dabei unterstreicht er, dass dieser Übergang sich nicht schon mit der Einführung der Schrift vollzieht, die zunächst in alltäglichen, nichtritualiserten Kontexten der Kommunikation stattfindet. Er vollzieht sich erst mit der Festlegung eines kollektiv verbindlichen Textkanons. In einem ausführlichen Exkurs, der die grundlagentheoretische Abhandlung unterbricht, geht Assmann der Bedeutungsgeschichte des Kanonbegriffs nach. Die heute vorherrschende Bedeutung geht auf die Festlegung des heiligen Schrifttums durch die Kirche im 4. Jahrhundert n. Chr. zurück. »Von jetzt an verband sich ›Kanon‹ mit der Idee eines heiligen Traditionsguts, ›heilig‹ im Sinne sowohl der absoluten Autorität und Verbindlichkeit als auch der Unantastbarkeit, die »nichts hinzuzufügen, nichts hinwegzunehmen, nichts zu verändern« erlaubt« (S. 118). Diese Idee aber ist natürlich älter als der Begriff, der heute für sie steht. »Der wichtigste Schritt in der Kanonbildung ist der Akt der ›Schließung‹« (S. 94). Die damit festgelegte Grenzziehung trennt nicht nur das Kanonische vom Apokryphen, sondern in ihrer Folge auch die Orthodoxie von der Häresie, das Eigene vom Fremden und in einer weiteren Zuspitzung den Freund vom Feind. Beim Kanon als Fundament des kulturellen Gedächtnisses geht es immer auch um soziale Zugehörigkeit und sozialen Ausschluß. »Wir bestimmen Kanon daher als das Prinzip einer kollektiven Identitätsstiftung und -stabilisierung, die zugleich Basis individueller Identität ist« (S. 127). Im dritten und den ersten grundlagentheoretischen Teil abschließenden Kapitel »Kulturelle Identität und politische Imagination« untersucht der Autor ausführlicher unter identitätstheoretischen Gesichtspunkten den Übergang zur Schriftkultur und damit zum Kanon als Grundform des kulturellen Gedächtnisses. Die historische Grundbedingung für diesen Übergang ist die Nichtübereinstimmung von ethnischen, kulturellen, politischen und religiösen Zugehörigkeiten, die mit der Entstehung größerer Staaten, mit »Wanderung, Überlagerung oder Eroberung« (S. 145) verbunden ist. Diese Nichtübereinstimmung zwingt zur Reflexion der eigenen Zugehörigkeit und zu deren bewusster Abgrenzung von anderen Zugehörigkeiten. Kanonbildungen finden in Epochen statt, »die durch schwere interkulturelle und kulturinterne Konfliktfronten gekennzeichnet sind« (S. 125). Dabei sind gerade die kulturinternen Konflikte von ausschlaggebender Bedeutung: »Schismatische Polarisierungen des kulturinternen Typs sind es, die einen Kanon formen« (ebd.).

Assmann möchte den Begriff der kollektiven Identität für Konstellationen reservieren, in denen die Zugehörigkeit zu einer Gemeinschaft durch die Konfrontation mit anderen realen oder möglichen Gemeinschaften ihre alternativlose Selbstverständlichkeit verliert: »Eine kollektive Identität ist nach unserem Verständnis reflexiv gewordene gesellschaftliche Zugehörigkeit« (S. 134). Nur die bewusst gewordene und bewusst gehaltene Gemeinsamkeit stiftet kollektive Identität. Dies mag für den Grenzfall einer vom Untergang bedrohten Gemeinschaft in einer feindlichen sozialen Umwelt plausibel erscheinen: »Der Untergang von Ethnien ist (bis auf seltene Ausnahmen wie etwa der des Inka-Reichs) keine Sache physischer Auslöschung, sondern kollektiven und kulturellen Vergessens« (S. 160). Und zweifellos ist die Konfrontation mit anderen Gemeinschaften ein zentraler Antrieb der kollektiven Identitätsbildung. Dennoch erscheint die These fragwürdig, dass kollektive Identität nur reflexiv und als bewusstes soziales Selbstbild möglich ist. Assmann definiert an anderer Stelle kollektive bzw. Wir-Identität als »das Bild, das eine Gruppe von sich aufbaut und mit dem sich deren Mitglieder identifizieren« (S. 132) und verbindet damit die kollektive Identität eng mit der »Frage der Identifikation seitens der beteiligten Individuen« (ebd.). Es gehört aber zum Gemeingut psychoanalytischen und gruppenanalytischen Wissens, dass Identifikationsprozesse zu einem großen und wichtigen Teil unbewusst stattfinden. Die These, dass kollektive Identität ausschließlich oder vorrangig ein Bewusstseinsphänomen ist, verträgt sich auch schlecht mit den wichtigen Hinweisen, die Assmann selbst zum Zusammenhang von kollektivem Gedächtnis und Unbewusstem gibt, wenn er etwa von einer »Allianz von Herrschaft und Vergessen« (S. 72) spricht oder es als Grundbedingung der Funktionsfähigkeit des kulturellen Gedächtnisses ansieht, dass die sozialen Bedingungen seiner Konstruktion mehr oder weniger unbewusst bleiben: »Kollektiven Identitäten scheint immer ein Element des Irrationalen inhärent« (S. 138).

Der zweite Teil des Buches versammelt Untersuchungen, die die im ersten Teil entwickelten theoretischen Leitlinien in »Fallstudien« anwenden und erproben. Es werden dabei die angesprochenen Wandlungen des kulturellen Gedächtnisses für drei unterschiedliche ethnische und politische Kontexte im östlichen Mittelmeerraum detaillierter rekonstruiert: für Ägypten, Israel und Griechenland. Den exemplarischen Charakter dieser Studien möchte Assmann nicht überbewerten: »Diese Auswahl ist weder systematisch noch repräsentativ« (S. 25). Dennoch ist es sein Anspruch, »möglichst verschiedenartige und typische Transformationsprozesse des kulturellen Gedächtnisses in den Blick treten zu lassen« (ebd.). Und in der Tat entwickeln diese Fallstudien die grundlagentheoretischen Überlegungen gerade auch durch die Kontraste weiter, die beim genaueren Vergleich der Beispiele hervortreten. Der Fall Ägypten zeigt, dass die Etablierung einer Schriftkultur nicht zwangsläufig den Übergang von der rituellen zur textuellen Kohärenz nach sich zieht. Die Hieroglyphenschrift bleibt – gerade auch im spätzeitlichen Ägypten – gebunden an einen monumentalen Diskurs, der im Zeichen der Beschwörung einer unmittelbaren Einheit von religiöser und politischer Ordnung auf Ursprung und Kreislauf fixiert ist und im Tempel als gebauter Erinnerung seinen privilegierten Platz findet. Die Kanonisierung bezieht sich hier »nicht auf die Texte, sondern auf die Form des visuellen Mediums« (S. 171).

Der Fall Israel zeigt dagegen in extremer Zuspitzung, welche neuen Möglichkeiten sich dem kulturellen Gedächtnis durch die Schriftkultur eröffnen, wie sehr es durch sie in Gegensatz treten kann zur Gegenwart einer feindlichen Lebenswelt: »Die Juden haben in der Not des Babylonischen Exils die Fundamente einer kulturellen Mnemotechnik gelegt, die in der Menschheitsgeschichte beispiellos dasteht. Das besondere und ›artefizielle‹ dieser Erinnerungskunst liegt darin, daß sie eine Erinnerung festhält, die in den Bezugsrahmen der jeweiligen Wirklichkeit nicht nur keine Bestätigung findet, sondern zu ihr in krassestem Widerspruch steht: die Wüste im Gegensatz zum Gelobten Land, Jerusalem im Gegensatz zu Babylon« (S. 227). Möglich wird dies durch die Abgrenzung einer religiösen Identität, die in einem Kanon heiliger Texte, in der Thora als einem »portativen Vaterland« (Heinrich Heine) verankert ist, von den vorherrschenden kulturellen und politischen Identitätsformen. In Griechenland schließlich, das den Schrifthistorikern als die erste Gesellschaft gilt, die als ganze alphabetisiert ist, werden erstmals die Spielräume erschlossen, die sich für das kollektive Gedächtnis ergeben, wenn die Schrift weder von einer politischen noch einer religiösen Macht okkupiert und nicht »als eine ewige, unwandelbar stillgelegte, heilige Gegenwelt zur Flüchtigkeit des mündlichen Worts« (S. 267) aufgefasst wird. An die Stelle eines Kanons heiliger Texte tritt hier ein Kanon klassischer poetischer, philosophischer und wissenschaftlicher Werke. Die Vorbildlichkeit dieser Werke ist kein absoluter Maßstab, der in der Auslegung des Textes lediglich expliziert und zur Geltung gebracht werden muss, sondern eingebunden in »eine kritische Intertextualität« (S. 301), die nicht nur im Rahmen einer zerdehnten Situation die sorgfältige Bezugnahme auf jahrhundertealte Schriften verlangt, sondern zur Produktion neuer Texte und zur Formulierung von bisher Ungesagtem herausfordert. Assmann erinnert in diesem Zusammenhang an die Kritik, die der jüdische Historiograf Josephus Flavius im 1. Jahrhundert n. Chr. am Schrifttum der Griechen geübt hat: »Im Gegensatz zu den Juden, deren Überlieferung sich auf ein einziges heiliges Buch stütze, hätten die Griechen unzählige Bücher, die sich alle widersprächen« (S. 287).

In der Psychoanalyse, aber auch in der Gruppenanalyse dominierten in der Vergangenheit individualpsychologische Gedächtnismodelle, während die kollektive Einbindung von Gedächtnis und Erinnerung wenig Beachtung fand. Das vorliegende Buch enthält wichtige Anregungen zu einer Korrektur dieser Einseitigkeit. Zwar steht in der analytischen Praxis das Wort und nicht die Schrift im Vordergrund. Zwar entstammen in ihr – zumindest soweit es die Psychotherapie betrifft – die primär aktualisierten Bezugsrahmen kollektiver Erinnerung der familialen Gruppe und nicht ethnischen, religiösen oder kulturellen Großgruppen. Zwar stellt sie selbst eine hoch entwickelte Steigerung des neuzeitlichen Individualisierungsschubs dar, dessen Auswirkungen auf die kollektive Erinnerung Assmann bewusst aus seinem Untersuchungsfeld ausgrenzt. Zwar hat das »Prinzip Kanon [...] längst anderen Organisationsformen kultureller Erinnerung Platz gemacht« (S. 128). Dennoch lässt sich von Assmann viel über soziale und kulturelle Kontexte von Erinnerungsprozessen in der analytischen Praxis lernen. Zu den Vorzügen seines Buches gehört es nicht zuletzt, dass er im historischen Rückgriff mit großer Souveränität das Nachdenken über das kollektive Gedächtnis von einer ausschließlichen oder auch nur vorrangigen Bindung an den Nationalstaat befreit, die in Halbwachs' Gedächtnistheorie noch unhinterfragt bleibt. Das Projekt, kollektive Erinnerungsprozesse im Zeichen von Interkulturalität, von interkulturellem und innerkulturellem Austausch und Konflikt zu verstehen, hat jedenfalls eine Relevanz, die den Interessenhorizont der Altertumswissenschaften weit überschreitet.

Thomas Mies

Martin Doerry (2006): »Nirgendwo und überall zu Haus«. Gespräche mit Überlebenden des Holocaust. München (Deutsche Verlags-Anstalt), 264 Seiten, 39,90 €

Martin Doerry[1] präsentiert die Inhalte von Dialogen mit 24 Holocaust-Überlebenden, die zu den letzten Repräsentanten einer untergegangenen Welt des europäischen Judentums gehören. Die Dialoge würden Zeugnis ablegen über ihre Geschichte, ihren Kampf ums Überleben, ihr Verhältnis zu Deutschland und darüber, was es für sie bedeute, Jude zu sein. Für die Konzeptualisierung seines Buches geht der Autor davon aus, dass sich langsam ein Schatten über die Erinnerungen senkt. Die letzten Überlebenden[2] des Holocaust und der Vertreibung des europäischen Judentums würden bald verstummt sein. Um deshalb Erinnerungen für nachfolgende Generationen lebendig zu erhalten, werden in den Gesprächen typische Lebenswege nachgezeichnet. Von jenen 14 interviewten Überlebenden, die ursprünglich aus Deutschland stammten, erwähnen wir beispielhaft: Alfred Grosser (geb. 1925, emigriert, jetzt Paris); Eva Haas (geb. 1925, Kindertransport nach England, jetzt Karlsruhe); Edgar Hilsenrath (geb. 1926, KZ, jetzt Berlin); Ruth Klüger (geb. 1931, KZ, jetzt USA); Anita Lasker-Wallfisch (geb. 1925, KZ, jetzt London); Ernest Michel (geb. 1923, KZ, jetzt USA); Lotte Paepcke (geb. 1910, »privilegierte Mischehe«-Partnerin, totale Illegalität, zuletzt Karlsruhe). Ferner nennen wir beispielhaft folgende weitere fünf (von insgesamt zehn) Überlebenden, deren Geburtsorte im europäischen Ausland lagen: Aharon Appelfeld (geb. 1932 Bukowina, totale Illegalität, jetzt Israel); Saul Friedländer (geb. 1932 Prag, totale Illegalität, jetzt USA); Imre Kertész (geb. 1929 Budapest, KZ, jetzt Budapest und Berlin); Arno Lustiger (geb. 1924 Bedzin [Polen], KZ, jetzt Frankfurt/Main); Elie Wiesel (geb. 1928 Siebenbürgen, KZ, jetzt New York). Die SPIEGEL-Fotografin Monika Zucht begleitet die Texte mit sehr ausdrucksstarken Schwarzweiß-Porträts.

Als einen wesentlichen Gesamteindruck teilt Doerry zunächst mit, dass viele Überlebende, die zudem erhebliche Familienverluste erlitten hätten, dem Volk ihrer Peiniger mit großer Nachsicht, wenn nicht sogar überraschendem Wohlwollen, begegnen würden. Hier zitieren wir ergänzend Aharon Appelfeld, der – bezogen auf sein Elternhaus in den Karpaten – darauf verweist, dass früher Deutsch für den assimilierten Juden mehr als nur eine Frage der Kommunikation bedeutet habe; die deutsche Sprache sei seine Kultur, ja seine neue Religion gewesen. Jedoch kommt lt. Doerry für die Überlebenden – entsprechend der neutestamentlichen Vorstellung von Feindesliebe und Versöhnung mit den Tätern – nicht in Frage, den Tätern zu verzeihen, zumal diese sich in aller Regel nicht einmal zu ihrer Schuld bekannt hätten. Die von den Überlebenden eingebrachten Erlebnisschilderungen zum Holocaust verdeutlichen wir beispielhaft anhand von folgenden Kurzkommentaren: »Meine Geschichte ist eigentlich undenkbar«; »Warum habt ihr mir das angetan?«; »Die Menschen verstummten«; »ein Land, wo man Jude war, kein Mensch«; »Das wird dir niemand glauben«; »Man musste durch die Hölle gehen«; »Man hofft, solange man atmet«; »Ich kann nicht vergessen und vergeben, denn meine ganze Familie ist umgekommen«; »Im KZ ist alles schwarz oder weiß«. Hinsichtlich der Täter direkt vor Ort ist in den Thematisierungen der Überlebenden die Rede von »brutalen, ständig schreienden, sich wie Tiere verhaltenden Aufsehern, deren Schusswaffengebrauch ein weitgehend unkontrollierter war«. Edgar Hilsenrath erwähnt die begleitenden SS-Mordkommandos auf dem Deportationsweg von der Bukowina zu den Schneefeldern von Transnistrien. Der polnische Diplomat Adam Daniel Rotfeld (geb. 1938 Lemberg, totale Illegalität, jetzt Warschau) verdeutlicht am Beispiel der Ermordung seiner Eltern die auf Tötungskommandos ausgerichtete Allianz zwischen deutschen Besatzern und ukrainischer Soldateska. Die Einzelschilderungen von drei Überlebenden zum Endstadium des Lagers Bergen-Belsen, welche die damalige unvorstellbare Katastrophensituation beinhalten, betreffen auch die stets mit Peitsche und/oder Pistole bewaffnete SS-Aufseherin Irma Grese, die bereits in Auschwitz durch ihre sadistischen Praktiken aufgefallen war. Auch die Thematisierungen der Überlebenden zur deutschen Bevölkerung während der Zeiträume der Weimarer Republik und des Dritten Reiches sind sehr eindrückliche. Hier zitieren wir beispielhaft: in der Sicht von Lotte Paepcke war im frühen 20. Jahrhundert der Antisemitismus auch in ihrer Heimatstadt Freiburg ein ganz selbstverständlicher. Für Ruth Klüger war »jeder Pflasterstein in Wien antisemitisch«. Saul Friedländer sieht die Begründung des mörderischen deutschen Antisemitismus in jenem Antisemitismus der Wagnerianer, wonach »die Erlösung vom Judentum die Erlösung an sich« ist. Ernest Michel stand als 15-Jähriger fassungslos vor der brennenden Synagoge in Bruchsal, als die Feuerwehr nicht eingriff, und aus der großen versammelten Menschenmenge immer wieder laut geschrieen wurde: »Die Juden, die Juden, schmeißt die Juden raus.« Agnes Sassoon (geb. 1923 CSSR, KZ, jetzt London) kann den Deutschen nicht glauben, dass sie von alledem nichts gewusst hätten (»die Bürger von Dachau haben ganz genau gesehen, was man mit uns gemacht hat, wie wir gequält wurden – und niemand hat uns geholfen«).

Doerry legt ein hervorragend konzipiertes Buch zum Thema der Erinnerungsarbeit vor, das durch ungewöhnlich differenzierte Dialoge imponiert und eine intensive emotionale Nähe zu jedem der befragten Überlebenden vermittelt. Es geht dem Autor thematisch nicht nur um das eigentliche Zielobjekt Holocaust-Überlebende, sondern er lässt ergänzend auch die beiden flankierenden Kontexte der Täter und der damaligen deutschen Bevölkerung einbringen. Infolge dieser konsequenten Dreifachstrukturierung wird dem Leser ein breit gefächertes Assoziieren in Richtung einer sehr ergiebigen Erinnerungsarbeit ermöglicht. Kritisch ist anzumerken, dass nach unserem Verständnis der vorliegende Textinhalt dann Schwächen aufweist, wenn sich der Historiker Doerry der Nahtstelle zur Psychologischen Medizin nähert. So können wir anhand seiner Beschreibungen nicht nachvollziehen, dass diese Überlebenden »zutiefst verängstigt« sein sollen. Ferner vermissen wir belegende Einzelaussagen dahingehend, in welchen spezifischen Hinsichten diese Überlebenden »skeptisch gemacht« worden seien. Schließlich können wir uns nicht dahingehend überzeugen, dass alle diese Überlebenden an »bleibenden Entwurzelungssymptomen« oder »bleibender Heimatlosigkeit« leiden würden.

Nach unserem Eindruck lässt sich vielmehr angesichts dieser 24 Überlebenden recht eindeutig das Konzept der Resilienz (d. h. Widerstandsfähigkeit) aufzeigen. Der Begriff der Resilienz beinhaltet definitorisch solche protektiven Faktoren (oder Ressourcen), die dazu führen, dass im Kontext von selbst massiven psychotraumatischen Einwirkungen auch subjektiv positive (Lern-)Erfahrungen ausgelöst werden können, die schließlich ermöglichen, dass ein adaptiver Zustand wiedererlangt wird. Eine ebenfalls gut definierbare Resilienzgruppe von 250 Holocaust-Überlebenden fanden Boaz Kahana et al. (1988) anhand sorgfältiger empirisch-soziologischer Untersuchungen unter Einbeziehung einer Vergleichsgruppe.

Weitgehende Übereinstimmung besteht mit Doerry dahingehend, dass seine Gespräche mit 24 Überlebenden nicht repräsentativ für die Biografien des europäischen Judentums sind. Vielmehr würden sich noch »viele weitere Muster und Modelle des Überlebens« finden. In der Tat konnten wir anhand eigenen Materials von 600 psychologisch-medizinischen Aktengutachten über Holocaust-Überlebende, die für deutsche gerichtliche Entschädigungskammern erstellt worden waren, drei Gruppen ausmachen, die auch weiterführenden Befunden von Kahana et al. entsprechen: neben der Gruppe mit konturiert fassbarer Resilienz, guter sozialer Kompetenz und diskret fassbarer posttraumatischer Belastungsstörung eine weitere Gruppe mit progredientem seelischem Verfolgungsleiden und Beantragung einer höheren Rente sowie schließlich eine dritte Gruppe, die über einen langen Zeitraum von psychiatrischen Behandlungen abhängig war. Hier finden sich – gegensätzlich zur ersten Gruppe – ganz erhebliche soziale Kompetenzeinbußen und deutlich ausgebildete posttraumatische Belastungsstörungen, ohne dass jedoch bei allen drei Überlebendengruppen signifikante Korrelationen zur jeweiligen objektiven Traumaschwere des erlittenen Verfolgungsschicksals fassbar wurden.

Hellmuth Freyberger,
Harald J. Freyberger

Literatur

Doerry, Martin (2004): Mein verwundetes Herz. Das Leben der Lilli Jahn 1900–1944. München (Deutscher Taschenbuchverlag).

Freyberger, Harald J.; Freyberger, Hellmuth (2007): 60 Jahre danach: Posttraumatische Belastungsstörungen, salutogene Faktoren und gutachterliche Einschätzungen bei Holocaust-Überlebenden im Langzeitverlauf. Z Psychosom Med Psychother 53, 380–392.

Kahana, Boaz; Harel, Zev & Kahana, Eva (1988): Predictors of Psychological Well-Being among Survivors of the Holocaust. In: Wilson, J.B. (ed.) (1988): Human Adaptation to extreme Stress. From the Holocaust to Vietnam. New York (Plenum PP Press), S. 171–191.

Anmerkungen

1 Promovierter Historiker und stellvertretender Chefredakteur des SPIEGEL. Der Autor setzte bereits seiner in Auschwitz ermordeten Großmutter Lilli Jahn ein literarisches Denkmal.

2 Zum Begriff »Überlebender« bemerkt die Schriftstellerin Gisela Lustiger, dass es sich um ein »furchtbares Wort« handeln würde, weil es den Menschen aus der Gesellschaft ausklammere (»mit diesem Wort kommt einer aus dem Lager nie heraus«). Hier widerspricht ihr Vater Arno Lustiger ausdrücklich: »Das Glück, überlebt zu haben, überlagert für mich alles Negative, was in diesem Begriff stecken mag.«

Vera Kattermann (2007): Kollektive Vergangenheitsbearbeitung in Südafrika. Ein psychoanalytischer Verständnisversuch der Wahrheits- und Versöhnungskommission. Mit einem Vorwort von Marianne Leuzinger-Bohleber. Gießen (Psychosozial-Verlag). 365 Seiten, 36,– €

Südafrika ist ein Land krasser Gegensätze. Es verfügt über das höchste Bruttosozialprodukt Afrikas – und belegt bei der *Ungleichheit* des Einkommens einen Spitzenplatz in der Welt. Die weiße Minderheit besitzt fast 90 Prozent der kommerziell genutzten landwirtschaftlichen Fläche –, und mehr als die Hälfte der Schwarzen leben unterhalb der Armutsgrenze. Sie wohnen meist in den noch vom Apartheidregime eingerichteten Townships, von denen einige eine HIV-Infektionsrate von nahezu 100 Prozent aufweisen. Doch die medizinischen Einrichtungen des Landes gehören zur Weltspitze – wenngleich die meisten der 5,6 Millionen HIV-positiven Südafrikaner keinen Nutzen davon haben, weil sie schwarz und arm sind. Die durchschnittliche Lebenserwartung ist daher seit 1990 um etwa 20 Jahre gesunken. Zudem hat das Einkommen der schwarzen Haushalte zwischen 1995 und 2000 um 19 Prozent abgenommen – während das der weißen Haushalte um 15 Prozent angestiegen ist. Schließlich erwirtschaften die Weißen über die Hälfte des Volkseinkommens – während die Schwarzen größtenteils arbeitslos sind. Die Arbeitslosenquote liegt (je nach Zählung) zwischen 25 und 40 Prozent, bei Jugendlichen bis 20 Jahre beträgt sie sogar 70 Prozent. Die Kriminalitätsrate liegt daher ebenfalls über dem

Weltdurchschnitt. Seit dem Ende der Apartheid sind in Südafrika 420.000 Menschen durch Mord und Totschlag ums Leben gekommen.

All das gehört zum Erbe einer Gewaltgeschichte, die mit der Unterscheidung von »Zivilisation« und »Barbarei« – also mit der Kolonisierung des Landes – begann, deren ideologische Absicherung die Rassentheorie lieferte. Die Briten praktizierten dieses System der zivilisierten Barbarei überall in der Welt, und die Buren steigerten es am Kap bis zur Perfektion. Sie nannten das: »Apartheid«. In den 1990er Jahren war damit – in politisch-rechtlicher (nicht in ökonomisch-sozialer) Hinsicht – endlich Schluss. Südafrika erhielt eine neue Verfassung – und einen schwarzen Präsidenten: Nelson Mandela (*Der lange Weg zur Freiheit*, Frankfurt 1994), den die Weißen 27 Jahre lang als »Terroristen« eingekerkert hatten. Nach seiner Freilassung erhielt Mandela den Friedensnobelpreis – und setzte eine *Wahrheits- und Versöhnungskommission* ein (*Truth and Reconciliation Commission* – TRC), als deren Vorsitzender Desmond Tutu (*Keine Zukunft ohne Versöhnung*, Düsseldorf 2001) berufen wurde, der in Anerkennung seines gewaltlosen Kampfes gegen die »Apartheid« 1984 den Friedensnobelpreis erhalten hatte.

Vor dieser von 1996 bis 1998 tagenden Kommission kamen 20.000 Opfer des Apartheidregimes zu Wort, die ihre Leiden schildern und eine symbolische Wiedergutmachung (finanzielle Entschädigung) erhalten konnten. Zudem wurden 7.000 Täter angehört, die Amnestie erlangen konnten, wenn sie *politisch* motivierte Taten eingestanden, die allerdings nicht von außergewöhnlicher Grausamkeit begleitet sein durften. Die meisten dieser aussagebereiten Täter waren aber keine Weißen, sondern Schwarze, die als Hilfspolizisten des Apartheidsystems Verbrechen begangen oder als Widerstandskämpfer Gewalt ausgeübt hatten.

Die Aussagen der Opfer und Täter wurden über Monate hinweg im Rundfunk und im Fernsehen übertragen. Das war denn auch das eigentliche Ziel der Kommission: Der Rachediskurs sollte aufgehalten und durch einen Versöhnungsdiskurs ersetzt werden. Die Bevölkerung sollte die Geschichten der Opfer und der Täter als Teile einer gemeinsamen Leidensgeschichte erkennen, die nun zu Ende war – und sich damit als die *eine* große »Regenbogennation« anerkennen, in der nun alle Farben ihren Platz finden konnten.

Das war der weltweit beachtete Versuch, individuelle Erinnerungen so zu bearbeiten, dass sie gegen das ideologische Konzept in Stellung zu bringen waren, mit dessen Hilfe die Untaten von heute durch Hinweis auf die Untaten von gestern (und die möglichen Untaten von morgen) gerechtfertigt werden. Den Ergebnissen sowie der möglichen Übertragbarkeit dieses Versuchs in anderer Herren Länder war denn auch ein internationaler Kongress gewidmet, der aus Anlass des zehnjährigen Jahrestags der Einberufung der TRC 2006 in Kapstadt stattgefunden hatte (Bernd Nitzschke: *Die einen können nicht vergessen, die anderen wollen nicht erinnern.* Psychoanalyse im Widerspruch 19, Heft 37, 2007, S. 7–17).

Vera Kattermann, die sich besonders um ein *psychoanalytisches* Verständnis des südafrikanischen Modells bemüht, hat nun ebenfalls eine Bestandsaufnahme vorgelegt. Sie beschreibt die intendierten Ziele der Kommission und konfrontiert sie mit der Interpretation von ihr ausgewählter Opfer- und Täter-Protokolle. Im Rahmen einer in aller Öffentlichkeit vollzogenen Anhörung sei individuelle Therapie unmöglich, stellt sie fest. Ihr kritisches Fazit lautet sodann: »die von Gewalt gezeichnete Vergangenheit wird entpersonalisiert, dämonisiert und in ihren zeitlichen Bezügen gekappt, so daß die aktuelle gesellschaftliche Situation als davon befreit erscheint. Die zur Aufhebung dieser Spaltungen notwendige Unbewusstmachung der mit dem Konflikt einhergehenden Aggressionen wird narzisstisch aufgewertet.« Mit der letzten Bemerkung spielt die Autorin auf das vermeintlich Opfer wie Täter reinigende Ritual an, durch das beide zu Angehörigen eines der Rache abschwörenden und zur Versöhnung bereiten Kollektivs werden sollen.

Krass formuliert, würde der Einwand gegen diese Zielsetzung dann etwa so lauten: Hier werden die verstümmelten Seelen der Opfer auf dem Altar der angestrebten kollektiven Versöhnung noch einmal geopfert. So soll ein neuer nationaler Körper entstehen (nation building), der sich wie Phönix aus der Asche erhebt (Regenbogennation). In einer anderen Perspektive betrachtet, ließe sich das südafrikanische Modell aber auch etwas milder beurteilen. Dann hieße es: Die Opfer und die Täter betreten die öffentliche Bühne wie die Protagonisten in der antiken Tragödie, die durch ihr Schau- und Bei-Spiel dem Publikum (der Gesellschaft) die notwendige Katharsis ermöglichen sollen. Welcher der beiden Formulierungen man auch zustimmen mag – die Autorin hat in einem Punkt gewiss recht: Die Anhörungen konnten die individuelle Therapie nicht ersetzen. Sie konnten aber der Verführung zu neuer Gewalt durch die massenpsychologisch wirksame Propaganda widersprechen, der zufolge sich das Leid von gestern »ungeschehen« machen ließe, wenn man neues Blut vergießt.

Eher kurz, aber doch einen Kernpunkt der Opfer-Täter-Dynamik betreffend, geht die Autorin dieses lesenswerten und vielfältig zum Nachdenken anregenden Buches eingangs auch auf ihre Gegenübertragungs-Position ein. Sie fragt sich, inwieweit die Beschäftigung mit dem Schuldthema Südafrikas dazu geeignet sein könnte, Konflikte zu umgehen, die sie als »Deutsche der dritten Generation nach dem Nationalsozialismus« betreffen. Indem man sich allzu eindeutig (und vor allem: unreflektiert) mit fremden Opfern identifiziert, kann man sich allzu leicht vom eigenen Tätererbe verabschieden. Ja, das verbindet Opfer und Täter (und deren Erben): Sie empfinden (oder verdrängen) Schuld und Scham in unterschiedlicher Weise. Die damit verbundene Selbstwertproblematik ist erst dann behoben, wenn die Opfer- und Täterrepräsentanzen »durchgearbeitet« und in einer Person Platz gefunden haben. Dann hat das südafrikanische Modell auch individuell genutzt. Denn dann haben wir erkannt, dass wir eine Regenbogenpersönlichkeit besitzen.

Bernd Nitzschke

Peter Geißler, Günter Heisterkamp (Hg.) (2007): Psychoanalyse der Lebensbewegungen. Zum körperlichen Geschehen in der psychoanalytischen Therapie. Ein Lehrbuch. Wien, New York (Springer), 675 Seiten, gebunden, 89,95 €

Diesem Opus magnum der analytischen Körperpsychotherapie – die Herausgeber würden wohl eher sagen: »der theoretischen Fundierung und praxeologischen Darstellung des körperlichen Geschehens in der psychoanalytischen Therapie« – ist mit Respekt zu begegnen. So sind die Herausgeber selbst und viele der MitautorInnen Pioniere dessen, was einst mit Wilhelm Reich, Sándor Ferenczi u.a. in der Psychoanalyse begonnen hatte.

Peter Geißler kommt ursprünglich eher von der Bioenergetischen Analyse (nach Alexander Lowen). Die konfliktträchtige Auseinandersetzung, die seinem verehrten Lehrer Jaques Berliner vormals von A. Lowen aufgezwungen (?) wurde, führte bei einem Teil der österreichischen Bioenergetiker zu einer starken Hinwendung zur Psychoanalyse. Wer Böses denkt, könnte jetzt orakeln: »Die Orthodoxen und die *Konvertiten* sind die Schlimmsten ...« Jedenfalls ist P.G. so zu einem der führenden und produktivsten Köpfe im deutschsprachigen Raum geworden, was die Entwicklung einer versuchten Integration von Körperpsychotherapie und Psychoanalyse betrifft.

Anders Günter Heisterkamp: Ehemaliger Hochschullehrer, ein Psychoanalytiker »von echtem Schrot und Korn« Adlerianischer Prägung, der zur Bioenergetischen Analyse kam und da ein CBT-Zertifikat nachweisen kann. Sitzt man heute in einem Workshop von G.H., glaubt man in einem lehrtherapeutischen Oberseminar für dialogische Empathie zu sein, hinter jedem szenischen Verstehen liegt noch ein weiteres, ein tieferes ...

Also, abgesehen von vermutlich persönlichen Gründen, die die beiden (P.G. und G.H.) zusammenführten, konnten sie sich »zeitgeistmäßig« gar nicht ausweichen – jeder von einer anderen Position kommend: der eine nicht mehr nur Körperpsychotherapeut, der andere nicht mehr nur Psychoanalytiker. So kreuzen sich Wege. Oder »neudeutsch«: Der Hybridisierung (von Körperpsychotherapie und Psychoanalyse) scheint nichts mehr im Wege zu stehen.

Aber das Stichwort »Hybrid« ist ja vielleicht der Punkt, um in die kritische Würdigung des Buches einzusteigen. Wissenschaftshistorisch fristet die Psychoanalyse ein merkwürdiges

Zwitterdasein. Sie ist zum einen wertkonservativ, was ihre eigenen Erkenntnisse anbelangt. Ich werde eine Tagung der deutschen psychoanalytischen Orthodoxie, wohl 1989 oder 1990 in Hamburg, nie vergessen. Tilmann Moser gab den »jungen, analytisch körperpsychotherapeutischen Ritter« in seiner unnachahmlichen, masochistischen, latent aggressiven Art. Es klappte. Die Oligarchen der Orthodoxie stürzten sich auf ihn: »Schweinerei ..., Netzbeschmutzung ..., Inzest ...!«

Zum anderen ist die Psychoanalyse ein »Moloch«. Es gibt keine antithetische Strömung innerhalb der Psychoanalyse, die nicht selbst wieder von ihr vereinnahmt wurde. Mögen sie nun Kohut u.a. oder ja selbst (!) Kernberg heißen. Nur ein paar frühere Charismatiker, wie z.B. Perls, getrauten sich, eine eigene Richtung aufzumachen. An der Quittung knabbern sie noch heute, ob sie nun eine Zulassung nach den deutschen Psychotherapierichtlinien erfahren oder nicht. In dieser Molochfunktion ist die Psychoanalyse wiederum wissenschaftsinnovativ, wenn nicht gar wissenschaftsrevolutionär. Böse Zungen könnten das aber auch als »eklektisch« bezeichnen. Aber wie singt der Feingeist Wolf Biermann: »Nur wer sich selbst verändert, bleibt sich treu.« Und prompt passiert es. Der DGPT-Psychoanalytiker Michael B. Buchholz ist bereit zum »Hören« (»wau!«, A.H.K.), was P.G., G.H. u.a. zu verkünden haben (vgl. seine Rezension zum o.g. Buch in: DGPT-Newsletter 61).

Das Historiendrama ist schon lange eröffnet. Was ist nun das spezielle dramatische Moment? Vorab dazu eine kurze visionäre Übermütigkeit: Wie sähe eine psychotherapeutische Landschaft aus, in der es eine eigenständig anerkannte, kassenrechtlich zugelassene tiefenpsychologisch fundierte und eine analytische Körperpsychotherapie gäbe? Wie sähe es aus, wenn die (Bewilligungs-)Gutachter für solche Therapien ausgewiesene tiefenpsychologisch fundierte oder analytische Körperpsychotherapeuten wären? Soweit zur Vision.

Die Praxis sieht anders aus. In Deutschland würde man heute »einen Teufel tun«, wenn man als kassenzugelassener Psychotherapeut dem psychoanalytischen Gutachter von seiner Arbeit mittels tiefenpsychologisch fundierter oder analytischer Körperpsychotherapie berichten würde. Eine Ablehnung des für den Patienten gestellten Therapieantrages wäre die 100%-ige Folge. Einige durchgeknallte VertreterInnen dieser Gutachterspezies drehen ja jetzt schon rund, wenn man das Vokabular ihres psychoanalytischen Elfenbeinturmes um ein Jota verlässt – wie dann erst, wenn es um Körperpsychotherapeutisches ginge ...?!

Zurück zum dramatischen Moment: Nicht die Psychoanalyse schreit »Was können wir von der Körperpsychotherapie lernen? Her damit!« Nein, zwei »Hybridanfällige« tragen die analytische Körperpsychotherapie ZUR Psychoanalyse – und zwar »auf hohem wissenschaftlichen Niveau« (so Tilmann Moser im Dt. Ärzteblatt 11 zum o.g. Buch). Die Dramatik generiert zur Tragödie. Da tragen hochpotente KollegInnen etwas zu etwas hin und die andere Seite sagt: »Na ja, wir können ja vielleicht mal *hören,* was Ihr zu sagen habt.« Wofür das alles, warum, weshalb – das frage ich mich. Um im Moloch »Psychoanalyse« zu versinken, um gar eine »Heimstatt« zu finden, um endlich »Annahme« und »Dazugehörigkeit« zu erfahren? Oh, frühes Defizit, ich hör' Dich sirenenhaft singen. Was sollen damit all die KollegInnen anfangen, die draußen in ihren Praxen rechtschaffend körperpsychotherapeutisch arbeiten? Sie werden leider ihre GutachterInnen weiter belügen müssen.

Um nicht missverstanden zu werden. Ich sehe die »hohen Mauern«, die Tilmann Moser immer noch zwischen Körperpsychotherapie und Psychoanalyse auszumachen glaubt (vgl. seine Rezension s.o.), nicht. Ich mache hier keine »Feindesfront« auf. Viele psychoanalytische KollegInnen, die ich kenne, arbeiten in irgendeiner Form multimodal. Oft haben sie eine Zweitausbildung in »Körper«, in »Gestalt«, in »Psychodrama«, in »Trauma« und, und, und ... Aber, wenn Psychoanalyse als »strukturelle Gewalt«, als »strukturelle Macht« daherkommt, dann ist sie sui generis nicht nur körperpsychotherapiefeindlich, sondern körperfeindlich und körpernegierend.

Wenn man etwas zu etwas hinträgt, dann hat das auch seinen Preis. Der Kotau muss ja auch seinen Inhalt haben. Ein zentrales Verständnis der Körperpsychotherapie beruht auf dem, was wir mit dem Begriff der »Energie« versuchen zu (er-)fassen. David Boadella ist bisher dieser Erfassung und dann der entsprechenden »Verschriftlichung« vermutlich relativ nahegekommen. Der am meisten von der »Psychoanalyse als strukturelle Macht« unverstandene Begriff ist der der »Energie«, obwohl sich Freud immer wieder mit diesem Begriff auseinandersetzte (vgl. Maaz, H.-J.; Krüger, A. H.: Integration des Körpers in die analytische Psychotherapie. Materialien zur analytischen Körperpsychotherapie. Pabst Science Publishers, Lengerich, 2001, S. 77). Der Kotau besteht dann darin, dass der Energiebegriff verschwiemelt, negiert oder pseudoverwissenschaftlicht werden muss. Oder wie ist so eine merkwürdige Wortkonstruktion zu verstehen wie »unmittelbare Affektinduktion« (S. 316). P. G. polemisiert schon länger in seinen Vorträgen und Veröffentlichungen vehement gegen den Energiebegriff.

Die wissenschaftshistorische Chance, als analytische Körperpsychotherapie mit einem fundierten Energiebegriff die Psychoanalyse herauszufordern, ist hier leider gründlichst vertan worden. Statt sich dem (sehr wohl!) wichtigen »Übertragungs-Gegenübertragungs-Dynamik«-Theorem der Psychoanalyse anzubiedern, hätte man die Ü-GÜ-Dynamik konsequent als eine Gefühls- und Energiedynamik begreifen und darstellen können, die nicht nur (psychoanalytisch) zu verstehen, sondern auch (körperpsychotherapeutisch) zu FÜHLEN ist.

»Am Wort sollst Du sie erkennen ...« – oder eine wissenschaftlich fundierte Psychotherapie an ihrer Entwicklungstheorie. Deshalb ist P. G.s Darstellung »Entwicklungspsychologisch relevante Konzepte im Überblick« (S. 99ff.) sehr aufschlussreich. Ich vermisse dort eine Schwerpunktsetzung. Was wäre denn gerade für das körperliche Geschehen in Psychotherapien, nicht nur in Psychoanalysen, entwicklungspsychologisch relevant? Wenn man keine klare Antwort bei P. G. findet, dann kann vielleicht das »Autorenverzeichnis« bei der Spurensuche behilflich sein. 86 mal wird Daniel N. Stern im gesamten Buch von allen Autoren zitiert. Es wimmelt in dem Buch von »RIGs« (representations of interactions that have been generalized), von »Now-moments« und von vielen anderen wichtigen Stern'schen Entwicklungsbegriffen. Sterns großes Werk, hier vor allem hervorzuheben »Die Lebenserfahrung des Säuglings«, richtet sich vor allem gegen die rekonstruktionistische Verknappung des frühkindlichen Seelenlebens in der psychoanalytischen Praxis. Stern dagegen versucht, die reale innere Welt des Säuglings zu erforschen. So gesehen, ist sein Werk theorieleitend für alle ernsthaften Psychotherapiemethoden, die sich einer stringenten Entwicklungstheorie verpflichtet fühlen. Nur, für eine spezielle Entwicklungstheorie »des körperlichen Geschehens in der psychoanalytischen Therapie« kann man ihn wahrlich nicht missbrauchen.

Aber es funktioniert vielleicht. Wenn man den Kotau noch mixt mit »wissenschaftlicher Kameradschaftlichkeit«, denn selbst die knochentrockensten Psychoanalytiker konnten sich dem Stern'schen Œuvre nicht mehr verschließen, dann scheint dem Einzug ins psychoanalytische Walhalla nichts mehr im Wege zu stehen.

Man hätte auch einen anderen Weg gehen können. 1993 erschien das Buch eines damals noch relativ unbekannten Wissenschaftlers, nicht mal Arzt oder Psychologe von Haus aus, sondern Soziologe (!), mit dem Titel: »Der kompetente Säugling. Die präverbale Entwicklung des Menschen«. Sein Autor – Martin Dornes. Andere wichtige Bücher folgten. Da schrieb einer nach unkonventioneller und akribischer Auswertung neuester Ergebnisse der Säuglingsforschung (unbekümmert?) auf, wie eine »empirisch angeleitete, psychoanalytisch inspirierte Theorie der präverbalen Entwicklung« aussehen könnte. Nicht nur, dass er diese Ergebnisse methodisch darstellte, er deutete sie auch, weil er konsequent methodologisch dachte. Methodologisch bezüglich dessen, was da in der Forschung geschah, und methodologisch bezüglich der Konsequenzen für die Entwicklungspsychologie im Speziellen und für die Psychotherapie/Psychoanalyse im Allgemeinen. Da aber sein ausgemachter Forschungsgegenstand das Präverbale war, stieß er mit voller Erkenntniswucht auf das Körperliche, oder psychologischer formuliert, auf DAS AFFEKTIVE ERLEBEN DES KÖRPERS.

Hier hätte die deduktive Ausarbeitung einer psychotherapierelevanten Entwicklungstheorie des affektiven Erlebens des Körpers (wohl unterschieden vom Narrativen) beginnen können, geleistet von Körperpsychotherapeuten, Psychotherapeuten, Psychoanalytikern u. a. Dornes' Begrifflichkeit des »unbewältigten sensorischen Affekts« hätte zur zentralen Fragestellung geführt, wann in einer Psychotherapie/Psychoanalyse körperpsychotherapeutische Handlungsvollzüge zwingend notwendig und sinnhaft sind. Erst die Bewältigung des bisher unbewältigten sensorischen Affekts (auf körperlicher Ebene!) befreit den Patienten vom frühgestörten und neurotischen Wiederholungszwang.

Ja, die KollegInnen unter uns, die es ernst nehmen mit der KÖRPERLICHEN DIMENSION in der Psychotherapie, egal ob (!) Verhaltenstherapeut oder Psychoanalytiker, werden an »Psychoanalyse der Lebensbewegungen. Zum körperlichen Geschehen in der psychoanalytischen Therapie. Ein Lehrbuch« nicht vorbeikommen. Für die Auseinandersetzung mit dieser Thematik ist es sehr empfehlenswert. Die Herausgeber und AutorInnen des Buches werden sich allerdings auch Vergleiche gefallen lassen müssen. Ich denke da an George Downing »Körper und Wort in der Psychotherapie. Leitlinien für die Praxis« und an Gustl Marlock und Halko Weiss (Hg.): »Handbuch der Körperpsychotherapie«. Wenn ich Rangplätze vergeben dürfte, dann wären Geißler/Heisterkamp – »3.«, Marlock/Weiss – »2.« und Downing – »1.«. Der »dritte Platz« ist doch auch nicht schlecht, oder …?

Arnim H. Krüger

Ludger Jungnitz, Hans-Joachim Lenz, Ralf Puchert, Henry Puhe & Willi Walter (2007): Gewalt gegen Männer. Personale Gewaltwiderfahrnisse von Männern in Deutschland. Opladen und Farmington Hills (Verlag Barbara Budrich), 307 Seiten, 28,– €

Die Autoren widmen sich einem Thema, welches nach wie vor mit einem Tabu belegt ist: Mann und Opfer scheinen sich aufgrund des vorherrschenden traditionellen Männerbildes von Durchsetzungsbereitschaft und Härte gleichsam auszuschließen. Während Gewalt gegen Frauen schon seit ca. 40 Jahren in den Fokus der Öffentlichkeit gerückt ist, ist Gewalt gegen Männer eher ein Stiefkind der Forschung geblieben.

Das Buch beginnt mit einer weitgefassten Definition von Gewalt (»Personale Gewalt ist jede Handlung eines anderen Menschen, die mir Verletzungen zufügt und von der ich annehme, dass sie mich verletzen sollte oder zumindest Verletzungen billigend in Kauf genommen wurden«). Danach wird der Forschungsaufbau beschrieben: Literaturrecherche, ExpertInnen-Befragung (n=21), qualitative Befragung (n=32), wobei 16 Männer zufällig und weitere 16 gezielt ausgewählt wurden. Anschließend erfolgte eine quantitative Befragung (n=266) mit Zusatzfragebogen zu häuslicher Gewalt (n=190). Im Anschluss werden die Ergebnisse, immer wieder durch zahlreiche wörtliche Zitate aus den Interviews, abgestuft nach Lebensphasen, nach Kontexten, nach bestimmten Opfergruppen und nach Gewaltformen wiedergegeben. Am Ende werden vielschichtige und auch notwendige weitere Forschungsmöglichkeiten diskutiert.

Grundtenor des Buches ist anhand empirisch erhobenen Materials darzulegen, dass Jungen und Männer in einem bisher nicht gekannten Umfang nicht nur Täter, sondern auch Opfer von Gewalt sind.

Das Forschungsteam hat es geschafft, dieses sensible Thema mit der notwendigen wissenschaftlichen Distanz darzustellen, ohne dabei den Stoff zu trocken erscheinen zu lassen und auch ohne dabei parteiisch-betroffen-revanchistisch zu wirken. Besonderen Wert scheinen die Autoren auf Neutralität und Wertfreiheit zu legen, was ihnen regelmäßig gelingt. So wird einerseits immer wieder erwähnt, dass auch Frauen von den jeweiligen Arten der Gewalt betroffen sind. Im Fokus der Betrachtung stehen jedoch die Widerfahrnisse von Männern. Andererseits stellen die Forscher an manchen Stellen des Buches nachvollziehbar infrage, ob es sich bei Berichten von Männern überhaupt um widerfahrene Gewalt gehandelt hat oder ob es sich dabei um das subjektive Erleben des Einzelnen handelt. Besonders deutlich wird die neutrale Betrachtungsweise im sehr gelungenen Teil II (Wehrdienst und Zivildienst). Hier wird nicht unreflektiert der vermeintlich brutale Wehrneben dem friedvollen Zivildienst dargestellt. Vielmehr werden Gewaltformen aus beiden Bereichen genannt. So berichten Soldaten von einem höheren Maß an Schikanen, Unterdrückungen und Beleidigungen während sexuelle Grenzverletzungen häufiger bei Zivildienstleistenden auftreten.

Der gewählte – in erster Linie qualitative – Forschungsansatz erscheint aufgrund der bisher dünn gesäten vorliegenden Ergebnisse sinnvoll. Eine methodische Schwäche liegt darin, dass nicht erläutert wird, nach welchen Kriterien die Auswahl der Interviewpartner im dritten Modul erfolgt ist. Waren dies Männer, die sich zur Verfügung stellten, die erreichbar waren, oder diejenigen, die »schlimme Schicksale« erlitten hatten?

Besonders auffällig auch die anfangs für die/den Leser/in etwas sperrige Wortneuschöpfung »Gewaltwiderfahrnisse«, die vermittelt, dass Gewalt nicht zum »normalen« Männerleben dazugehört und deshalb auch nicht achselzuckend zu akzeptieren ist, sondern schwerwiegende Folgen nach sich ziehen kann. Einem noch größeren Tabu begegnen die Autoren, als sie Männer nach psychischer und sexueller Gewalt befragen und diesen Gewaltformen ausreichend Raum geben. Es erscheint besonders wichtig, den Gewaltbegriff nicht auf das Körperliche zu reduzieren. Die Forscher fanden nämlich als grundsätzliche Tendenz die Abnahme physischer Gewalt in allen Bereichen, wohingegen aber eine Zunahme psychischer Gewalt festgestellt werden konnte. Dieses Resultat kann möglicherweise in zweifacher Hinsicht einen Paradigmenwechsel vorbereiten. Und zwar von der Abkehr, dass Gewalt für Männer normal und körperlich ist, hin zu einer Betrachtungsweise, welche die schwerwiegenden Folgen von physischer und/oder psychischer Gewalt beachtet.

Das überraschendste Ergebnis ist sicherlich, dass auch der häusliche Lebensraum für Männer in (hetero- und homosexuellen Partnerschaften) nicht frei von Gewalt ist. Ersteres findet einen Beleg durch einen sehr bewegenden Fallbericht. Ein weiteres Verdienst der Autoren ist die Erinnerung daran, dass viele ältere Männer nach wie vor psychisch und physisch unter Folgen des Zweiten Weltkrieges leiden. Darüber konnten die Betroffenen bisher kaum reden, und ihr Schweigen hat auch noch weitere Generationen beeinflusst.

Abstriche für eine positive Bewertung sind in der manchmal etwas unübersichtlichen, angesichts der Fülle der Daten wahrscheinlich nicht anders lösbaren, Darstellung des Lesestoffes zu machen. Es gibt ca. 450 Fußnoten, die es sehr mühselig machen, einen Lesefluss entstehen zu lassen bzw. aufrechtzuerhalten, zumal sich nicht selten auch wichtige Informationen darin verstecken. Beim Kapitel »Gewalt in Schule und Ausbildung« fehlt etwas der rote Faden, der sonst in den Abschnitten vorliegt. Manchmal hätte ich mir auch einen selbstbewussteren männerspezifischen Ansatz gewünscht. Aber die Vorsicht der Autoren ist eventuell dem Auftraggeber der Pilotstudie (Ministerium für Familie, Senioren, Frauen und Jugend) sowie auch dem Wunsch nach political correctness geschuldet.

Das Buch erscheint für alle, die im beraterischen oder therapeutischen Setting mit Jungen und Männern arbeiten, eine sinnvolle Ergänzung. So kann ein zusätzlicher wichtiger Aspekt, was Männern im Leben begegnen kann und wie sie damit umgehen (müssen), berücksichtigt werden. Es ist davon auszugehen, dass ein Großteil der Männer erst über Gewaltwiderfahrnisse spricht, wenn sie konkret danach gefragt werden.

Zu Bedenken bei der Lektüre ist, dass eigene Erinnerungen an Gewaltwiderfahrnisse sehr wahrscheinlich sind. Dies sowie die oft sehr anrührenden und bewegenden Geschichten der Betroffenen, können es manchmal schwer machen, das Buch in seiner Dichte zu »ertragen«.

Matthias Kupfer

2006 · 263 Seiten · Broschur
ISBN 978-3-89806-573-3

Inge Prokot widmet Sigmund Freud zum 150. Geburtstag eine umfangreiche künstlerische Hommage. Vermittels der von Dadaismus, Surrealismus und Pop Art entwickelten Collage- und Drucktechniken verfremdet Prokot in 100 Einzelwerken auf Leinwand bekannte und weniger bekannte Fotoporträts Freuds und seiner Familie.

Eine einzigartige Würdigung Freuds!

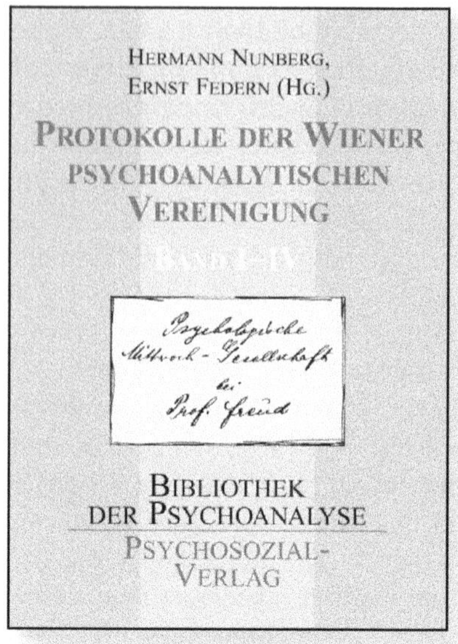

2008 · ca. 1762 Seiten · Broschur
ISBN 978-3-89806-598-6

Zwischen 1906 und 1918 wurden die Sitzungen der »Wiener Psychoanalytischen Vereinigung« regelmäßig protokolliert. Beim Lesen wird man Zeuge eines spontanen schöpferischen Gruppenprozesses und erlebt Freud unmittelbarer, als dies durch die Lektüre seiner Werke möglich ist; die verschiedenen Mitglieder – Adler, Fenichel, Bernfeld, Sachs, Stekel, Tausk usw. – werden ebenso als Personen lebendig. Als Freud 1938 nach England emigrierte, übergab er das Originalmanuskript dem Psychoanalytiker Paul Federn, dem es gelang, dieses einzigartige Dokument zu retten.

»Ein großes historisches Dokument von einzigartiger Bedeutung«

Psychoanalytic Quarterly

Die Autorinnen und Autoren

Armbrust, Joachim, Diplomsozialpädagoge (FH), heilkundlicher Psychotherapeut, Buchautor, fast 20-jährige Berufserfahrung in den Bereichen Erziehungsberatung, Sexualpädagogik und Jugendberatung, Suchtprophylaxe, Projektmanagement, Internetberatung, Suchthilfeplanung, Psychiatrieplanung, Fort- und Weiterbildung, Organisationsentwicklung, Supervision, Konfliktmanagement und Coaching.

Behrensen, Birgit, Dr., Lehrbeauftragte an der Universität Osnabrück, z.Zt. wissenschaftliche Mitarbeiterin im Rahmen der Equal-Entwicklungspartnerschaft SAGA – Selbsthilfe, Arbeitsmarkt und Gesundheit für Asylsuchende, Arbeitsschwerpunkte: Soziologie, empirische Sozialforschung, Frauenforschung, Migrationssoziologie.

Brandes, Holger, Dr. phil., Dipl.-Psych. u. Dipl. Päd., Gruppenanalytiker. Professor für Psychologie an der Ev. Fachhochschule für Soziale Arbeit Dresden.

Diehn-Driessler, Anita, Dipl.-Psych.; Psychologische Psychotherapeutin und Psychoanalytikerin, Bochum; Mitglied der Weiterbildungskommission; DGPT, DAGG (KuP).

Freyberger, Hellmuth, Prof. Dr. med., emeritierter Direktor der Abteilung für Psychosomatik und Psychotherapie der Medizinischen Hochschule Hannover. Forschungsschwerpunkte: Biografien, aktuelle Lebenssituationen und salutogene Wirkfaktoren der Holocaust-Überlebenden, Psychopathologische und psychodynamische Studien bei Nazi-Tätern. Psychodynamische Hypothesen zur politischen Kultur der Wilhelminischen Epoche, der Weimarer Republik und des Dritten Reiches.

Freyberger, Harald J., ordentlicher Professor für Psychiatrie und Psychotherapie an der Universität Greifswald und Direktor der Universitätsklinik für Psychiatrie und Psychotherapie am Hanse-Klinikum Stralsund. Forschungsschwerpunkte: Diagnostik und Epidemiologie, Dissoziation und Traumatisierung.

Heuft, Gereon, Dr. med. ist Universitätsprofessor für Psychosomatische Medizin und Psychotherapie an der Westfälischen Wilhelms-Universität Münster sowie Ärztlicher Direktor der Klinik und Poliklinik für Psychosomatik und Psychotherapie am Universitätsklinikum Münster. Er ist Facharzt für Psychosomatische Medizin und Psychotherapie, Facharzt für Neurologie und Psychiatrie, Lehr- und Kontrollanalytiker (DGPT), Klinische Geriatrie. Arbeitsschwerpunkte sind u. a. die Alternsforschung und Psychotraumatologie.

Krauß, Thomas, Jahrgang 1950, wohnt in Hamburg und Schnackenburg an der Elbe. Soziologe mit Schwerpunkt Sozialpsychologie/Sozialphilosophie (Magister Artium und Qualitätspromotion 1983 bei Hans-Joachim Krüger, Horst-Eberhard Richter und Odo Marquard – Gießen). Gruppendynamiker, Paar- und Familientherapeut, Supervisor, Lehrtherapeut und Ausbilder; Bundesweit: Trainings, Seminare, Supervision und Coaching in Industrie, Behörden, Kliniken und Bildungseinrichtungen; Hannover: Therapeut und Supervisor in einer Beratungsstelle (1981–1990 Jahre).

Berlin: Medizinsoziologe an der Freien Universität (1985–1990), Dozent FHS für Sozialarbeit; Vorstandsmitglied des Instituts für Integrative Paar- und Familientherapie e. V. (bis ca. 1990). Fachautor, Redaktionsmitglied (bis 1994) und Mitherausgeber (bis 1996) des *Journal für Psychologie.* Mitbegründer der Sozialpsychologischen Akademie Norddeutschland – Hamburg und Schnackenburg (ab 1995).

Krüger, Arnim H., Dr., Psychoanalytiker (DGPT), Bioenergetische Analyse (CBT), Analytischer Körperpsychotherapeut (DGAPT).

Kupfer, Matthias, Gründungsmitglied und Vorstand (1997–2001) von MANNE e.V.-Potsdam (Information, Beratung, Bildung für Männer und Jungen). Aktuell arbeitet er als familienrechtlicher Sachverständiger in München. Er ist in Weiterbildung zum Psychologischen Psychotherapeuten im tiefenpsychologischem Verfahren«.

Leuzinger-Bohleber, Marianne, Geschäftsführende Direktorin des Sigmund-Freud-Institutes in Frankfurt am Main und Professorin für Psychoanalytische Psychologie an der Universität/ Gesamthochschule Kassel.

MacDonald, Pat, Gruppentherapeutin und arbeitet bei der Westminster Pastoral Faoundation Counselling and Psychotherapy in Kensington, London.

Mies, Thomas, Dr. phil., Soziologe u. Gruppenanalytiker, Ausbilder am Institut für therapeutische und Angewandte Gruppenanalyse Münster, Vorsitzender des Fördervereins Gruppentherapie Münster e. V.

Naumann, Thilo, Professor für Pädagogik am Fachbereich Gesellschaftswissenschaften und Soziale Arbeit der Hochschule Darmstadt. Langjährige Praxis in der Kinder- und Jugendarbeit, insbesondere im Kinderhaus Vogtstraße Frankfurt am Main. Weiterbildung zum Gruppenanalytiker am Institut für Gruppenanalyse Heidelberg.

Nitzschke, Bernd, Dr. phil., Psychologe, Psychoanalytiker (DGPT) in eigener Praxis, Lehranalytiker, Supervisor und Dozent am Institut für Psychoanalyse und Psychotherapie Düsseldorf.

Pietzcker, Frank Eduard, Dr., geb. 1931 in Hamburg. Studium der Geschichts- und Literaturwissenschaft, Promotion in Mittlerer Geschichte an der Universität Hamburg. Lektor und Redakteur in Buchverlagen u. a. in Frankfurt am Main. Mitarbeit in mehreren psychotherapeutischen Gruppen.

Scholz, Regine, Psychologische Psychotherapeutin, Lehrgruppenanalytikerin, Mitherausgeberin der »Arbeitshefte Gruppenanalyse«, Ausbilderin am Institut für Therapeutische und Angewandte Gruppenanalyse (ITAGA) Münster.

Sommaruga Howard, Teresa von, Architektin, Gruppenanalytikerin und Organisationsberaterin, lebt in England und Neuseeland, sie leitet seit Jahren Workshops in Deutschland zu Folgen des 2. Weltkrieges und der Shoa.

Welzer, Harald, Direktor des Center for Interdiciplinary Memory Research in Essen und Forschungsprofessor für Sozialpsychologie an der Universität Witten/Herdecke.

News & Trends

I. Weiterbildungs- und Fortbildungsveranstaltungen des Instituts für Therapeutische und Angewandte Gruppenanalyse

Jahresprogramm 2008

GRUPPENPROZESSE IN KLINIK UND PRAXIS WORKSHOP ZUR LEITUNG PSYCHOTHERAPEUTISCHER GRUPPEN
21.11.–22.11.2008 in Bochum
Leitung: Regine Scholz

GRUPPENPROZESSE VERSTEHEN LERNEN WORKSHOP ZUR GRUPPENLEITUNG IN PÄDAGOGIK UND SOZIALER ARBEIT
12.09.–14.09.2008 in Dresden
Leitung: Prof. Dr. Holger Brandes

SELBSTERFAHRUNG IN EINER LAUFENDEN GRUPPE
Termin: nach Vereinbarung
Leitung: in Absprache mit LeiterInnen des Instituts

SELBSTERFAHRUNG IN BLOCKVERANSTALTUNGEN
Einwöchige Blockveranstaltungen (16 Sitzungen)
Termin: 29.06.–05.07.2008
Leitung: Dr. Thomas Mies
Termin: 23.11.–29.11.2008
Leitung: Ulrike Kramer (Psychologische Psychotherapeutin)

KURS: GRUPPENLEITUNG IN DER PSYCHOTHERAPIE
Beginn: nach Vereinbarung
Ort: Münster/Dresden
Leitung: Dr. Christa Franke/Dr. Beate Rasper

KURS: GRUPPENLEITUNG IN PÄDAGOGIK UND SOZIALER ARBEIT
Beginn: nach Vereinbarung
Ort: Dresden/Münster
Leitung: Prof. Dr. Holger Brandes

Anfragen zu den Veranstaltungen richten Sie bitte an das Institut für Therapeutische und angewandte Gruppenanalyse, Tel.: 0251-27479,
E-Mail: info.fgm@gruppenanalyse-muenster.de

Das vollständige Jahresprogramm finden Sie im Internet unter www.gruppenanalyse-muenster.de

II. Tagungen

14. Münsteraner Symposium
27.09.2008, Münster

»Das Gehirn in der Gruppe, die Gruppe im Gehirn – Zum Verhältnis von Neurowissenschaften und Gruppenanalyse«
Referenten: Hans Markowitsch, Malcolm Pines und Ulrich Schultz-Venrath.
www.gruppenanalyse-muenster.de

IX. Sommerakademie der IAGP in Granada
Die interkulturelle Kompetenz der Gruppe – Management und Mediation von Konflikten
19.05.–23.05.2008, Granada
www.granada-academy.org

17th International Congress of Group Psychotherapy and Group Processes (IAGP)
24.08.–29.08.2009
Ort: Rom
www.ega.it/iagpcongress2009

EFPP-Group Conference
28.05.–31.05.2009
Ort: Prag

Sektionstagungen der Sektionen des DAGG:
www.dagg.de

Jahrestagung der Sektion KuP
06.02.–08.02.2009

Jahrestagung der Sektion Analytische Gruppenpsychotherapie (AG)
02.05.–04.05.2008

Fachtagung der Sektion Gruppendynamik mit anschl. Sektionsversammlung
12.06.–14.06.2008

Interne Fachtagung und Mitgliederversammlung Sektion Gruppendynamik (GD)
07.11.–09.11.2008

2007 · 444 Seiten · broschiert
ISBN 978-3-89806-801-7

Sandra Konrad hat in Europa, Israel und den USA Interviews mit weiblichen jüdischen Holocaust-Überlebenden, deren Töchtern und Enkeltöchtern geführt. Im Rahmen von neun Familienportraits stellt sie die Persönlichkeiten und die Lebenswege der jüdischen Frauen dar und diskutiert die individuellen und transgenerationalen Auswirkungen des Holocaust.

2007 · 256 Seiten · broschiert
ISBN 978-3-89806-923-6

Eine anschauliche und scharfsinnige Beschreibung des psychologischen Schicksals der Kinder von Überlebenden von Auschwitz und anderen NS-Konzentrationslagern. Kogan macht uns so aufmerksam auf die langandauernden Auswirkungen von schweren Traumata und deren Weitergabe von einer Generation an die nächste.

PSV
Psychosozial-Verlag

Goethestr. 29 · 35390 Gießen · Tel. 06 41/9716903 · Fax 77742
bestellung@psychosozial-verlag.de
www.psychosozial-verlag.de

2007 · 263 Seiten · broschiert
ISBN 978-3-89806-736-2

Stigmatisierung und Diskriminierung sind schon immer Bestandteil von Medizin und Psychotherapie. Die Autorinnen und Autoren dieses Buches führen in die Thematik ein und fokussieren auf Psychiatrie und Psychotherapie. Einen Schwerpunkt bilden sexualwissenschaftliche Fragestellungen (Homosexualität, Transsexualität). Darüber hinaus werden die kulturellen Dimensionen in unterschiedlichen medialen Repräsentationen (Literatur und Film) aufgezeigt.

2007 · 266 Seiten · broschiert
ISBN 978-3-89806-839-0

In ihrer Praxis als Analytikerin ist Julia Kristeva mehr und mehr auf Patienten gestoßen, die einen neuen Typ darstellen: Beschädigter Narzissmus, psychosomatische Beschwerden und wiederkehrende Depressionen sind heute die häufigsten Erscheinungsformen von Neurosen, Hysterien und Obsessionen. Politisch-gesellschaftliche Veränderungen, der Wandel von Familie und Sexualität und der Einfluss der Massenmedien haben maßgeblich zu diesen neuen Leiden der Seele beigetragen.
In den 14 Beiträgen, die dieser Band versammelt, analysiert Julia Kristeva ein moralisches und kulturelles Grundsatzproblem: die Schwierigkeiten der Identitätsfindung in der Moderne.

PV
Psychosozial-Verlag

Goethestr. 29 · 35390 Gießen · Tel. 0641/9716903 · Fax 77742
bestellung@psychosozial-verlag.de
www.psychosozial-verlag.de

www.ingramcontent.com/pod-product-compliance
Ingram Content Group UK Ltd.
Pitfield, Milton Keynes, MK11 3LW, UK
UKHW061657190726
13853UKWH00008B/2247